河南省"十四五"普通高等教育规划教材

STEM教学设计与实施

主　审　曹培杰
主　编　陈冬花　赵子嫣
副主编　赵恒斌　马　威　丁浩格
参　编　周雅格　郭　楠　李皖豫
　　　　孟瑞瑞　李文慧　胡泽华

南京大学出版社

内容提要

《STEM教学设计与实施》是为高等院校师范专业编写的,前三章主要阐述了STEM教育发展历史、教育理念、课程特点以及跨学科学习特征等理论知识,使学生对STEM教育理念和STEM课程有一个全面的认知和深度理解,为实施STEM教学奠定理论基础;教材后四章以STEM教学设计为主线,围绕学生开展STEM教学所必备的教学的设计、实施、评价和开发应用能力的培养进行深入的探索和实践,通过STEM教学案例呈现STEM教学的方式方法,整体展现教材的实践性和应用性。

图书在版编目(CIP)数据

STEM教学设计与实施 / 陈冬花,赵子嫣主编.
南京:南京大学出版社,2025.2. — ISBN 978-7-305-28926-2

Ⅰ.G633.72

中国国家版本馆CIP数据核字第2025K81M18号

出版发行	南京大学出版社
社　　址	南京市汉口路22号　　邮　编　210093
书　　名	**STEM教学设计与实施** STEM JIAOXUE SHEJI YU SHISHI
主　　编	陈冬花　赵子嫣
责任编辑	曹　森　　　　　编辑热线　025-83686756
照　　排	南京南琳图文制作有限公司
印　　刷	南京新世纪联盟印务有限公司
开　　本	787 mm×1092 mm　1/16开　印张 15.75　字数 354千
版　　次	2025年2月第1版　2025年2月第1次印刷
ISBN	978-7-305-28926-2
定　　价	49.80元

网址:http://www.njupco.com
官方微博:http://weibo.com/njupco
官方微信号:njupress
销售咨询热线:(025) 83594756

* 版权所有,侵权必究
* 凡购买南大版图书,如有印装质量问题,请与所购图书销售部门联系调换

以STEM教育高质量发展助推教育强国建设

当今世界正处于新一轮科技革命与产业变革的加速演进期,科技创新对社会发展的引领作用愈加凸显,经济转型对新型人才的需求与日俱增,培养一大批拔尖创新人才和高水平技能人才,已经成为教育强国建设的重要议题。在这个时代背景下,倡导多学科融合、注重创新精神与实践能力培养的STEM教育引起广泛关注。

STEM教育是科技人才培养的有效路径,已经逐渐成为全球发展的共识。

各国高度重视将STEM教育上升为国家战略,陆续推出一系列政策举措。2024年11月,美国发布新一期STEM教育发展五年规划——《推进STEM教育和培养STEM人才的联邦战略计划》,旨在推进STEM教育和培养STEM人才,培养应对时代挑战所需的劳动力,不断强化STEM教育的重要地位。德国于2022年6月宣布实施更大规模的MINT(数学、信息科学、自然科学与技术)教育行动计划2.0,强调从多元合作、确保质量、家庭参与、加强研究、早期培养等方面深化落实。此外,英国、加拿大、澳大利亚、韩国等国家也推出STEM教育战略行动。近年来,我国STEM教育政策融入与重视程度逐步提升,联合国教科文组织在上海设立国际STEM教育研究所。"STEM""STEAM""STEM+"等概念频繁出现在国家政策文件中,如《全民科学素质行动计划纲要实施方案》《义务教育科学课程标准》《教育信息化"十三五"规划》等,为各地开展STEM教育工作提供了重要依据。2023年,教育部等十八部门联合印发《关于加强新时代中小学科学教育工作的意见》,进一步强化了STEM教育与科学教育联动发展路径。

我国STEM教育探索呈现火热态势,科研引领作用愈加凸显。早在2017年,中国教育科学研究院成立了STEM教育研究中心,先后发布《中国STEM教育白皮书》《中国STEM教育调研报告》,启动STEM教育2029创新行动计划等,整合战线力量开展理论研究与实践探索,在国内掀起一股STEM教育热潮。上海市、江苏省、河南省、深圳市等地区纷纷成立STEM教育研究中心或启动试点工作,推动STEM教育的广泛开展。在中国教科院等科研机构的引领下,河南省、陕西省、江苏省、山西省等纷纷发布STEM教育相关行动计划或工作要点,推动STEM教育深入发展，在课程内容、教学实施、环境建设等方面取得明显进展。

在看到成绩的同时，我们也清醒认识到：我国STEM教育还存在不足，缺乏顶层设计，部门之间协作不足，课程、师资、科研、企业和社会资源分散，缺乏跨机构、跨领域的协同创新机制。特别是，学科之间、学校与社会之间、教育与产业之间的衔接不紧密，STEM教师培养需进一步加强，实践引领力亟待提升。

为此，《STEM教学设计与实施》针对共性难题，依据基础教育课程标准，倡导把知识学习和动手实践结合起来，从理念内涵、教学设计、实施策略、评价方法等方面入手，对STEM教学设计与实施进行了深入探讨，形成了项目式、跨学科教学的操作性指南，转变传统教学模式，帮助教师获得STEM教学经验，提升对科学、技术、工程和数学本质认识和专业素养，将STEM教学融入日常教学，在探究实践中造就创新人才，推动STEM教育高质量发展，提高人才竞争力，支撑教育强国建设。

这本书主要有以下特点：一是注重以学定教。每章开篇精心设计了三个环节——【本章概要】【思维导图】【知识图谱】，旨在协助学习者迅速把握章节精髓，实现深度理解与全面认知。章节末尾特设的【探究与实践】板块，则为学习者提供了一个自我检验学习成果的有效平台。二是呈现形式多样。每章合理运用STEM真实案例、直观的图表以及丰富的拓展资源，多维呈现知识信息，极大地提升了学习的趣味性和互动性。三是实践操作性强。书中详尽阐述了STEM教学实践中不可或缺的教学设计、实施策略、评价体系及应用开发等关键环节，为学习者提供了详尽的实施方案和技术指导，确保了理论与实践的紧密结合。此外，全书借助二维码形式，为学习者提供了大量的拓展性学习资源。这些资源不仅极大地丰富了学习内容，拓宽了知识边界，更为线上线下混合式学习的实施提供了强有力的支持，有助于学习者构建更加立体、全面的知识体系。

教育、科技、人才是推进中国式现代化的基础性、战略性支撑。STEM教育是打通教育链、科技链、人才链、产业链的重要一环，是培养创新人才、建设教育强国的战略支点。推动STEM教育高质量发展意义十分重大。当然，什么是好的STEM教育，并没有标准答案，也没有固定模式。在教学过程中，哪怕针对同一个主题，不同教师都会形成不同的教学设计方案。本书针对STEM教育的核心理念、课程建设、教学设计、资源开发、评价方式、育人模式等方面提出了很好的建议与方略，期待能够助力教育同行深化STEM教育理论研究和实践探索，共同推进STEM教育高质量发展，培养更多高水平创新型人才。

中国教育科学研究院副院长　于发友
2025年2月

目　录

第一章　STEM 教育发展 1
第一节　STEM 教育的内涵 3
第二节　STEM 教育的发展背景 8
第三节　国际 STEM 教育的发展 12
第四节　中国 STEM 教育的发展 17

第二章　STEM 课程概述 22
第一节　STEM 课程的基本理念 24
第二节　STEM 课程的基本特征 30
第三节　STEM 课程的学习方式 37

第三章　STEM 课程与跨学科学习 59
第一节　跨学科学习的理念 61
第二节　跨学科学习的价值 67
第三节　跨学科学习的策略 71
第四节　跨学科学习能力的特征 78

第四章　STEM 教学设计 83
第一节　STEM 课程教学设计理念 85

第二节 STEM课程教学设计原则 ……………………………………… 88
第三节 STEM课程教学设计模式 ……………………………………… 91

第五章 STEM教学实施 ……………………………………………… 112
第一节 STEM课程实施的特点与原则 ………………………………… 114
第二节 STEM课程教学过程 …………………………………………… 117
第三节 STEM课程教学方法与实践 …………………………………… 142
第四节 STEM课程课堂管理 …………………………………………… 151

第六章 STEM教学评价 ……………………………………………… 157
第一节 STEM教学评价设计原则 ……………………………………… 159
第二节 STEM教学评价要素 …………………………………………… 161
第三节 STEM教学评价方式与方法 …………………………………… 175
第四节 STEM教学评价案例解析 ……………………………………… 181

第七章 STEM课程资源开发与应用 ………………………………… 191
第一节 STEM课程资源开发 …………………………………………… 193
第二节 STEM课程开发依据与工具 …………………………………… 205
第三节 STEM课程资源的应用 ………………………………………… 221

后 记 …………………………………………………………………… 243

第一章　STEM 教育发展

本章概要

全章围绕STEM教育，简述STEM教育发展的背景，从STEM教育的政策、教育标准和教育实践三个方面描述了STEM教育在全球不同国家的发展历程及改革特点。随后，基于新质生产力和教育数字化转型的背景，阐述中国STEM教育的发展与挑战。

思维导图

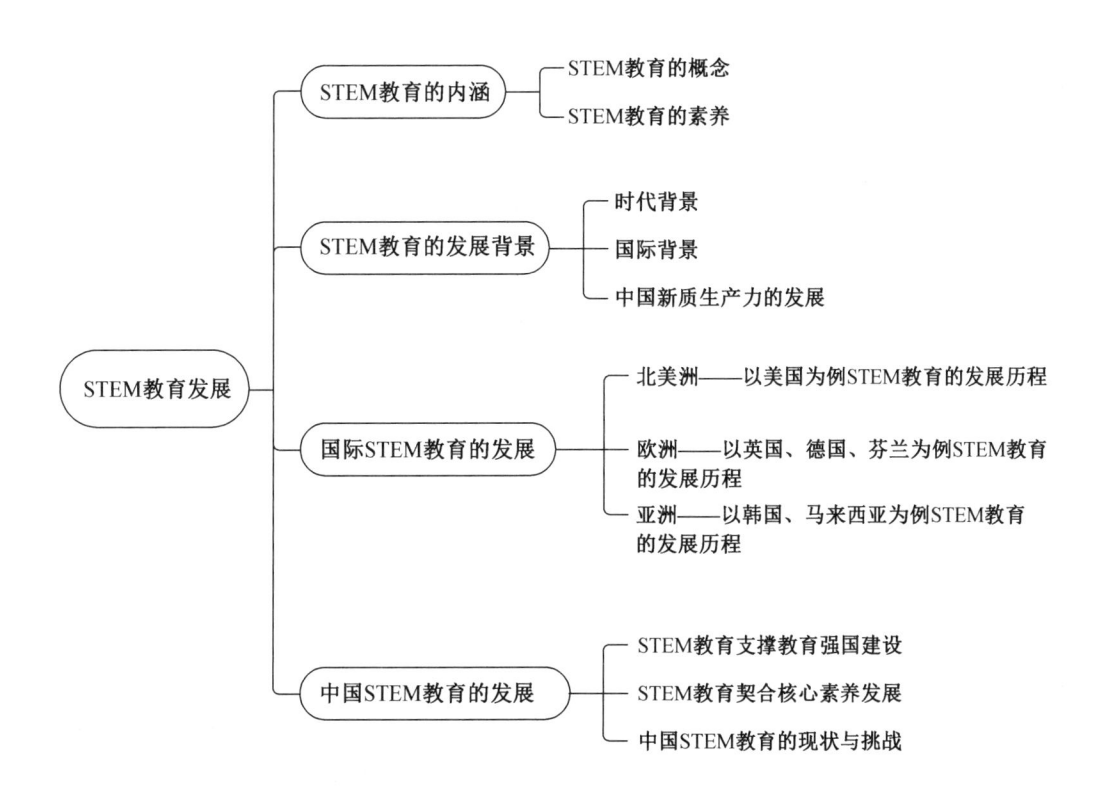

- STEM教育发展
  - STEM教育的内涵
    - STEM教育的概念
    - STEM教育的素养
  - STEM教育的发展背景
    - 时代背景
    - 国际背景
    - 中国新质生产力的发展
  - 国际STEM教育的发展
    - 北美洲——以美国为例STEM教育的发展历程
    - 欧洲——以英国、德国、芬兰为例STEM教育的发展历程
    - 亚洲——以韩国、马来西亚为例STEM教育的发展历程
  - 中国STEM教育的发展
    - STEM教育支撑教育强国建设
    - STEM教育契合核心素养发展
    - 中国STEM教育的现状与挑战

知识图谱

STEM教育发展

背景

时代背景
- 人工智能的发展 —导致→ 创新、综合素质人才短缺 —引起→ 教育变革

国际背景
- 美、英、德等国制定STEM教育政策与措施
- 科技创新引起新型产业发展
- 教育数字化发展
- 契合 → STEM教育理念
- 导致 → 创新、综合素质人才短缺 → 需求 → 创新、综合素质人才培养

中国新质生产力

国际STEM教育

- 北美洲 —代表→ 美国
  - 关键要素：政策、标准、实践
  - 学校、社会力量
  - STEM课程、STEM项目
- 欧洲 —代表→ 芬兰、德国、英国
- 亚洲 —代表→ 马来西亚、韩国

内涵

概念：科学(Science)、技术(Technology)、工程(Engineering)、数学(Mathematics)等学科交叉融合
- 关键要素：跨学科整合

素养：STEM教育素养的整合观
- 包含：科学素养、技术素养、工程素养、数学素养

中国STEM教育

- 强国建设
- 教育改革 —提出→ 核心素养
- 新质生产力的发展

- STEM教育
  - 发展：政策、标准、理论、实践
  - 挑战：教育体系、课程资源、教师队伍

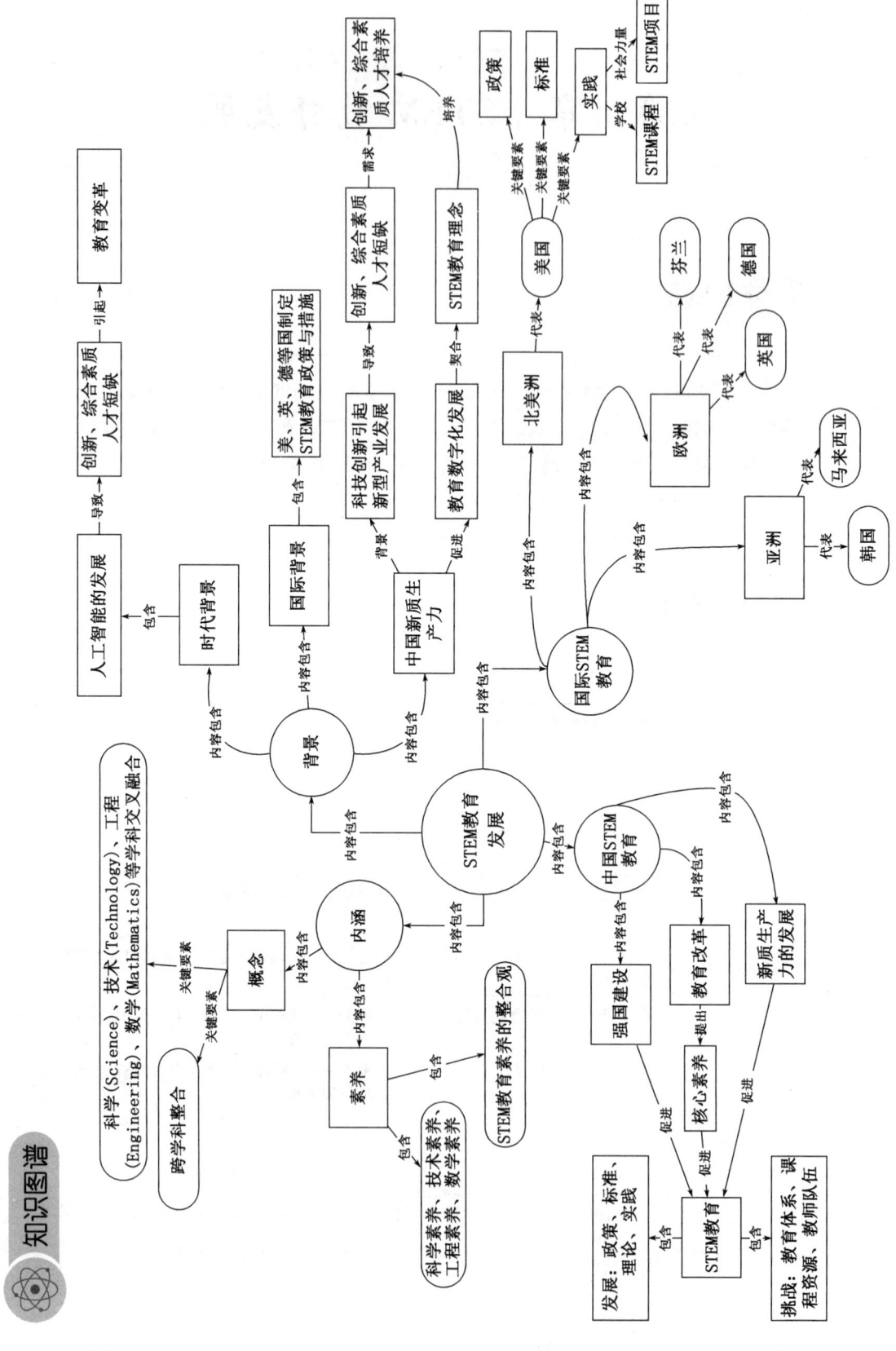

第一节　STEM 教育的内涵

学习目标

1. 理解 STEM 教育的内涵,阐释 STEM 教育的本质。
2. 归纳 STEM 教育与创客教育、科学教育的区别与联系。
3. 明晰 STEM 素养的内涵。

问题思考

1. STEM 教育的核心内涵是什么?
2. STEM 教育模式与传统教育模式比较,其优势体现在哪里?

知识聚焦

一、STEM 教育的概念

(一) STEM 教育的本质

美国国家科学委员会(National Science Board)1986 年发布的报告《本科生的科学、数学和工程教育》(Undergraduate Science, Mathematics and Engineering Education)中首次提出了"科学、数学、工程和技术教育"的说法,该报告也被国内学者普遍看作美国 STEM 教育的起源[①],但彼时尚未有统一名词代指上述学科领域。美国国家科学基金会(National Science Foundation,简称 NSF)教育和人力资源部门主任 Judith Ramaley 首次使用首字母缩写词"STEM"来指代科学、技术、工程和数学课程,标志着 STEM 教育正式出现。NSF 定义了广泛的 STEM 领域,不仅包括数学,自然科学,工程,计算机和信息科学等常见科学领域类别,还包括了心理学,经济学,社会学和政治学等社会科学领域。而后,作为首字母缩写词的 STEM 在国家、州和地方以及科学界的众多计划得以采用,代表了对一门或多门 STEM 学科甚至整个科学教育领域的描述。

STEAM 教育是步入 21 世纪以后由美国 Yakman 教授在原有 STEM 教育的基

---

① NATIONAL SCIENCE BOARD. Undergraduate science, mathematics and engineering education[OL]. https://files.eric.ed.gov/fulltext/ED313248.

础上，将艺术（Art）作为一个重要的人文因素加入其中而发展起来的。2023 年 12 月，联合国教科文组织第十个一类中心 STEM 教育研究所在上海落户，为了与联合国教科文组织保持一致，本教材在名称上沿用 STEM，在教学案例中会涉及 STEM 和 STEAM 的交替使用。

STEM 教育并不仅仅将科学（Science）、技术（Technology）、工程（Engineering）、数学（Mathematics）四类学科简单叠加，而是强调多学科交叉融合，形成一种有目的、系统的深层整合，使这些学科彼此融合成一个有机整体，并以解决实际问题为导向。通过 STEM 教育，学生在实践中获得和应用知识，提升解决问题的能力。STEM 教育也与心理、经济、管理、社会和政治等学科相关，是通过参与真实的项目实现跨学科融合，强调对知识的应用和对学科之间关系的关注。

（二）相关概念辨析

1. STEM 教育与创客教育

STEM 教育与创客教育都强调跨学科的学习和实践能力的培养，但两者之间存在一些差异。STEM 教育强调跨学科，强调不同学科的整合。创客教育的核心是创造，它涉及不同的学科知识，但其本身不以学科为重；STEM 教育和创客教育都倾向于指向真实情境问题的解决。大多数情况下，STEM 教育的问题多来自教师的设定和引导，即使学生提出自己的问题，也常在共同讨论的专题内。创客教育中的问题更倾向于由学生自己提出的；创客教育强调真实作品的产出，而 STEM 关注动手实验。创客教育强调学生要设计和制作自己的作品或产品。虽然 STEM 教育注重实践和动手实验，但并不特别强调学生必须拥有自己的作品或产品；两者都关注学生解决问题的综合能力培养，但侧重点不同。STEM 除培养学生综合解决问题的能力外，更强调培养学生跨学科的多元思维。创客教育更看重学生独立的创造思维的培养，学生需要有自己的创意，并努力实现。

2. STEM 教育与科学教育

两者都关注培养学生的综合素养，但侧重点不同。科学教育侧重于科学知识的系统传授和学生科学探究能力的培养。STEM 教育的侧重点在于培养学生的综合素养和创新能力；两者学科整合程度不同。科学教育主要以自然科学各学科为独立的教学单元进行教学，虽然在教学过程中也会强调学科知识之间的联系，但总体上各学科之间的界限较为分明。STEM 教育的显著特点是跨学科整合；两者在教学方法与组织形式上不同。科学教育在教学方法上以传统的课堂讲授、实验教学、课后作业等为主，教学组织形式一般以班级授课制为主。STEM 教育主要采用项目式学习、基于问题的学习等作为其主要的教学方法和组织形式。

（三）STEM 教育与传统教育的区别

STEM 教育与传统教育在教育目标、课程设置、教学方法、评价体系、师生角色等方面存在显著区别。

1. 教育目标的不同

传统教育主要侧重于知识的传授，以学生对各学科基础知识的记忆、理解和掌握为核心目标。STEM教育的目标则更为多元和综合。它致力于培养学生的综合素养，不仅包括科学知识、技术技能、工程思维和数学能力，还涵盖了创新思维、批判性思维、合作能力、沟通能力以及解决复杂问题的能力等。STEM教育旨在使学生能够适应快速变化的现代社会，具备在跨学科领域中开展创新工作的能力，为未来在新兴科技领域、创新型企业或多学科交叉的职业环境中发展做好准备，以应对全球性挑战，如气候变化、能源危机等问题，推动社会的可持续发展。

2. 课程设置的不同

传统教育的课程设置通常是按照学科门类进行划分，各学科之间界限分明。STEM教育的课程设置强调跨学科整合。它打破了传统学科之间的界限，将科学、技术、工程和数学等学科知识有机融合在一个个具体的项目或主题中。课程内容以项目驱动，学生在完成项目的过程中主动探索和学习不同学科的知识，并学会如何综合运用这些知识。同时，STEM课程还注重与现实生活和社会实际需求紧密联系，使学生能够真切感受到所学知识的实用性和价值，激发学生的学习兴趣和学习动力。

3. 教学方法的不同

传统教育多采用讲授式教学法，教师在课堂上占据主导地位，是知识的传授者。STEM教育则倡导以学生为中心的探究式、项目式教学方法。教师更多地扮演引导者和组织者的角色。在教学过程中，教师会提出具有挑战性的问题或项目任务，引导学生通过自主探究、小组合作的方式去寻找解决方案。这种教学方法能够充分调动学生的学习积极性和主动性，培养学生的创新能力、合作能力和实践能力，使学生在实践中不断积累经验，提升综合素质。

4. 评价体系的不同

传统教育的评价体系主要以考试成绩为依据，对学生的学习成果进行量化评价。STEM教育的评价体系更为多元化和综合化。它不仅关注学生的学习成果，还更注重他们在学习过程中的表现。评价内容包括学生在项目中的知识应用能力、创新思维能力、团队合作能力、问题解决能力、沟通表达能力等多个方面。评价方式采用多种形式相结合，如项目报告、作品展示、小组互评、教师评价、自我评价等。这种多元化的评价体系能够全面、客观地反映学生的学习情况，促进学生积极参与学习过程，注重自身综合能力的培养，而不仅仅是追求考试成绩。

5. 师生角色的不同

在传统教育中，教师是知识的权威，是教学活动的主导者。在STEM教育中，教师的角色发生了显著转变，成为学生学习的引导者、组织者、促进者和合作者。教师需要根据学生的兴趣和实际情况，设计具有启发性和挑战性的项目任务。学生在项目式学习中,主动提出问题、寻找解决方案,充分发挥自己的想象力和创造力。学生在这个过程中不再局限于被动接受知识,而是主动整合不同学科的知识,通过实践探索来验证自己的想法。同时,学生在小组合作中学会与他人沟通协作,共同完成项目任务,培养了团队合作精神和沟通能力。

STEM教育与传统教育在教育目标、课程设置、教学方法、评价体系、师生角色等方面都存在显著区别。STEM教育以其跨学科整合、以学生为中心、注重实践创新和综合素养培养等特点,适应了现代社会对创新型和复合型人才的需求。然而,传统教育也有其自身的优势和价值,在知识传授的系统性和深度方面有着丰富的经验积累。在教育改革的进程中,我们应充分认识到两者的特点和差异,积极探索将STEM教育理念与传统教育有机结合的途径,取二者之长,补二者之短,构建更加科学、合理、高效的教育体系,为培养适应时代发展需求的高素质人才奠定坚实基础。

二、STEM教育的素养

STEM教育是一种以科技创新为导向的有效教育形态。注重创新精神和实践能力培养是STEM教育的主要目的。培养学生的STEM素养是STEM教育的基本目标。STEM教育对学生的素养要求与21世纪人才素养要求一致,都是要求学生具有批判性思维、创造力、合作能力和沟通能力,这些能力是在STEM驱动的经济和社会中必须具备的。

著名物理学家莱昂·莱德曼(Leon Lederman)将STEM素养概括为"在知识经济中个人适应和接受新技术带来的变化的能力、与他人进行跨界合作的能力、与不同层面的人进行有效交流与沟通的能力,以及找到针对当今难以想象的问题的创意性解决方案的能力"。显然,此时,STEM教育已不再满足于缺乏综合方法的传统学科课程(科学、技术、工程、数学)的简单组合,"STEM教育最重要的现代概念可能是整合的概念——这意味着STEM是用于解决现实问题的各种学科的有目的的整合。"随后,美国在2013年颁布的《新一代科学教育标准》(Next Generation Science Standards,简称NGSS)中再一次强调"要在教学中实现STEM跨学科领域横向整合,尤其要将工程设计融入科学教育的结构,以引导更多学生在后基础教育阶段选择STEM相关领域,回应社会对具有创新与批判精神的人才的需要"。

(一) STEM教育素养的学科观

STEM各学科素养包含科学素养、技术素养、工程素养和数学素养。经济合作与发展组织、美国大学入学考试委员会、我国教育部高等学校教学指导委员会等都对STEM各学科素养进行了基本界定。

1. 科学素养

科学素养在2015年国际学生评估项目(Program for International Student Assessment,简称PISA)科学素养测试的评价框架中被定义为:运用科学知识(如物理、化学、生物科学和地球与空间科学)理解自然界并参与影响自然界有关决策的能力。科学素养可以从以下三个方面来理解：第一，科学地解释现象，包括认识一系列自然现象和技术产品，并能对其作出评价和解释；第二，评价和设计科学研究，要求能够科学地描述、评价科学研究并提出解决方案；第三，科学地解释数据和证据，要求能够分析评价数据和各种不同方式表示的参数，并能得出恰当的科学结论。

2. 技术素养

技术素养被国际技术教育协会(International Technology Education Association，简称 ITEA)定义为使用、管理、理解与评价技术的能力。它包括四个理解方面和一个能力，即对技术本质、技术与社会关系、设计和人造世界的理解，以及对技术化世界的适应。

3. 工程素养

了解工程素养就要先了解工程，工程以一系列科学知识为基础，结合经验的判断，经济地利用自然资源为人类服务的一种专门技术就是工程，工程也是服务于某个特定目的的各项技术工作的总和，而工程素养就是对工程设计的技术与开发过程的理解能力。另外，工程课程的内容大多是基于各种项目，整合多门学科的知识，将难以理解的概念与学生的生活紧密联系，从而激发学生去探索并解决问题的兴趣。

4. 数学素养

个人在各种情境中发现、表达、解释和解决数学问题的能力即为数学素养，其中包括：数学推理能力；运用数学概念、过程、事实和工具来描述、解释和预测现象的能力；认识数学在世界中的作用，对相关数学问题做出判断与决策。其中，最重要的是数学的核心素养，包括逻辑推理与论证、解决问题、数学建模、数学表达、运用符号和工具以及沟通交流的能力。

(二) STEM 教育素养的整合观

有研究学者提出，应该将 STEM 素养视为一个整体性的概念，以整合的视角来分析 STEM 素养的内容构成。美国科学教育专家罗杰·W. 拜比认为，STEM 素养可以分为概念理解、过程性技能以及解决与 STEM 教育相关的个人、社会乃至全球问题的能力这几个方面。具体来说包括：第一，分辨生活情境中的问题，理解基于证据的 STEM 教育的相关问题的结论；第二，从知识、探究和设计的角度理解 STEM 教育的学科特点；第三，意识到 STEM 教育的学科对物质、精神、文化环境的影响；第四，愿意参加与 STEM 教育相关的事务，成为一个有建设性思维、关心社会、有反思能力的公民。2012 年，美国学者 Zillman 在布卢姆教育目标分类理论的基础上，将 STEM 素养的构成分为三个层次，第一层次是科学、技术、工程、数学以及相关领域的素养；第二层次是认知、情感、动作和技能等学习领域的能力素养；第三层次是个人适应并接受由新技术驱动而产生变化的素养。他认为，STEM 素养不应该局限于内容领域,而应被视为一种促进深层次学习的方式,其中包含技能、能力、事实性知识、程序、概念和元认知能力。

第二节　STEM 教育的发展背景

学习目标

1. 阐述 STEM 教育的发展背景;理解社会经济发展背景对 STEM 教育的影响。
2. 解释教育数字化转型与 STEM 教育的契合点。
3. 理解 STEM 教育对我国跨学科创新型人才培养的重要意义。

问题思考

1. STEM 教育如何更好地服务于创新人才培养?
2. STEM 教育如何服务新质生产力的发展?

知识聚焦

一、时代背景

从农耕时代到工业时代再到信息时代,技术的持续进步带动了生产力的提高,并不断推动人类社会向更高层次发展。当前,互联网、云计算、大数据、人工智能等新技术的崛起,正在全球范围内引发一场深刻的变革。2024 年中国发展高层论坛年会中科技部副部长吴朝晖也指出,中国政府高度重视人工智能的发展,并通过加强科技创新、深度赋能实体经济、推进伦理建设等方面加快推动该领域的技术发展。人工智能的应用将在教育、医疗、家政等行业引发深远的社会变革,满足消费者对自动化、实时化和个性化的需求。人工智能等新技术的发展将重构产业结构,提升产业效益,并推动人类社会迈向数字化和智能制造时代。这一过程中,知识和智慧逐渐取代资本和资源,成为经济社会发展的关键力量,对传统教育提出了前所未有的挑战。随着职业领域的变革,教育必须适应时代发展,培养学生掌握未来社会所需的新技能、知识和专长。在这样的背景下,STEM 教育应运而生,它的发展源于全球化和科技竞争的时代需求,强调科学、技术、工程和数学的融合,旨在培养学生的创新能力、实践能力和解决实际问题的能力。STEM 教育理念适应了现代社会对跨学科、综合型人才的需求,得到了国际社会的普遍重视,并在我国得到政策的大力支持,成为提升国家竞争力、培养未来社会栋梁的重要途径。随着教育改革的深入,STEM 教育正逐步融入基础教育体系,为学生的全面发展奠定坚实基础,以应对21世纪社会的复杂挑战,包括人工智能带来的机遇和挑战。

二、国际背景

STEM教育能够有效提升学生应对未来挑战的核心技能,这些技能将在他们的日常生活和职业生涯中持续发挥重要作用。因此成为世界各国教育改革的战略选择。一方面,STEM教育有助于发达国家应对老龄化导致的劳动力减少问题,填补技能劳动力缺口,促进经济健康发展;另一方面,STEM教育能够帮助新兴经济体抓住信息技术和互联网革命带来的发展机遇,在新兴产业领域中抢占先机,实现经济的飞跃和赶超。

21世纪以来,以美国、英国、德国为代表的主要发达国家,纷纷从国家战略高度制订了STEM教育的政策与措施。美国国会通过了《国家竞争力法》,提出应加强STEM教育投入,随后制订了《K-12科学教育框架》和《新一代科学教育标准》,推动STEM教育全面展开;英国政府颁布了"科学与创新投资框架",首次在政府文件引入STEM,陆续开展了STEM教师培训,建立了国家科学学习网络,确立了国家级STEM示范项目,并启动了国家科学技术大赛和高等教育STEM计划;德国为助力"工业4.0",应对技能人才的巨大缺口,自上而下搭建了STEM教育战略框架,将促进STEM人才培养写入国家发展战略;芬兰推出了以"LUMA(数学和科学教育)项目"为代表的全国性STEM教育促进项目,设立了LUMA国家中心,以专业共享为原则,量身打造STEM学习和教育活动,促进STEM教育发展。

在以色列、澳大利亚、韩国等国家,STEM教育同样受到高度重视。各国根据各自技能劳动力结构和产业发展需求,从国家人才战略层面制订STEM教育发展政策,在学前教育、基础教育、高等教育和职业技术教育中广泛开展促进STEM教育和人才培养的项目计划,加大投入并积极探索跨部门合作,形成促进社会广泛参与的有效模式[①]。

三、中国新质生产力的发展

(一)新质生产力的提出

2024年1月,中共中央政治局就扎实推进高质量发展进行第十一次集体学习。习近平总书记在主持学习时强调了新质生产力。新质生产力是创新起主导作用,摆脱传统经济增长方式,生产力发展路径,具有高科技、高效能、高质量特征,符合新发展理念的先进生产力质态。

2024年7月,党的二十届三中全会上强调发展新质生产力要推动技术革命性突

---

① 中国教育科学研究院STEM教育研究中心.《中国STEM教育白皮书》(精华版)[R/OL].(2017-06-20)[2025-01-19]. https://www.ictdedu.cn/uploadfile/2018/0507/20180507033914363.

破,推动劳动者、劳动资料、劳动对象优化组合和更新跃升。[①]

习近平总书记在多个场所提到新质生产力这个概念,新质生产力强调科技创新在经济社会发展中的核心地位,科技创新要素赋能产业体系,将会不断培育未来产业、壮大战略性新兴产业,并推动传统产业的转型升级。

新质生产力的本质是先进生产力,根据马克思主义的生产力理论,人是生产力中最活跃的要素。[②] 在这样的背景下,人才成了发展新质生产力的第一资源。人才不仅是劳动资料和劳动对象的发明者、创造者和革新者,也是生产力发展的创新要素。新质生产力的发展也将通过人才的创新和能力来实现。

(二) 产业与人才的需求

我国提出要因地制宜发展新质生产力,建立未来产业投入增长机制,完善推动新一代信息技术、人工智能、航空航天、新能源、新材料、高端装备、生物医药、量子科技等战略性产业发展政策和治理体系,引导新兴产业健康有序发展。

当前我国的人才缺口还较大,根据工信部的预测,到2025年,我国制造业十大重点领域人才缺口约为3 000万人,其中新一代信息技术产业人才缺口为950万人,新能源新材料人才缺口为503万人,高端装备人才缺口为1 038万人。人瑞人才与德勤中国2023年预测,当前我国互联网、智能制造、智能汽车、人工智能等11个重点产业的数字人才缺口约在2 500万至3 000万,且缺口仍在持续扩大。

瑞士洛桑国际管理发展学院发布的《世界人才排名报告》显示,中国内地的世界人才排名从2012年的第50位提高至2024年的第38位,但对比美国2024年全球第21位的排名仍有不小的差距。欧洲工商管理学院联合有关机构发布的《全球人才竞争力指数》显示,2019年中国的全球人才竞争力指数排名第45位,2023年上升至第40位,对比美国2023年全球第三的排名,中国仍需加强人才领域的追赶。

总之,当前我国人口红利的逐渐消失和创新驱动发展战略发展的双重背景下,经济社会对技术技能人才数量和质量的需求日益增强,主要依靠资源要素投入、规模扩张的粗放发展模式难以为继,调整结构、转型升级、提质增效刻不容缓。加强创新型和复合型教育的发展,提高人力资源开发水平,是回应经济社会新常态对人才培养需求的重大改革方向。

(三) 教育数字化转型与STEM教育

新质生产力是数字时代更具融合性、更体现新内涵的生产力,数字化、智能化是其重要特征。数字经济作为一种新型经济形态,成为推动新质生产力发展的重要力量。《中华人民共和国国民经济和社会发展第十四个五年规划和2035年远景目标纲

---

① 中国政府网.中共中央关于进一步全面深化改革推进中国式现代化的决定[EB/OL].(2024-07-21)[2025-1-20]. https://www.gov.cn/zhengce/202407/content_6963770.htm.
② 黄汉权.深刻领悟发展新质生产力的核心要义和实践要求[J].求是,2024(07):13-16.

要》中也强调了数字化转型在推动经济社会发展中的重要作用,并提出了相关政策和措施。教育作为社会系统的重要组成部分,承担了为经济社会提供人才保障的重要使命。在数字经济发展的驱动下,教育正朝着数字化转型,通过技术支撑实现教育的全要素、系统性变革,同时,担负着为未来数字社会培养人才的使命。

技术赋能下的教育数字化经历了远程教育、互联网+教育、智慧教育等发展阶段,随着人工智能技术的进步,教育在智能测评、学习过程评价、自适应学习等都有所推进。信息的主要载体和传播工具已从书籍转向互联网或移动智能终端。教学方式正从"纯线下"转向"纯线上"或"线上与线下相结合",其组织形式也从单一的"他组织"(如传统学校)向"他组织"与"自组织"(如学习社群)相结合转变。教育数字化转型使人类跨入"信息化智能文明"时代。随着知识和技术的更新速度不断加快,"智本"将代替"知本","学力"将重于"学历",教育目标正从"传递知识"走向"发展心智"。

新质生产力赋能产业,使我国在未来产业、新兴产业和传统产业转型发展中急需大量创新型、技能型、复合型人才。从产业和人才需求章节的数据中也验证了此观点。而培养创新型、技能型、复合型人才的要求契合了STEM教育的培养目标。STEM教育是一种培养学生创新能力和解决实际问题能力重要途径,它强调在真实情境中进行跨学科知识整合,打破了学科之间的壁垒,将科学、技术、工程和数学等学科知识融会贯通。STEM教育形式鼓励学生根据自身兴趣和能力进行学习,并在项目或任务中发挥自身优势,实现个性化发展,从而培养出数字化经济社会发展需求的创新技术人才。

STEM教育方式与教育数字化转型中倡导"基于问题和协作的学习"理念相吻合,STEM教育是基于问题和项目式学习来实现跨学科融合的方式,需要数字化、网络化、智能化的教育背景做支撑。数字技术为打破传统教学模式中"批量生产"的局限提供了有力支持,从而更加关注学生的个性化发展,通过缩小班级规模、实施小组学习、提供可选择的项目式学习以及利用数字课件(如可汗学院)等方式,学生可以根据自身兴趣、能力和进度进行学习,实现真正的个性化学习体验。

STEM教育通过设计真实情境下的项目,让学生在解决问题的过程中,将不同学科知识进行整合,并习得解决实际问题的能力,培养学生成为知识建构者和问题解决者,提升他们的创造性思维和实践能力。STEM教育强调激发学生的好奇心与探索欲,让学生体验到创造、分享和合作的乐趣。学生应以个人或小组为单位作为项目的主导者,在自己感兴趣的任务或项目中发挥各自的优势,从而实现个性化的发展,这与教育数字化转型过程中强调的"个性化和自定进度的学习"高度契合。

STEM教育不是针对某个学科或某个学段的具体改革,它更像是一个切入点,在教育数字化背景下构建创新人才培养模式,撬动课程改革,并在中小学教育、职业技术教育、高等教育、继续教育等多个领域都会产生系统性影响。从长远来看,STEM教育的持续有效实施,将对劳动力素质提高产生积极的促进作用,助力我国经济从劳动密集型向技术密集型转型。

第三节 国际 STEM 教育的发展

学习目标

1. 理解各国在 STEM 教育方面的政策教育标准以及教育实施发展历程。
2. 比较和分析不同国家 STEM 教育发展的侧重点和特色。
3. 深刻理解 STEM 教育的目的和使命,并热情投身于 STEM 教育领域的推广与发展。

问题思考

1. 比较不同国家 STEM 教育政策、课程标准和教育实践。
2. 德国 STEM 教育的政策对当下开展 STEM 教育有何启示?

知识聚焦

一、北美洲——以美国为例 STEM 教育的发展历程

(一) STEM 教育政策的发展历程

自 1986 年起,美国政府开始布局 STEM 教育,认识到 STEM 教育在国家发展中的关键作用,并陆续推出了多项政策和支持措施,以确保 STEM 教育战略的持续发展。表 1-1 是美国政府在 STEM 教育领域采取的措施。

表 1-1 美国政府在 STEM 教育领域采取的措施

年份	发布机构	发布文件/法案名称	主要内容
1986	美国国家科学委员会	《本科科学、数学和工程教育》报告	STEM 教育的最早的雏形
1996	美国国家科学基金会	《塑造未来:科学、数学、工程和技术的本科生教育新期望》	培养 K-12 教育系统中的师资,提高全民的科学素养
2007	美国国会	《美国竞争力法案》	加强 STEM 教育投入,推动 STEM 教育全面展开

(续表)

年份	发布机构	发布文件/法案名称	主要内容
2015	美国国会	《2015年STEM教育法》	将计算机科学纳入STEM教育课程,实现教育的数字化转型
2018	美国政府	《绘制成功之路:美国的STEM教育战略》	提升国民STEM素养,增强多样性、公平性和包容性,提供具备STEM素养的劳动力
2024	美国政府	《STEMM公平与卓越2050:国家进步与繁荣战略》	STEMM是传统STEM(即科学、技术、工程和数学)概念的扩展,加入了医学领域。该战略强调了非传统学生和成人学习者的STEM教育路径,建立包容的教育文化和环境,推动STEM领域的多元化发展

(二) STEM教育标准的发展历程

美国科学院国家研究理事会于1996年颁布了《国家科学教育标准》。2000年,美国国际技术教育委员会推出了技术学科的学科标准——《技术素养标准:技术学习之内容》。2010年,美国州长协会与各州教育官员委员会针对美国各州的教育状况发布了《州立共同核心数学课程标准》。[①] 2013年,美国又颁布了《新一代科学教育标准》。

美国STEM课程国家标准由美国联邦教育部协同其他教育管理部门和研发机构共同研发,规定了STEM课程标准最本质的要求。其中,数学课程标准关注了学生的最近发展区与学段的衔接,注重培养学生数学能力;科学课程标准注重课程融合的理念,将工程内容融入科学课程,将工程和科学作为STEM课程整合的核心。总之,美国STEM课程的国家标准具有明显的指导性与开放性,为各州指明了STEM综合课程的发展趋势。

(三) STEM教育实践的发展历程

美国作为STEM教育这一领域的先行者,它在STEM教育的课程设计和实践活动中展现了诸多创新和值得探究的方面。美国的STEM教育实施较为全面且成熟,采取了一系列措施,如建立以STEM为中心的学校、推广STEM课程、在学校基础上设立STEM教育中心等。特别是在课程设置上,突出科学和工程学的实际操作。

美国的STEM教育的理念不仅融入了多学科课程,在STEM课程的开发与普及过程中还引入了社会力量,以两个代表性的STEM教育项目为例,一个是"项目引

---

① 李佳,袁野.数字化转型中的STEM教育[M].北京:教育科学出版社,2023:49-63.

路",这是一个为初中和高中生提供 STEM 课程服务的非营利组织 STEM 教育项目。另一个是"变革方程",这是由众多公司 CEO 联合发起的非营利机构组织的 STEM 教育项目,主要帮助学生为未来 STEM 领域的职业生涯做准备,并开发了丰富的 STEM 资源库。此外,美国还有其他教育组织也在进行 STEM 课程的实践,并融入了各自的特色。例如,826 全美(826 National)通过将写作实践融入 STEM 教学,帮助青少年提高写作能力。

如今,美国的 STEM 教育已经超越了传统学校的范畴,形成了一个校内课程与校外家庭、社区、多种机构场所相互补充的教育网络。这种教育模式将系统化的学科学习和项目式、问题式学习进行整合,共同构成一个支持性的学习环境。经过长期的发展和磨炼,美国已经逐步形成一个完整的 STEM 教育生态系统,学生既能够参与体系化的 STEM 学科学习,也能够体验更加自由、非结构化的 STEM 课程、项目和活动,为学生的全面发展提供了丰富的学习机会和体验。

二、欧洲——以英国、德国、芬兰为例 STEM 教育的发展历程

(一) 英国 STEM 教育发展历程

英国政府为推动 STEM 教育采取了大量积极措施,重点培养下一代对科学、技术、工程和数学学科的兴趣和能力,英国在人才培养上展现前瞻性的努力。

2014 年 12 月,英国推出了《国家课程框架》,为 STEM 教育的每个学科和每个学习阶段设定了具体目标。科学教育方面强调了科学与工程教育的结合,着重于学生智力和技能的发展与应用,并提出了逐步提升学生探究技能的目标。数学教育方面确保学生掌握基础数学知识,深化学生对数学概念的理解,并提升他们准确、迅速运用数学知识的能力,培养学生使用数学语言进行猜想、评估、概括和构建论点的能力,以及解决常规和非常规问题的能力。工程与技术教育开设了富有活力的设计与技术课程。这些课程旨在提升学生对工程技术流程的理解,并强调创新和批判性思维的培养。

英国 STEM 教育实践方面得到多个组织和机构的支持,其中包括英国皇家工程学会、STEM Learning 和一些教育公司,这些机构通过不同的方式支持着 STEM 教育的实施,如表 1-2。

表 1-2 英国提供 STEM 教育资源或服务的部分机构

STEM 教育实践路径	代表机构	主要工作内容
政府机构主导的 STEM 课程开发与教学	英国皇家工程学会	进行 STEM 课程开发和教学方面的工作
STEM 教师培训与课程开发	STEM LEARNING	为 STEM 教师开发培训课程,自主研发 STEM 课程
教育公司开发的 STEM 课程产品	TWIG、CUBETTO 等	开发 STEM 课程产品

(二) 德国 STEM 教育发展历程

德国作为欧洲的主要经济体，以其稳定的工业和完备的职业教育体系著称。德国政府高度重视 STEM 教育，为适应快速发展的社会需求，2022 年，德国联邦教育及研究部部长蒂娜·斯塔克-瓦辛格宣布 STEM 行动计划 2.0，以全面推动整个教育链的 STEM 教育发展。为了促进 STEM 教育在德国的进一步发展，德国的科学家们深入探讨了 STEM 学科的课程标准，强调学生的动手操作和创新能力，旨在提升学生解决现实生活问题的技能，注重跨学科综合能力的培养，重视职业规划教育和学科教学融合。

德国的 STEM 教育推进不仅体现在学校正规课程中对学科标准的整体性制订，STEM 教育实践也独具风格，涵盖了"校园实验室"的设立、企业合作的 STEM 项目以及"小小研究者之家"的推广。

在"校园实验室"模式下，部分德国学校将 STEM 教育融入日常教学中，通过融合校内外的课程资源和社会力量，有效地实施了 STEM 相关课程。这种模式不仅丰富了学生的学习体验，还加强了理论与实践的联系。

德国企业界对 STEM 教育的贡献同样显著。例如，巴斯夫公司带头实施了一系列免费的 STEM 教育计划，包括面向不同年龄段的"巴斯夫儿童和青少年实验室"和"巴斯夫幼儿教育"，主要是通过实践活动，如动手工作坊和实地参观，激发学生对 STEM 学科的热情，尤其是化学领域，并让学生认识到化学在日常生活中的重要性。

此外，德国联邦教育科研部早在 2006 年就联合多家企业和机构，如亥姆赫兹国家研究中心联合会、西门子基金会和沃尔斯堡汽车城，共同创立了"小小研究者之家"基金会。该基金会致力于为小学和幼儿园提供数学、科学和技术教育的全方位支持，包括软硬件资源、专业指导、教师培训和资格认证。这一举措反映了德国工业界和企业界对教育领域的回报，同时也展现了通过独立机构推动 STEM 教育发展的模式。

总之，德国的 STEM 教育实践不仅注重课程内容和教学方法，还强调了企业与教育界的合作，以及通过多元化途径促进学生的 STEM 兴趣和能力培养。

(三) 芬兰 STEM 教育发展历程

2023 年，芬兰教育、文化部和旅游部发布了《芬兰国家 STEM 战略与行动计划》，强化了 STEM 教育在芬兰国家战略中的地位，反映了芬兰对 STEM 教育的重视以及在该领域的持续努力和创新。芬兰的教育体系因其课程的整合性、跨学科性以及实践性而受到全球教育工作者和研究者的瞩目。芬兰对 STEM 教育师资的严格要求，确保了教师队伍的高素质。自 1866 年起，芬兰就引入了手工课程，并在其演进过程中逐步融入科学探索和技术融合的元素，鼓励男女学生共同参与设计和制作活动。

芬兰的学校设施重在营造多样化开放式学习环境，这些环境非常适合开展

STEM课程。芬兰STEM教育的独特之处在于建立了STEM体系,由赫尔辛基大学的LUMA中心统筹协调。全国各地的LUMA中心与高等教育机构和研究机构紧密合作,共同参与中小学课程开发与实施、课外STEM活动以及STEM教学研究等项目。一些LUMA中心还负责STEM教师的培养工作。芬兰的STEM教育整体上强调机会的均等性、学生的自主性以及学习的趣味性。

三、亚洲——以韩国、马来西亚为例STEM教育的发展历程

(一) 韩国STEM教育发展历程

2011年韩国政府发布了《搞活整合型人才教育(STEAM)方案》,提出以数学和科学为中心结合工程技术的STEAM教育方案,主要培养现代社会所需的具备科学技术素养的人才。韩国的STEAM教育起源于美国的STEM教育,后来加入了艺术(Arts)元素,形成了STEAM教育。韩国的STEAM教育不仅融入了人文艺术内容,还强调学生的综合运用能力和实际问题发现能力。韩国科学创意财团主导实施了一系列系统化的STEM教育推广活动,与韩国教育部携手推进了多个教育项目,其中包括重点推进特定STEM领域整合的项目(如生物科技);运用最新科技产品的项目;将人文艺术融入STEM教育的项目(如制造业中的创新艺术);与未来职业规划相结合的设计基础项目(如机器人工程、信息系统专家等)。韩国的STEM教育由韩国科学创意财团领导,与教育部合作推进,展现了自上而下的特点。

(二) 马来西亚STEM教育发展历程

STEM一词首次在《马来西亚教育蓝图(2013—2025)》中提出,政府明确提出了提高教师对STEM教育的认识及激发学生学习兴趣的目标。马来西亚在STEM教育上虽然属于起步阶段,但政府也在积极推动STEM教育的发展,马来西亚通过教育部、政府机构以及国有企业的共同努力,推进STEM教育的发展。特别是在STEM教育竞赛方面,马来西亚展现了其独到的特色。同时,在STEM教育的实践研究领域,马来西亚的研究人员也在国际学术期刊上发表了涉及V-Stops和WebQuest等多种新技术应用的研究成果,表1-3充分描述了马来西亚STEM课程和实践的相关内容。

表1-3 马来西亚STEM课程和实践

教育阶段/领域	课程内容/活动	特点/成就
中学教育	技术图形通信、可持续发展基础、发明、运动科学、家庭科学、工程制图、机械工程、农业科学、信息与通信技术	提供多种STEM相关选修课程

(续表)

教育阶段/领域	课程内容/活动	特点/成就
高中教育	科学与技术路径（物理、化学、生物、数学、数学进阶）	文理科分流，理科实施"科学与技术路径"
课外教育	STEM在线挑战平台	2020年教育部建设的在线平台，通过挑战在线任务，提升学生能力，评估STEM教育成效
	"所有人的STEM"活动	国家STEM中心和马来西亚科学、技术和国家天文馆等官方机构协同合作组织的大型活动，包括讲座、展览、竞赛等，面向学生、家长、社区和教师，在乡村地区举办，体现教育公平
	国家石油公司科学探索中心等活动	国有企业也积极推动STEM教育的发展，提供丰富的STEM学习机会，开设工作坊如创客工坊、玩乐实验室、科学戏剧大赛等。还设置了国油RBTX挑战赛，提升数字素养，包括机械相扑、机械猎手等项目，2021年还推出虚拟挑战模式

第四节 中国 STEM 教育的发展

学习目标

1. 阐述中国 STEM 教育政策的背景和发展历程。
2. 分析 STEM 教育在推动新质生产力发展中的作用，以及如何通过教育改革应对快速变化的需求。
3. 理解 STEM 教育与核心素养发展之间的联系，以及它们如何共同促进学生的全面发展和社会进步。

问题思考

1. 中国 STEM 教育对学生核心素养培养有哪些积极影响？
2. 如何开展 C-STEM 教育？

知识聚焦

一、STEM教育支撑教育强国建设

（一）强化STEM教育是我国战略发展的重要支撑

习近平总书记在中央政治局第五次集体学习时的讲话指出："教育兴则国家兴，教育强则国家强。建设教育强国，是全面建成社会主义现代化强国的战略先导，是实现高水平科技自立自强的重要支撑，是促进全体人民共同富裕的有效途径，是以中国式现代化全面推进中华民族伟大复兴的基础工程。"

习近平总书记在全国科技创新大会、国家科学技术奖励大会、两院院士大会上的讲话中进一步指出："加快培养造就一支规模宏大、结构合理、素质优良的创新型人才队伍。加快建设国家战略人才力量，着力培养造就卓越工程师、大国工匠、高技能人才。"STEM教育将培养科技创新人才作为主要目标，是我国强国建设和人才战略推进的重要支撑。

（二）推进STEM教育是我国教育改革的重要内容

2023年2月，习近平总书记在二十届中央政治局第三次集体学习时指出："要在教育'双减'中做好科学教育加法，激发青少年好奇心、想象力、探求欲，培育具备科学家潜质、愿意献身科学研究事业的青少年群体。"

2023年6月，教育部等十八部门联合发布《关于加强新时代中小学科学教育工作的意见》对中小学科学教育工作进行了全面部署，并明确提出，通过3至5年努力，中小学科学教育体系更加完善，科学教育教师规模持续扩大、素质和能力明显增强，科学教育质量明显提高，中小学生科学素质明显提升。同时，STEM教育是教育强国指数的重要组成部分，是提升教育服务能力的关键因素。加快推进STEM教育、打造中国教育品牌，已成为教育强国建设的重要抓手和任务。

（三）加强STEM教育是促进新质生产力发展的关键举措

在推进新质生产力发展中，教育发挥着重要作用。一方面，新质生产力的发展需要大量掌握先进科技知识和技能的人才，另一方面新质生产力的发展涉及多个学科的交叉与融合。传统的教育体系难以满足这种快速变化的需求，STEM教育由于强调科学、技术、工程和数学的综合应用，能够培养学生的跨学科思维和综合解决问题的能力，成为发展新质生产力的应然之举[1]。

---

[1] STEM教育2035行动计划领导小组. STEM教育2035行动计划[R/OL]. (2024-07-09)[2025-1-19]. https://stem.zjnu.edu.cn/2024/0803/c13414a473551/page.htm.

二、STEM教育契合核心素养发展

"核心素养"这一概念最早出现在经济合作与发展组织(OECD,简称"经合组织")和欧盟理事会的研究报告中。1997年,经合组织启动21世纪核心素养框架研究工作,并在报告中首次提出了"核心素养"这一概念理论框架。该框架聚焦于21世纪学生应具备哪些核心的知识、能力与情感态度,以成功融入未来社会,并在满足个人自我实现需要的同时推动社会发展。这一框架的构成也回应了当前和未来技术变革及全球化带来的挑战。

2014年3月,教育部在印发的《关于全面深化课程改革落实立德树人根本任务的意见》文件中,首次明确提出了构建"核心素养体系"的概念。这一举措标志着中国在核心素养研究领域迈出了重要一步。

2016年9月,经过两年的攻关研究和广泛征求意见,《中国学生发展核心素养》总体框架正式颁布。这一框架详细阐述了中国学生应具备人文底蕴、科学精神、学会学习、健康生活、责任担当、实践创新六大核心素养,这六大核心素养的培养旨在促进学生的全面发展,提高其综合素质,为未来的学习和生活打下坚实的基础,同时,也为教育改革和人才培养提供了重要依据。

2018年1月,中国教育部正式颁布《普通高中课程方案和课程标准》(2017年版),首次在课程中提出了学科核心素养。

2022年4月,教育部颁布《义务教育课程方案和课程标准(2022年版)》,在义务教育阶段首次提出核心素养。同时,把"加强课程综合性和注重关联性""变革育人方式,突出实践"作为其中基本原则。

《义务教育课程方案(2022年版)》中,要求各门课程用不少于10%的课时设计跨学科主题学习。这一调整旨在提升学生的综合实践能力和跨学科素养。同时也涉及了对综合实践课程的调整,该方案提出要加强课程内容的内在联系,突出课程内容结构化,并探索主题、项目、任务等内容组织方式。

《义务教育信息科技课程标准(2022年版)》颁布,标志着信息科技课程在义务教育阶段的地位得到了显著提升。它不仅将信息科技课程独立于综合实践活动课程之外进行定位,还明确了算法、人工智能在课程逻辑主线中的地位。同时,这一课标还详细阐述了信息科技课程的四个核心素养:信息意识、计算思维、数字化学习与创新以及信息社会责任,并针对不同学段制订了相应的教学目标。

《义务教育科学课程标准(2022年版)》的核心素养包括科学观念、科学思维、探究实践和责任态度。其中,责任态度要求学生具备探究兴趣、实事求是、追求创新、合作分享等品质,并关注科学、技术、社会与环境之间的关系。科学教育的具体目标包括对自然现象的好奇心和探究欲、掌握基本的科学知识和原理、培养科学思维和解决问题的能力、增强科学实践和创新精神等。

从第一节STEM教育的概念和素养来看,STEM教育通过跨学科的学习方式,让学生在解决实际问题的过程中锻炼思维方法和实践能力以及提升创新能力,和我国青少年核心素养应具有必备的品格、关键的能力和正确的价值观,为适应未来社会形成综合型人才相辅相成。STEM教育为培养核心素养的培养形成了有效的路径。时代发展和教育进步必然促使STEM教育与核心素养的对接成为趋势。

三、中国STEM教育的现状与挑战

（一）中国STEM教育的现状

2017年1月,我国教育部发布《义务教育小学科学课程标准》,强调科学教育是立德树人工作的重要组成部分,是提升全民科学素质、建设创新型国家的基础。2017年6月,教育部直属的中国教育科学研究院成立STEM教育研究中心,对STEM领域开展了广泛而深入的研究并发布科研成果《中国STEM教育白皮书》。2018年5月,"中国STEM教育2029行动计划"启动仪式在北京举行,主要目的是提高我国STEM教育质量,将全国79所学校列为"中国STEM教育2029行动计划"首批领航学校,228所学校列为首批种子学校。2022年教育部与中国科学研究院启动了推进科学教育的项目,就加强科学教育研究和实践探索达成战略合作。2023年,教育部启动全国中小学科学教育实验区、实验校建设项目,首批有124个实验区、994所实验校入选。2023年联合国教育科学文化组织第42届大会决议在中国上海设立教科文组织国际STEM教育研究所(UNESCO Ⅱ STEM),成为首个以STEM教育为主题的国际研究机构,也是首个落户中国的教科文组织一类中心,同时还是亚洲首个全球性一类机构,具有STEM教育领域信息交流中心、网络中心、资源中心和能力建设中心的功能作用。2024年7月,中国教育发展战略学会发布《STEM(科学、技术、工程和数学)教育2035行动计划》,从STEM课程体系、教育评价、数字化建设以及STEM教师培训等多方面促进我国STEM教育的发展。

在理论研究方面,专著和学术论文均取得了较大突破。例如,教育科学出版社出版了"中国STEM教育2029行动计划"丛书12本、上海科技教育出版社出版了《技术与工程素养标准:技术与工程在STEM教育中的作用》,清华大学出版社出版了《STEM教育理论与实践》等。另外,根据中国知网数据显示发现近年来有关STEM教育、科学教育和工程教育的研究主题不断丰富。

（二）中国STEM教育面临的挑战

一是STEM教育体系化建设不足。在课外STEM教育活动上,不同组织机构力量分散,尚未形成有效合力;在学校STEM教育方面,不同教育阶段之间以及学校教育与校外教育衔接不够紧密。

二是课程资源建设不健全。我国中小学阶段的跨学科性质STEM课程多为临时性和补充性课程,缺乏系统性整体设计和规划。

三是教师队伍建设严重滞后。STEM教育作为一种理念,要求教师具备跨学科教学的能力,但我国目前合格的"跨学科整合"专业化STEM教师比例不足5%,教师实践经验尤其是与产业相关的工程实践较为匮乏,这使得STEM课程教学难以深入和扎实。

总之,尽管STEM教育在中国正迅速发展,但仍面临诸多挑战。未来,中国将在政策支持、教育改革、师资培养、资源整合和国际合作等方面持续努力,以促进STEM教育的全面发展。

探究与实践

1. 请设计一份调查当地中小学STEM教育课程实施情况的方案。
2. 探究你所在地区STEM教师队伍现状,分析教师专业发展需求和面临的挑战。
3. 小组合作,选择一个中国STEM教育的成功案例,分析其成功经验和可推广价值。

第二章　STEM 课程概述

本章概要

本章聚焦 STEM 课程，深入剖析其基本理念，包括确定基于 STEM 素养的课程目标、构建跨学科整合的课程内容、开展实践探究导向的教学活动、倡导促进学生发展的综合评价。阐述 STEM 课程的跨学科整合、问题情境真实性、实践操作性、创新驱动性等基本特征，以及 STEM 课程的项目式、探究式、协作式等学习方式，全方位展现 STEM 课程在培养学生综合素养方面的独特价值。

思维导图

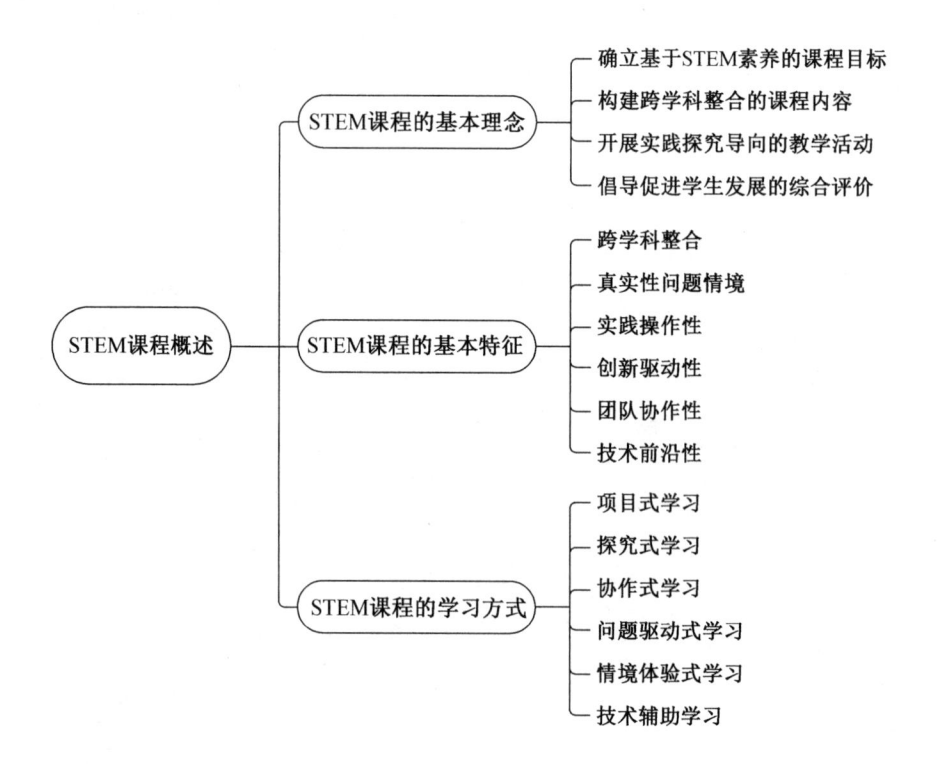

- STEM课程概述
  - STEM课程的基本理念
    - 确立基于STEM素养的课程目标
    - 构建跨学科整合的课程内容
    - 开展实践探究导向的教学活动
    - 倡导促进学生发展的综合评价
  - STEM课程的基本特征
    - 跨学科整合
    - 真实性问题情境
    - 实践操作性
    - 创新驱动性
    - 团队协作性
    - 技术前沿性
  - STEM课程的学习方式
    - 项目式学习
    - 探究式学习
    - 协作式学习
    - 问题驱动式学习
    - 情境体验式学习
    - 技术辅助学习

第二章 STEM课程概述

知识图谱

STEM课程概述 包含以下内容：

学习方式
- **项目式学习**（实施流程）：确定项目主题；组建项目团队；制定项目计划；自主探究与实践；展示与评价；反思与改进
- **探究式学习**（实施流程）：创设情境，激发兴趣；提出问题，引导思考；自主探究，合作学习；成果总结与评价；交流分享，反思改进
- **协作式学习**（实施流程）：确定学习目标，任务；小组构建与计划制定；资料收集与讨论；成果总结与优化；成果展示与评价
- **问题驱动式学习**（实施流程）：联系实际确定问题，拆解问题，确定学习目标；收集资料，自主探究，解决问题；成果巩固与讲解；优化方案；成果展示与评价
- **技术辅助学习**
- **情境体验式学习**（实施流程）：筛选合适的技术工具；技术工具配置与讲解；借助技术自主探索；成果展示与评价；创设与内容相关的情境；引导学生进入情境；学生体验与探索；成果总结与评价

基本特征
- **跨学科整合**：各学科知识有机整合
- **技术辅助**：3D打印、虚拟/增强现实（VR/AR）等新兴技术；培养面向未来的关键技能
- **问题情境**：多学科视角分析问题的思维方式；将学习内容置于真实或模拟的真实情境中；解决日常生活问题
- **实践操作**：以项目的形式开展；动手制作、实验和调试，手脑并用
- **创新驱动**：鼓励学生大胆探索和创造；突破常规思维，设计独具个性的作品
- **团队协作**：采用小组合作学习方式；提升沟通与协作能力

基本理念
- **课程目标**：跨学科整合的方法与思维范式；批判思维和创新思维能力；探究实践能力和问题解决能力；合作沟通能力和社会责任感
- **课程内容**：
  - 学科知识整合
  - 生活经验整合（关键要素）：利用生活资源丰富课程资源；将生活问题转化为学习任务；从生活现象引入课程内容
- **意义**
- **教学活动**
- **实施策略**（关键要素）：设计情境化学习任务；提供丰富的材料和资源；引导学生主动探究；强调团队合作与分享；确保安全与实践规范
- **综合评价**
  - 目标
  - 内容（关键要素）：知识掌握；技能发展；态度与行为；创新与解决问题能力

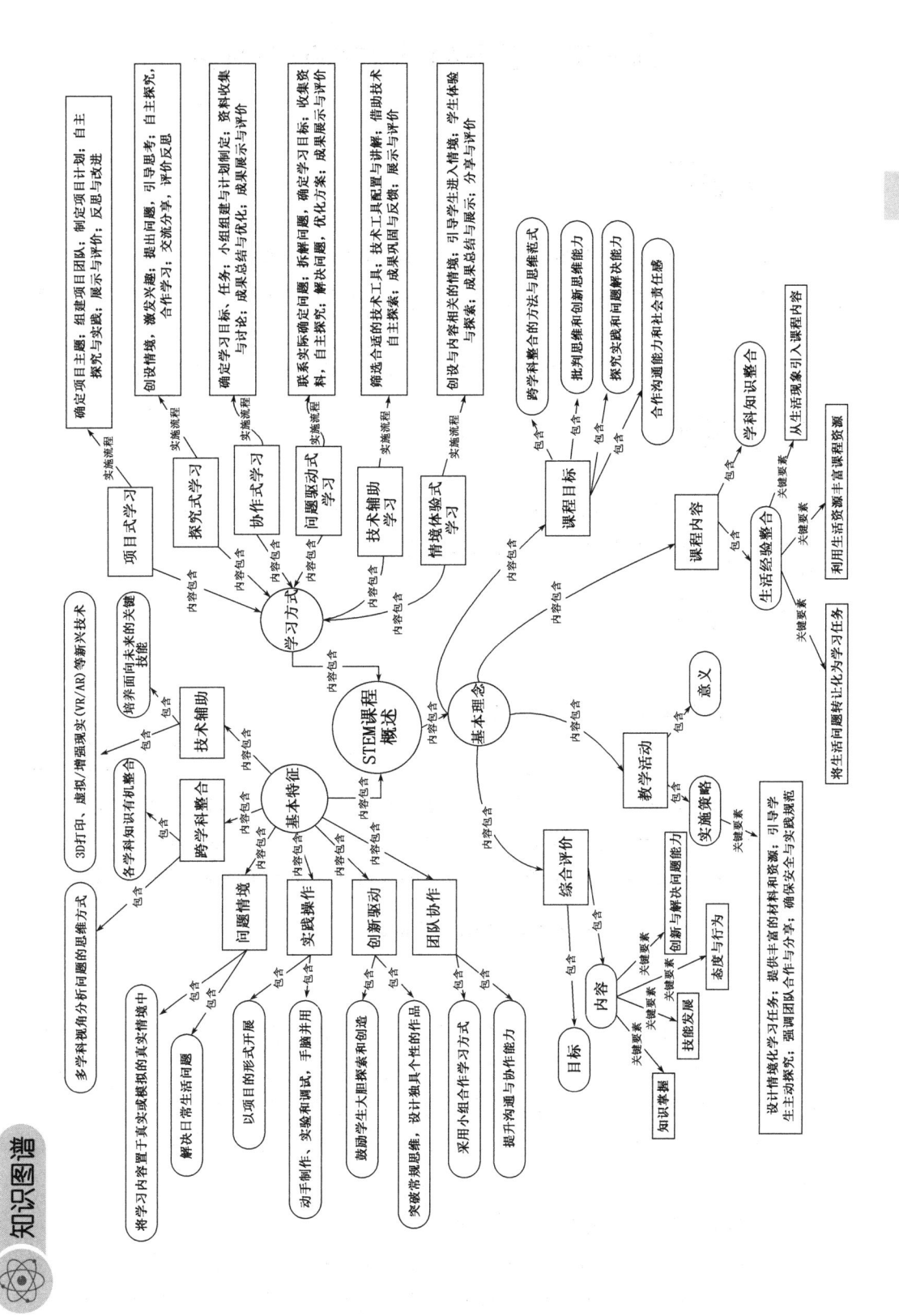

第一节　STEM课程的基本理念

学习目标

1. 掌握如何根据STEM素养的要求,确立具体、可衡量的课程目标。
2. 掌握跨学科整合的课程内容构建方法,熟悉实践探究导向的教学活动实施策略。
3. 深刻认识STEM教育发展的重要价值,培养积极推动STEM教育的态度。

问题思考

1. STEM课程的基本理念对学生核心素养发展的价值是什么?
2. 在STEM课程教学中,应如何落实基本理念?

知识聚焦

一、确立基于STEM素养的课程目标

在知识快速迭代的当下,全球教育格局正在经历深刻变革。其中,STEM教育成为教育领域备受瞩目的焦点。它旨在全面培养学生运用多学科知识解决实际问题的能力,为学生适应未来复杂多变的社会环境奠定坚实基础。而确立基于STEM素养的课程目标,无疑是推动STEM教育深入发展、实现人才培养质量飞跃的关键。

(一)确立基于STEM素养的课程目标的意义

1. 满足社会对创新人才的需求

随着科技的飞速发展,社会对创新型、复合型人才的需求日益增长。企业和研究机构需要能够将科学知识应用于实际技术开发,通过工程设计解决复杂问题,并运用数学工具进行精确分析的人才。基于STEM素养的课程目标,能够使学生在学习过程中逐步积累这些能力,为未来步入社会做好充分准备,满足社会对人才的多元化需求。

2. 培养学生解决真实世界问题的能力

传统教育注重学科知识的传授,针对知识之间的联系以及如何将知识应用于实际生活则关注较少。真实世界中的问题通常是复杂的,涉及多个学科领域。例如,设

计一套环保的城市交通系统,不仅需要了解物理学中的力学原理,还要运用数学知识进行交通流量的计算,借助工程技术进行道路和交通设施的设计,并考虑环境科学中的环保因素。基于STEM素养的课程目标,能够引导学生从多个角度思考问题,培养他们解决这类综合性问题的能力。

3. 促进学生的全面发展

STEM素养的培养不仅关注学生的学术能力,还涉及学生的创新能力、批判性思维、团队合作能力和沟通能力等综合素质的提升。在STEM课程中,学生通过参与项目式学习、小组合作等活动,能够学会与他人协作,表达自己的观点,同时尊重他人的意见。这种全面发展的教育模式,有助于学生在未来的社会生活和职业发展中更好地适应各种挑战。

(二) 基于STEM素养的课程目标内容

立足学生STEM素养的发展,依据STEM素养的内涵,体现课程性质,反映课程理念,确定STEM课程的课程目标。

1. 掌握跨学科整合的方法,形成跨学科思维范式

掌握科学、技术、工程和数学四个学科领域的基本概念、原理和方法,理解它们之间的内在联系与相互作用,形成跨学科的知识结构;理解不同学科在问题解决中的互补作用,能够识别现实情境中的多学科要素,运用科学原理分析现象本质,借助工程技术设计解决方案,利用数学工具进行量化表达,形成跨学科思维范式;在真实问题情境中实现学科知识的动态整合,能将特定领域的认知方法迁移应用于新领域,突破单一学科思维局限,形成可迁移的核心概念体系与认知策略。这是STEM教育的基石。

2. 掌握分析、质疑与创意联想等方法,具有批判思维和创新思维能力

保持对未知事物的好奇心和求知欲,敢于质疑常规,提出新颖的观点和想法;学会运用发散性思维和批判性思维,从不同角度思考问题,寻找多种可能的解决方案,能够打破传统思维定式,具备创新意识和创新精神;学会运用创造性方法和技术,如模型设计、编程、3D打印等,将创新思维转化为实际成果,体验从创意到实现的全过程,增强对创新过程的理解和掌握。这是STEM教育的关键。

3. 掌握基本的科学方法,具有探究实践和问题解决能力

积极参与探究实践活动,善于发现生活中的实际问题,并将其转化为可研究的科学问题;掌握基本的探究方法和技能,如观察、实验、调查、数据分析等,有条理地开展探究活动,收集和处理信息,分析和解释数据,得出合理的结论;在面对复杂问题时,运用所学知识和技能,制订合理的解决方案,并通过实践加以验证和改进;在真实情境中运用所学知识解决实际问题,提高实践能力和问题解决能力,增强对知识的深度理解和应用能力。这是STEM教育的核心。

4. 树立正确的价值观，具有合作沟通能力和社会责任感

掌握需求协商、任务分配、进度管理等合作技能，在团队中有效地沟通和协作，倾听他人的意见和建议，尊重不同的观点和想法，具备团队合作精神和沟通能力；理解科技创新与生态文明建设的辩证关系，在工程设计中贯彻绿色理念，掌握全生命周期分析方法，从资源利用、能耗控制到废弃物处理全程贯彻环保原则；认识技术发展的文化语境，在创新实践中尊重文化多样性，理解技术伦理的文化差异性，在全球化视野下建立负责任的技术应用观；树立正确的价值观和社会责任感，成为具有社会责任感的现代公民。这是STEM教育的精髓。

二、构建跨学科整合的课程内容

在当今教育领域，STEM课程以其独特的魅力与前瞻性备受瞩目，而跨学科整合理念更是STEM课程的核心精髓，宛如一座桥梁，连接起各个看似独立的学科领域，为学生搭建起一个全新的知识构建平台。深入探究跨学科整合理念，可从以下几个关键维度展开。

（一）学科知识整合

学科知识整合是跨学科整合理念的基石。STEM跨学科课程整合的初衷是打破学科藩篱，减少知识交叉重叠，解决学科知识碎片化、孤立化以及知识与应用疏离等问题，克服教学实践中学科知识授受的弊端，从而提高学科教学效率。事实上，学科知识并非外在于世界的实体，而是理解自我与世界的"材料""方式"。STEM知识整合取向一般采用基于问题的学习，通过自主、合作、探究解决嵌入真实情境中的社会生活问题，形成自主学习习惯，促进学生对所学知识的理解与建构，从而习得隐含于问题背后的学科知识，体验多学科知识的获取和整合过程，促进学生元认知能力的发展，形成解决问题的技能以及对知识进行社会性和情境性的迁移运用能力。

（二）生活经验整合

生活经验整合是跨学科整合理念的关键。教育不应脱离生活实际，STEM课程更应将知识学习与日常生活紧密相连，使学生真切感受到知识的实用性和魅力，激发学习兴趣。

1. 从生活现象引入课程内容

学生的生活经验是STEM课程的重要资源。教师可以从学生熟悉的生活现象入手，引入课程内容。例如，在讲解力学知识时，教师可以以学生日常使用的滑板车为例，引导学生思考滑板车是如何通过人的推力和重力实现运动的。通过这种方式，学生能够将抽象的科学概念与具体的生活现象联系起来，从而更容易理解和接受新知识。同时，这种贴近生活的情境引入也能够激发学生的学习兴趣，让他们感受到科学知识就在身边，与他们的生活息息相关。例如，在学习浮力原理时，教师可以组织学生进行"自制小船"活动。学生需要利用生活中的材料（如塑料瓶、泡沫板等）制作小船，并通过实验探究如何使小船能够承载更多的重量而不下沉。这种从生活现象出发的学习任务不仅能够激发学生的兴趣，还能培养他们的动手能力和科学探究精神。

2. 将生活问题转化为学习任务

生活中的许多问题都可以转化为STEM课程的学习任务。例如，在学习环保知识时，教师可以组织学生开展"校园垃圾分类与回收"项目。学生需要调查校园垃圾的种类和数量，运用科学知识分析垃圾的成分，运用工程技术设计垃圾分类装置，运用数学知识计算回收成本和收益，最后撰写项目报告并进行展示。这种基于生活问题的学习任务不仅能够提升学生的综合素养，还能培养他们的环保意识和社会责任感。

3. 利用生活资源丰富课程资源

学生的生活环境为STEM课程提供了丰富的资源。学校可以组织学生参观当地的科技馆、博物馆或企业，让学生在实地考察中学习科学知识和工程技术。同时，教师也可以鼓励学生利用生活中的废旧物品进行创意设计和制作。例如，学生可以用废弃的塑料瓶制作简易的灌溉装置，用旧电子元件制作小型机器人。这些活动不仅能够培养学生的环保意识和创新精神，还能让他们学会如何在生活中发现资源、利用资源，进一步拓宽他们的思维视野。

三、开展实践探究导向的教学活动

实践探究导向的教学活动是STEM课程理念的重要组成部分，它不仅能够激发学生的学习兴趣，更能够深化学生对科学、技术、工程和数学的理解与应用，培养其解决实际问题的能力。

（一）实践探究导向教学活动的意义

实践探究导向的教学活动，强调学生在真实或模拟的情境中，通过动手操作、观察分析、实验验证等方式，主动探索科学原理、技术方法、工程设计和数学应用。这种教学模式打破了传统课堂的讲授式学习，转而注重学生的主体性和实践性，旨在培养学生的创新思维、批判性思维和解决问题的能力。

1. 激发学习兴趣

实践探究能够让学生亲身体验科学的魅力、技术的神奇、工程的复杂和数学的实用，从而激发他们对STEM领域的好奇心和求知欲。

2. 深化知识理解

通过动手实践，学生能够将抽象的理论知识转化为具体的操作经验，从而加深对学科核心概念的理解。

3. 提升跨学科整合能力

STEM 课程强调跨学科整合，而实践探究导向的教学活动是实现这一目标的重要途径。通过参与实践活动，学生需要将科学、技术、工程和数学等多学科知识综合运用，从而培养他们的跨学科整合能力。

4. 增强团队协作能力

在实践探究过程中，学生往往需要与他人合作，共同完成任务。这种教学方式有助于培养学生的团队协作能力，使他们学会在团队中发挥自己的优势，共同解决问题。

5. 培养创新思维

实践探究导向的教学活动鼓励学生通过动手操作、实验验证等方式，主动探索未知领域，从而培养学生的创新思维和解决问题的能力。这种教学方式打破了传统教学中学生被动接受知识的局面，使学生成为知识的主动建构者。

（二）实践探究导向教学活动的实施策略

为了在 STEM 课程中有效实施实践探究导向的教学活动，教师需要采取一系列策略，确保活动的有效性、趣味性和安全性。

1. 设计情境化学习任务

教师应根据课程内容，设计贴近学生生活实际或具有挑战性的情境化学习任务，如设计一个桥梁模型，要求学生考虑材料强度、结构稳定性等因素，以解决实际问题。

2. 提供丰富的材料和资源

为了支持学生的实践探究，教师应准备充足的实验材料、技术工具和设计软件等，确保学生有足够的资源进行实践操作和创意设计。

3. 引导学生主动探究

教师应鼓励学生提出问题、做出假设、设计实验方案、收集和分析数据，最终得出结论。在这个过程中，教师应作为引导者和观察者，适时提供指导和反馈。

4. 强调团队合作与分享

小组合作是实践探究的重要形式，教师应促进学生之间的交流与分享，鼓励他们相互学习，共同解决问题。同时，定期的展示和汇报环节也是必不可少的，这有助于学生展示自己的成果，同时从他人那里获得启发。

5. 确保安全与实践规范

在实践探究活动中，安全始终是首要考虑的因素。教师应提前评估活动的安全性，制订详细的安全操作规程，并对学生进行必要的安全教育。

四、倡导促进学生发展的综合评价

在 STEM 课程体系中，评价不仅是对学生学习成果的检验，更是推动学生持续发展的关键动力。传统单一的评价模式已难以满足STEM教育的需求，倡导促进学生发展的综合评价势在必行。这种评价聚焦于学生的全面成长，旨在为学生提供精准反馈，助力其在STEM领域不断进步。

（一）综合评价的目标

1. 全面评估学生的学习成果

综合评价旨在全面评估学生在STEM课程中的学习成果。通过多维度的评价，教师可以更全面地了解学生的学习情况，为教学调整提供依据。

2. 促进教师教学质量的提升

通过综合评价，教师可以及时发现教学中的问题，调整教学策略，提高教学质量。评价结果可以为教师提供反馈，帮助他们更好地设计课程和教学活动。

3. 培养具有创新精神和实践能力的人才

综合评价强调学生的创新思维和实践能力，鼓励学生在解决实际问题的过程中积极思考和探索，培养他们的综合素质。

（二）综合评价的内容

1. 知识掌握

评估学生对科学、技术、工程和数学知识的掌握程度。通过传统的纸笔测试、项目报告等方式，了解学生对基础知识的理解和应用能力。

2. 技能发展

评估学生的实践技能，如实验操作、模型制作、编程能力等。通过观察学生在项目中的表现，记录他们在各个步骤中的技能水平。

3. 态度与行为

评估学生的学习态度、团队合作精神、责任感等。通过学生自评、同伴互评和教师观察，了解学生在学习过程中的态度和行为表现。

4. 创新与解决问题的能力

评估学生的创新思维和解决问题的能力。通过项目设计、实验探究等活动，观察学生在面对复杂问题时的应对策略和创新能力。

第二节　STEM课程的基本特征

学习目标

1. 准确概括STEM课程跨学科整合、情境性等基本特征，明晰其区别于传统课程之处。
2. 基于STEM课程案例，分析说明STEM各学科是如何相互关联并共同解决问题的。
3. 认同STEM课程对创新及实践能力培养的重要性，树立主动探索的学习意识。

问题思考

1. STEM课程基本特征的核心要义是什么，为什么？
2. 应如何理解STEM课程的特征？

知识聚焦

数智化时代，社会对人才的需求发生了深刻变革。传统的学科教育模式逐渐难以满足培养具有创新精神、实践能力和跨学科素养的复合型人才要求。STEM教育作为一种新兴的教育理念和课程模式应运而生，并迅速在全球范围内受到广泛关注。与传统学科课程以知识本位为核心，将单一学科知识的系统性传授作为重点，各学科界限分明、独立教学、内容鲜少交叉的特点不同，STEM课程秉持素养与能力本位理念，以培养学生综合运用多学科知识解决实际问题的能力为核心目标，强调打破学科壁垒，采用项目式、探究式等学习方式实现跨学科整合。

一、跨学科整合

跨学科整合是STEM课程最为突出的特点，它彻底打破传统学科界限，将科学、技术、工程和数学知识深度融合为有机整体。

（一）打破学科界限

传统学科致力于培养专业型人才，课程体系往往将学科进行严格划分，独立授课。数学侧重于理论推导与数字运算，以抽象的公式和定理为核心，如代数、几何等，各领域独立发展。科学课程涵盖物理、化学、生物等，虽各自探索自然世界的不同规律,但彼此之间缺乏有机联系。技术课程往往聚焦于特定技能,如计算机编程或手工制作,与其他学科关联性不强。工程则被视为专业领域,在基础教育阶段鲜有涉及。这种划分使得知识变得碎片化,学生难以理解不同学科知识在现实世界中的相互作用。例如,学生在学习物理的力学知识时,可能不会联想到数学中的几何原理对力的分析与计算的辅助作用,也不会考虑到在工程设计中如何运用这些知识来构建稳定结构。然而,STEM课程打破了这种界限,强调各学科之间的相互联系与融合。这种跨学科的融合并非简单的拼凑,而是将各学科知识有机整合,形成一个相互支撑、相互促进的知识体系。

案例 2-1

在"设计一座小型桥梁"的课程项目中,学生需运用数学知识进行力学计算,以确保桥梁结构稳固,这涉及几何图形的受力分析、方程式求解来确定材料用量;还需依据科学原理了解不同建筑材料的特性,像混凝土的抗压强度、钢材的韧性等;利用技术手段,如计算机辅助设计软件绘制桥梁蓝图;最后通过工程实践,学生动手搭建模型并测试其承载能力。同样地,以"设计并制作一个小型风力发电装置"为例,学生首先要运用数学知识进行精确的计算。比如,通过三角函数计算风力叶片的最佳角度,以确保在不同风速下都能最大限度地捕获风能;利用统计学知识分析当地的风速数据,为风力发电机的选址提供依据。在科学方面,学生需要掌握电磁感应原理,明白风力如何带动发电机转子转动,进而产生电流。技术层面,学生需要学会使用各种工具和材料,如3D打印技术制作风力叶片,或运用电路焊接技术连接发电装置的各个部件。从工程角度出发,学生要进行整体规划,考虑如何设计出一个结构稳固、高效发电的风力发电系统,包括对塔架高度、叶片材质和形状的优化等。这种融合不是简单的学科叠加,而是各学科知识在项目中相互渗透、协同作用。

(二) 思维方式的多元融合

不同学科具有独特的思维方式,STEM课程有效促进了这些思维方式的整合。科学思维注重观察、实验与推理,学生以此为基础收集数据;技术思维强调创新应用,思考如何利用或开发新技术解决问题;工程思维着眼于系统性和可行性,从整体规划项目,综合考虑资源利用与成本效益;数学思维贯穿始终,对各类数据进行量化分析。如在研究新能源汽车的项目中,学生要运用科学思维分析能源的转化和利用原理,用技术思维探索新型电池技术和充电方式,通过工程思维设计汽车的外观和内部结构,运用数学思维进行性能计算和成本分析。这种跨学科的学习方式,促使学生构建综合知识体系,使其面对复杂现实挑战或新问题时,能够迅速调动多学科知识,从多学科视角进行深入剖析。

案例 2-2

在"环境保护"这一问题中,学生需要从化学角度了解污染物的成分,从生物学角度认识生态系统的平衡,从工程学角度探讨污染治理技术与方案,从数学角度对环境数据进行统计与分析。通过这种跨学科的思维训练,学生能够更全面、深入地理解问题本质,提出更具创新性和可行性的解决方案。

二、真实性问题情境

STEM课程强调情境创设,倾向于将学习内容置于真实或模拟的真实情境中,学生所面对和解决的问题与日常生活和社会发展紧密相连。这种情境化学习不仅有助于增强学生的社会责任感和全球视野,还能让他们意识到所学知识对改善生活、保护环境和促进可持续发展的重要性。通过参与解决真实世界问题的项目,学生能够更好地理解知识的应用价值,激发自身学习动力和创造力。

(一)基于真实或模拟情境

STEM课程注重将学习内容与现实生活情境紧密结合,让学生在熟悉的场景中学习和应用知识。在教学中,教师可以以社会热点问题为情境,如全球气候变化问题,让学生深刻认识到所学知识与社会发展的紧密联系,增强社会责任感;也可以以日常生活中的问题为切入点,如家庭能源管理,使学生感受到知识在日常生活中的实用性,提高学习的积极性和主动性。同时,还可以采用情境模拟的方式,让学生在虚拟的环境中体验真实的情境,提高他们的应对能力和决策能力。例如在学习航空航天知识时,教师可以利用虚拟现实技术,模拟太空飞行的情境,让学生体验太空飞行的过程和挑战,培养他们的航空航天素养。还可以创设职业模拟情境,如模拟汽车工程师的工作,让学生提前体验职业工作内容,明确未来职业发展方向,激发学习动力。

案例 2-3

在学习化学课程时,教师创设了一个食品安全检测的情境,让学生模拟食品检测员,运用化学分析方法检测食品中的有害物质。学生根据实际情境中的问题,选择合适的检测方法和仪器,进行实验操作和数据分析,最终得出检测结果并提出相应的解决方案。这种情境性学习,不仅能够使学生在解决实际问题的过程中掌握知识和技能,还培养了他们适应社会生活的能力。

(二)解决现实生活问题

"解决现实生活问题"是STEM课程的核心内容之一。现实生活问题是指那些在日常生活中普遍存在的、与人们生活密切相关的问题,这些问题往往具有复杂性、综合性和现实性。例如,能源短缺问题、环境污染问题、交通拥堵问题、食品安全问题等。这些问题的解决不仅需要运用多学科的知识和技能,还涉及社会、经济、文化等多方面的因素。通过将 STEM 课程与解决现实生活问题相结合,不仅可以让学生深刻体会到学习 STEM 知识的实际价值和意义,还可以将所学知识应用到具体情境中,激发他们学习的积极性和主动性。同时也为学生提供了一个将所学知识应用于实际问题解决的平台,培养他们的实践能力和创新精神。

案例 2-4

在解决"社区垃圾分类难题"这一项目中,学生首先要实地调研社区内不同区域、不同季节的垃圾产量变化,运用统计学方法对数据进行整理分析。还需要深入了解垃圾成分,通过化学检测手段识别可回收物、有害垃圾、厨余垃圾等具体占比。同时,洞察居民的生活习惯与垃圾分类意识,采用问卷调查、访谈等社会学研究方法收集信息。在此基础上,依据空间规划知识,合理规划社区内垃圾分类设施的布局,确保投放便捷;运用传播学原理,制订针对性的宣传策略,制作生动有趣的宣传海报、短视频,提高居民垃圾分类积极性,让所学知识切实服务生活实际。

三、实践操作性

动手实践是 STEM 课程的核心环节,贯穿课程始终。与传统课堂注重理论讲授不同,STEM 课程为学生提供大量操作机会,让学生在"做中学"。实验室活动、项目式学习、机器人制作、编程挑战等,都是 STEM 课程中常见的实践形式。这些实践活动不仅加深了学生对理论知识的理解,还培养了学生的创新思维、批判性思维和解决问题的能力。通过实践,学生能够将抽象概念转化为具体成果,体验到知识应用的乐趣和成就感。

(一) 基于真实项目

课程通常以项目的形式开展,而这些实践项目往往源于真实世界的需求。这些真实项目为学生提供了一个将理论知识应用于实际的平台,学生在完成项目的过程中,需要综合运用所学知识和技能,并体验真实的工作环境和流程。如在设计和建造一个小型水利发电站的项目中,学生需要分成小组,分别负责设计、施工、调试等工作。在项目实施过程中,学生需要不断交流和协作,共同解决遇到的问题。

(二) 强调手脑并用

在实践过程中,学生需要将理论知识应用到实际操作中,通过亲自动手制作、实验和调试,将理论知识转化为实际成果,实现手脑并用。手脑并用的学习方式能够培养学生的多种能力,促使他们熟练掌握各种工具和设备的使用方法,提升实践技能和创造力。而在思考如何解决实践中遇到的问题时,学生的逻辑思维能力、分析问题能力和创新能力也得到了锻炼。以制作机器人项目为例,学生首先要学习电子电路、编程等理论知识,然后动手搭建机器人的硬件结构,进行电路连接和程序编写。在调试过程中,学生不断发现问题并解决问题,通过反复试验和改进,使机器人最终达到预期功能。这种手脑并用的学习方式,不仅加深了学生对知识的理解和掌握,还培养了他们的动手能力、问题解决能力和创新精神。

案例 2-5

在"制作太阳能驱动的小船"这一项目中,学生首先要根据力学原理设计船身形状,选用合适的轻质材料进行裁剪、拼接,确保小船具备良好的稳定性与浮力。接着安装太阳能电池板,依据光电转换知识调整电池板角度,使其接收最大光照强度;连接电机与螺旋桨,调试转速与传输动力,亲身体验太阳能转化为电能,再驱动小船前行的全过程,将抽象知识具象化。

四、创新驱动性

(一)鼓励探索与创造

STEM 课程致力于营造一个宽松自由的学习环境,鼓励学生大胆探索和创造。在课堂上,教师不再是知识的唯一传授者,而是学生学习的引导者和促进者。教师在教学过程中,给予学生充分的自主权,引导学生从不同的角度思考问题,让他们能够自由选择感兴趣的项目主题,并提出独特的见解和解决方案,按照自己的思路进行探索。学生在解决问题或完成项目过程中,没有固定的模式和标准答案,他们可以自由发挥想象力,尝试不同的方法和途径。例如,在设计一款新型环保餐具时,学生可以从材料选择、造型设计、功能实现等多个方面进行创新思考。可以探索使用新型可降解材料,设计出独特的造型以提高餐具的实用性和美观性,甚至赋予餐具一些特殊功能,如温度感应变色等。

(二)培养创新与批判性思维

STEM 课程大力鼓励学生突破常规思维,设计独具个性的作品。通过开展头脑风暴、逆向思维、发散思维等训练活动,激发学生的创新思维。不仅为学生提供丰富多样的创新实践活动,如科技创新比赛、创意设计工作坊等,还为学生提供了丰富的创新平台,如实验室、创客空间等。学生可以在这些平台上,利用各种工具和材料,将自己的创新想法转化为实际成果。例如,在创客空间中,学生可以使用 3D 打印机、激光切割机等设备,制作出自己设计的产品原型。同时,着重培养批判性思维,让学生在面对多种方案选择时能理性判断。

案例 2-6

在"评估不同新能源汽车电池技术"这一主题中,面对市场上的锂电池、氢燃料电池、钠离子电池等多种选择,学生需从续航里程角度,对比不同电池在相同电量下的行驶距离;考量成本,包括电池原材料获取成本、生产工艺成本、回收成本;分析环保因素,研究电池生产、使用、废弃全过程对环境的影响;探究安全性,像锂电池的热失控风险、氢燃料电池的高压储氢安全隐患等。通过全面权衡,理性决策,不盲目跟从。

五、团队协作性

多数STEM项目任务复杂艰巨,单靠个人难以完成,因而团队协作至关重要。STEM课程高度强调成员分工合作,发挥各自专长,促进团队成员之间的交流沟通,碰撞思维火花。

(一)团队合作的学习模式

STEM课程通常采用小组合作学习的方式完成项目任务。一方面,在小组合作学习中,每个学生都有明确的角色分工。角色分工可以让学生充分发挥自己的优势和特长,提高小组的工作效率和质量。团队定期组织研讨会议,成员们分享各自工作进展、遇到的问题与想法。大家相互倾听、讨论,解决观点冲突,不断完善方案与策略,携手攻克复杂难题。另一方面,合作还体现在与其他小组或团队的协作上。学生需要学会与不同的人合作,协调各方的利益和需求,共同完成项目任务。例如,在一个大型的科技展览项目中,学生需要与其他班级或学校的学生合作,共同策划和组织展览活动。在这个过程中,学生需要学会倾听他人的意见和建议,尊重他人的劳动成果,共同打造一个精彩的展览。

(二)提升沟通与协作能力

在团队合作过程中,学生需要不断地进行沟通与协作。他们要清晰地表达自己的想法和观点,倾听他人的意见和建议,协商解决问题的方案。学会处理团队冲突,当出现意见分歧时,能够通过理性的沟通和协商,找到共同的解决方案,维护团队的和谐与稳定。例如,在讨论项目方案时,学生们需要阐述自己的设计思路和理由,同时认真听取其他成员的反馈,对方案进行调整和完善。通过这种沟通与协作的过程,学生不仅提高了自己的沟通能力,还学会了如何在团队中发挥自己的作用,培养了团队合作精神和领导能力,这些能力对于他们未来的职业发展和社会生活都具有重要意义。

案例 2-7

以"开发教育类 App"项目为例,团队成员各司其职。有美术专业背景的学生负责界面设计,运用色彩搭配、图形设计知识,打造简洁美观、符合学生认知特点的操作界面,吸引用户;编程高手编写代码,利用多种编程语言搭建 App 架构,实现课程展示、互动答题、学习进度跟踪等功能;熟悉教育领域的策划人员,依据教育学原理、课程标准,精心挑选、设计优质教育内容,确保知识传授的科学性与系统性,大家协同推进项目,实现 1+1>2 的效果。

六、技术前沿性

技术前沿性是指在科学和工程领域中研究与应用最前沿的技术和理论,这些技术具有高度的创新性和潜在的影响力,能够推动科技进步和产业转型。例如,人工智能、量子计算、生物技术等新兴技术都属于技术前沿的范畴。在 STEM 课程中,技术前沿性不仅体现在课程内容的更新和创新,还体现在教学方法和工具的现代化。通过引入技术前沿的内容和方法,STEM 课程能够让学生接触到最新的科技成果,培养他们的创新思维和未来竞争力。

(一) 融合前沿技术

随着信息技术的飞速发展,STEM 课程越来越注重将前沿技术融入教学内容,特别是信息技术和数字工具的应用。从基本的计算机到高级编程软件、3D 打印、虚拟现实(VR)和增强现实(AR)技术,这些现代技术手段为学生提供了前所未有的学习资源和创作平台。技术融合不仅拓宽了学习的边界,还促进了学生信息素养和技术创新能力的培养,使他们能够适应快速变化的技术环境。在人工智能课程中,教师引导学生接触前沿的机器学习算法,如深度学习中的卷积神经网络(CNN),学生学习如何利用 CNN 进行图像识别,如识别动植物种类、交通标志等;此外,学生尝试掌握循环神经网络(RNN)及其变体长短期记忆网络(LSTM),并将其应用于文本生成、语音识别等任务。接触深度学习框架,如 TensorFlow、PyTorch,学会搭建模型、训练参数,感受人工智能强大魅力,为未来深入研究或应用奠定基础。

(二) 培养面向未来的技能

这种对技术前沿性的强调,着眼未来需求,探讨极具前瞻性的前沿技术应用前景,培养学生面向未来的关键技能。一方面,学生掌握了先进的技术工具和方法,如 3D 打印技术。学生不仅学会操作 3D 打印机,还能根据设计需求,从建模开始,到选择合适的打印材料,最终打印出高质量的产品。这使他们在未来的工作中,能够快速适应并运用新兴技术。另一方面,学生通过接触前沿技术,培养了对新技术的敏感度和学习能力。例如,在量子计算领域,尽管这一技术仍在发展初期,但学生通过了解其基本原理和潜在应用,能够在未来量子计算技术成熟时,迅速跟进学习并投入应用。研究基因编辑技术在农作物改良、人类遗传疾病治疗方面的革命性应用,激发学生对未知科技的探索欲望,使其成为未来科技创新的开拓者。

总之,STEM课程以其跨学科整合、真实问题情境、实践导向、创新驱动、强调合作与沟通以及技术融合的基本特征,为学生提供了一个全面、动态且富有挑战性的学习环境。这一教育理念不仅促进了学生科学素养和技术能力的提升,更培养了学生的创新思维、问题解决能力和团队合作精神,为他们在快速变化的21世纪社会中成功发展奠定了坚实的基础。

第三节　STEM课程的学习方式

学习目标

1. 清晰阐述基于项目式学习、问题解决式学习和探究式学习等在STEM课程中的具体实施流程,并准确分辨不同学习方式的特点与适用场景。

2. 借助案例分析,理解不同学习方式在培养学生跨学科素养、创新思维和实践能力等方面的作用和价值。

问题思考

1. 项目式学习方式在培养学生跨学科知识整合能力方面有何显著优势?
2. 不同学习方式是如何实现跨学科知识整合的?

知识聚焦

一、项目式学习

项目式学习是STEM课程中最常见的学习方式,强调学生在一段时间内通过主动研究、探索和实践,以解决一个真实、复杂的问题或完成一个具有挑战性的项目为核心任务,从而获得知识和技能。在项目过程中,学习者需要明确项目目标、制订计划、分工合作、动手实践、收集数据、分析结果,并最终展示成果。这种学习方式鼓励学生跨学科整合知识,培养批判性思维、创新能力、团队协作和问题解决能力。在项目式学习中,学生不仅学习具体的知识,更重要的是学会如何应用知识,将所学内容与实际生活紧密相连。

(一)确定项目主题

项目主题的选择是项目式学习的关键。一个好的主题应该既能激发学生的兴趣,又与课程标准和教学目标紧密相关。教师可以通过了解学生的年龄、兴趣和认知水平,关注当前社会热点问题,结合学科知识体系等途径,选择具有现实意义、能够激发学生兴趣且适合学生能力的项目主题。主题可以来源于现实生活、社会问题、科学探索、工程设计等多个领域。在选定主题后,教师需与学生共同设定项目的具体目标,这些目标应清晰、具体、可衡量,并与课程标准和教学目标相契合。

1. 需求调研与分析

教师需深入研究课程标准,明确学科核心素养和关键知识点,同时关注社会热点话题,引导学生将学科知识与社会现实联系起来,比如,在全球气候变化的大背景下,开展地理项目式学习,确定"本地气候变化对生态环境的影响及应对策略"项目主题。还可以通过问卷、访谈、小组讨论等多种方式收集学生感兴趣的话题。例如,在开展物理项目式学习时,教师可以设计问卷,包含"你对哪些物理现象感到好奇?""你希望解决哪些生活中的物理问题?"等问题,了解学生对电磁感应、光学成像、力学平衡等物理知识在实际生活中的应用方面的兴趣。

2. 可行性评估

教师从资源、时间、技术等方面评估主题的可行性。例如,"自制简易卫星"这一主题虽然富有创意,但对于大多数学校和学生来说,由于缺乏专业的设备、技术和资金支持,实施起来难度较大。相比之下,"自制简易气象观测仪"主题则更具可行性,学生可以利用常见的材料和简单的工具,制作温度计、雨量筒等气象观测仪器,开展气象观测活动。如果发现某个主题过于宽泛,可以将其细化为更具体的小主题。例如,"科技改变生活"这一主题可以细化为"智能家居设备的功能与原理探究""移动支付技术的发展与影响"等小主题,使项目更具针对性和可操作性。

3. 目标设定

明确的项目目标有助于指导学生的学习方向和教师的教学过程。教师要引导学生从宏观层面审视项目,明确最终想要达成的成果,从而清晰界定总体目标。同时也要引导学生将总体目标细化分解为可行的具体目标。项目的最终目标应该是具体、可衡量、可达成、相关且有时限的(SMART 原则)。例如,对于"如何改善学校周边的生态环境"这个项目,目标可以是"能够识别学校周边生态环境中存在的问题""能够提出并实施至少三种改善生态环境的方案""能够通过项目展示和报告,向学校和社区展示研究成果"等。

(二)组建项目团队

1. 团队组建原则

教师需根据项目的复杂性和学生的知识水平、能力特长、性格特点等因素进行异质分组。可采用自愿与引导相结合的方式,在尊重学生意愿的基础上,先让学生根据自己的兴趣和特长自由组合,教师根据项目需求和团队构成情况适当进行引导和调整,确保每个小组成员在知识和能力上具有互补性。同时根据项目复杂程度和学生年龄特点确定合适的小组规模。一般来说,小学阶段的项目小组规模可以控制在3—5人,初中阶段5—7人,高中阶段7—10人左右。小组规模过大可能导致成员之间沟通不畅、分工不明确,而规模过小则可能无法充分发挥团队合作的优势。

2. 明确团队分工

根据项目任务和小组成员特点设定不同的角色。常见的角色包括组长、资料收集员、实验操作员、记录员、汇报员等。教师需引导学生理解每个角色的重要性,提供必要的指导和支持,帮助学生建立有效的沟通机制,促进团队内部的交流和协作。以"校园植物多样性调查"项目为例,组长负责组织协调小组活动,制订项目计划和进度安排;资料收集员负责查阅植物分类、生态习性等相关资料;实验操作员负责进行植物生长实验、土壤样本检测等实验操作;记录员负责记录观察数据、实验结果和小组讨论内容;汇报员负责整理项目成果,制作展示材料,进行项目汇报。在项目实施过程中,根据实际情况对分工进行适当调整。如果某个成员在完成自己任务的过程中表现出色,可以适当增加其任务量或赋予其更重要的角色;如果某个成员遇到困难无法完成任务,可以与其他成员协商调整分工,或者教师提供必要的指导和帮助。为了让学生体验不同角色的工作内容,培养全面的能力,可以在项目中期或后期进行角色轮换,使学生在不同角色的转换中,更加深入地了解项目内容,提升综合素养。

(三) 制订项目计划

根据项目主题和目标,明确并制订详细的实施计划,包括项目的各个阶段、每个阶段的具体任务、所需资源和时间安排等。识别项目实施过程中可能遇到的风险和挑战,并制订相应的应对措施。

1. 制订时间表

根据项目主题和任务要求,合理安排项目时间。将项目分为启动阶段、实施阶段和总结阶段,并为每个阶段设定具体的时间节点。例如,"校园植物多样性调查"项目计划用时两个月,具体阶段任务及完成时间如表2-1:

表2-1 "校园植物多样性"调查项目计划表

序号	阶段	任务描述	负责人	时间安排	所需资源
1	项目启动	确定项目主题与目标,组建团队(如生态小组、数据记录小组、报告撰写小组等),分配角色与任务	项目经理	第1周	会议室、项目背景资料

（续表）

序号	阶段	任务描述	负责人	时间安排	所需资源
2	前期准备	搜集校园地图，划分调查区域；准备调查工具（如相机、记录本、标签纸、测量工具等）	数据记录小组	第1—2周	校园地图、调查工具
3	培训与学习	组织团队成员学习植物识别知识，了解调查方法与注意事项	生态小组	第2周	植物识别手册、网络资源、培训场地
4	现场调查	分区域进行植物种类识别与记录，测量植物分布范围与数量，拍摄植物照片	生态小组、数据记录小组	第3—4周	调查工具、安全装备
5	数据整理与分析	对调查数据进行整理，统计植物种类与数量，分析植物多样性分布特点	数据记录小组、报告撰写小组	第5周	数据分析软件、电脑
6	报告撰写与展示	撰写项目报告，包括调查方法、结果分析、结论与建议；准备展示材料，进行项目成果展示	报告撰写小组	第6周	报告模板、展示材料、会议室
7	反馈与改进	收集教师、同学与专家的反馈意见，对项目进行调查方法、数据准确性等方面的改进	全体成员	第7周	反馈表、会议记录
8	成果应用与推广	将调查成果应用于校园绿化管理，提出植物保护与多样性提升建议；通过校园广播、海报等方式进行成果推广	项目经理、生态小组	第8周	宣传材料、广播设备

注意：
- 负责人一项中，可以根据团队成员的专业背景、兴趣和能力进行分配，确保每个任务都有合适的负责人。
- 时间安排应根据项目的实际情况和团队成员的日程进行灵活调整，确保项目能够按时完成。
- 所需资源一栏中列出了每个任务所需的主要资源，包括人力、物力、财力等。在实际操作中，可能还需要根据具体情况补充和调整，如聘请植物专家进行指导、购买植物识别软件等。

2. 分解各阶段任务

将项目任务细化为多个子任务，并明确每个子任务的负责人和完成时间。以"本地历史遗迹与近现代史的关联研究"项目为例，子任务包括实地考察历史遗迹、查阅历史文献、制作历史遗迹模型、撰写研究报告等。每个子任务都有具体的负责人和时间节点，确保项目任务有序推进。

3. 规划所需资源

提前规划项目所需的各种资源，包括人力、物力和财力资源。人力方面，除了项目团队成员外，还可以邀请相关领域的专家、学者作为项目顾问，为学生提供专业的指导和帮助；物力方面，根据项目需求准备实验器材、测量工具、资料书籍、电脑软件等；财力方面，合理预算项目经费，包括资料购买费、实验材料费、外出考察交通费等，确保项目顺利实施。

（四）自主探究

1. 资料收集与整理

学生通过查阅资料、网络搜索、实地考察、专家访谈等方式，收集与项目相关的信息和数据。教师需提供必要的资源和指导，鼓励学生主动探索、积极思考。可引导学生到学校图书馆或公共图书馆查阅图书、期刊、报纸等纸质资料或利用互联网搜索引擎、专业学术网站、在线数据库等收集相关资料。对于一些需要亲身体验和现场观察的项目，组织学生进行实地调研。如在"本地民俗文化传承与发展"项目中，学生可以深入本地的乡村、社区，参观民俗博物馆、传统手工艺作坊，采访民俗文化传承人，收集民俗文化的第一手资料，包括民俗故事、传统技艺、民俗活动等。同时邀请相关领域的专家、学者、行业从业者等进行访谈，获取专业的意见和建议。在"新能源汽车市场前景分析"项目中，学生可以采访汽车行业的专家、新能源汽车企业的销售人员、消费者等，了解新能源汽车的技术优势、市场现状、存在问题以及未来发展趋势，为项目的深入研究提供有力支持。资料收集完毕后，教师引导学生将收集到的资料按照不同的类别进行整理，并对重要的资料进行摘要和提炼，提取关键信息和核心观点。

2. 设计方案

在收集和分析信息的基础上，学生需设计解决问题的方案或制作作品的具体计划。首先明确方案或作品需要达到的具体目标，这些目标应与项目主题和总体目标保持一致。同时考虑方案的可行性，包括所需资源、时间、技术等方面的限制，确保方案能够在现有条件下顺利实施。教师应在此过程中提供必要的引导和支持，鼓励学生发挥想象力，提出新颖的解决方案或作品设计，并帮助学生完善方案，把控方案的可行性。

3. 实践探究，完成作品

实践探究阶段，学生依据项目需求进行实验操作、编程设计、手工制作等实践活动。在实践操作前，教师应向学生明确实践的目的和意义，以及预期达到的成果，并根据项目需求，为学生提供必要的实验器材、测量工具、资料书籍等资源，确保实践操作顺利进行。同时需要教授学生正确的操作方法和注意事项，保障学生在实践过程中能够规范操作，实践活动能够安全、有序开展。学生按照设计方案实施和制作，根据项目分工，各自承担相应的任务，完成作品。教师需关注学生的实施过程，及时给予指导和反馈。对于学生在实践过程中遇到的问题和困难，教师应引导学生学会自主思考和解决问题，培养学生的自主学习能力和解决问题的能力。学生也应及时记录实施过程中的关键步骤和遇到的问题，以及解决问题的方法和过程，提升自身反思能力和问题解决能力。

4. 测试与优化

在实施完成后,学生需对作品进行功能测试,确保其能够满足设计要求。在测试过程中发现的问题,应进行详细记录,并分析问题产生的原因。根据测试结果和问题分析,对作品进行优化和改进,以提高其性能和效果。最后对优化后的作品进行再次测试,确保问题得到妥善解决。

（五）展示与评价

1. 成果梳理与展示

学生需通过展览、报告会、演讲等形式,向他人展示自己的项目成果。教师采用多种评价方式(如组间互评、教师评价、自我评价等),对学生的项目成果、实施过程、团队协作等方面进行综合评价。评价应注重学生的进步和成长,鼓励学生持续探索和创新。将项目过程中产生的各种成果进行分类整理,包括知识成果(如研究报告、论文、设计方案等)、技能成果(如实验操作视频、手工制作作品、软件编程成果等)、情感态度成果(如学习心得、团队合作经验、价值观转变等)。根据项目特点和成果类型,设计多样化的成果展示形式。可以举办项目成果展览,将学生的实物作品、展板、海报等集中展示；可以组织项目汇报会,让学生通过口头汇报、演示文稿展示等方式介绍项目成果；还可以利用学校网站、公众号等网络平台,发布学生的项目报告、视频作品等,扩大项目成果的影响力。例如,在"科技创意大赛"项目中,通过举办科技创意成果展,展示学生的创意作品、实验装置、软件应用等成果,吸引师生和家长前来参观,激发全校学生的科技创新热情。

2. 成果评价与反馈

引导学生对自己的项目成果进行全面、客观的自我评价。学生可以从项目目标的达成情况、知识与技能的提升、创新点与亮点、存在的不足等方面进行反思。教师在学生自我评价的基础上,对学生的项目成果进行深入评价。教师要从专业的角度,结合项目评估指标体系,对学生的知识掌握、技能应用、创新思维、团队合作等方面进行全面评价,并给出具体的改进建议。例如,在"物理实验探究"项目中,教师可以评价学生实验设计的科学性、实验操作的规范性、数据分析的准确性以及实验结论的合理性,同时指出学生在实验过程中存在的问题,并指导学生如何在今后的实验中加以改进。将评价结果及时反馈给学生,让学生了解自己在项目中的表现和存在的问题。学生根据反馈意见,对项目成果进行进一步的完善和改进。

（六）反思与改进

学生对自己的项目经历进行深入的反思,思考自己在项目实施过程中的得失、成长和收获。小组成员分享各自在项目实施过程中的经验和教训,并撰写项目总结报告,记录项目实施的全过程、成果和反思。教师需对学生的总结报告进行审阅和指导，鼓励学生将所学应用于未来的学习和生活中。

1. 个人反思

学生反思在项目过程中对相关知识的理解和掌握情况，以及各项技能的提升程度。例如，在"编程解决实际问题"项目中，学生可以思考自己是否熟练掌握了编程语言的语法和逻辑结构，是否能够灵活运用编程算法解决实际问题，如数据排序、路径搜索等；在技能方面，反思自己的代码编写能力、调试能力和软件应用能力等是否有所提高，并思考在项目中还有哪些技能需要进一步学习和加强。同时对学习方法与策略、情感态度与价值观等方面进行反思，如在"环保科技创新"项目中，反思自己是否树立了环保意识，是否愿意为环保事业贡献自己的力量，并思考如何在项目中将环保理念融入科技创新中，实现科技与环保的有机结合。

2. 团队反思

小组成员共同反思团队在项目过程中的合作情况。如在项目规划阶段，是否充分听取了每个成员的意见和建议，进行了合理的分工；在项目实施过程中，成员之间是否能够及时沟通信息，协调工作进度，共同解决遇到的问题；在项目总结阶段，是否能够客观公正地评价每个成员的贡献，总结团队合作的经验和教训，思考如何在今后的团队项目中进一步提高团队合作效率和质量。其次对项目管理方面的表现进行反思，包括项目计划的制订是否科学合理，是否能够根据项目实际情况及时调整计划；项目资源的分配是否合理，是否充分利用了各种资源为项目服务；项目进度的管理是否有效，是否能够按时完成各个阶段的任务，确保项目整体目标的实现。最后在创新与改进方面进行反思，总结在项目中的创新点和需要改进的地方。

3. 教师反思

教师首先反思项目式学习的教学设计是否合理。包括项目主题的选择是否贴近学生实际，能否激发学生的学习兴趣；项目任务的设置是否具有挑战性和可操作性，能够促进学生知识与技能的提升；项目计划的安排是否科学，时间分配是否合理，是否能够保证项目顺利实施。其次在指导策略方面进行反思，总结在项目指导过程中的策略和方法的有效性。例如，在学生遇到问题时，教师是否能够及时给予恰当的引导，帮助学生自主解决问题，而不是直接给出答案；在团队合作出现矛盾时，教师是否能够公正、客观地进行调解，促进团队和谐发展；在项目创新方面，教师是否能够为学生提供足够的支持和鼓励，激发学生的创新思维和创造力。通过反思指导策略，教师可以不断优化教学方法，提升项目式学习的指导水平。最后在资源整合与利用方面进行反思，总结在项目式学习中对各种资源的整合与利用情况。包括是否充分利用了学校现有的教学资源，如实验室、图书馆、多媒体教室等；是否积极拓展校外资源，与企业、科研机构、社区等建立了良好的合作关系，为学生提供更多的实践机会和学习资源；在资源使用过程中，是否能够合理调配，确保资源的最大化利用，提高项目式学习的效益等。

二、探究式学习

探究式学习强调学习者通过提出问题、分析问题、设计实验、收集证据、分析数据、得出结论等一系列过程，主动探索科学现象和技术原理。在 STEM 课程中，探究式学习常用于科学实验和工程设计项目中，让学习者在亲身实践中理解和掌握科学知识，同时培养他们的好奇心、求知欲和科学探究精神。

（一）创设情境，激发兴趣

教师精心设计与学习主题密切相关的情境，可以是生活中的实际问题、有趣的科学现象、引人入胜的故事等。例如，在学习植物的光合作用时，可以展示一片郁郁葱葱的森林图片，提出"为什么森林能释放出清新的氧气，使空气如此清新呢？"这一问题，将学生带入对光合作用的好奇情境中。也可以运用多媒体资源，如播放一段视频、音频，或者展示一些实物、模型等，增强情境的直观性和吸引力。如在探究古代文明时，可以播放一段关于金字塔建造过程的纪录片片段，让学生仿佛置身于古埃及的建筑工地，激发他们对古埃及文明建造技术的好奇心。

（二）提出问题，引导思考

1. 鼓励提问

鼓励学生围绕创设的情境自由提问，营造宽松、民主的提问氛围。教师要认真倾听学生的每一个问题，即使问题看似简单或离题万里，也要给予肯定和鼓励。如在探究电路连接方式时，有学生提出"为什么家里的灯泡坏了，其他灯还能亮，而手电筒里一个灯珠坏了，整个手电筒就不亮了呢？"这样的问题，虽然表述不够专业，但体现了学生对电路连接差异的初步思考。可以采用小组讨论的方式，让学生在小组内互相启发、补充问题。每个小组推选代表将本组的问题汇总后向全班展示，从而激发更多学生的思维碰撞，产生更丰富的问题资源。

2. 筛选问题

教师引导学生对提出的问题进行筛选和整理。筛选的标准包括问题与学习主题的相关性、问题的可探究性（即是否有明确的探究方向和方法）、问题的价值性（是否能引发深入思考和学习）等。例如，在研究"不同材质的保温性能"时，将"哪种材质的保温杯最贵"这类与探究主题关系不大的问题筛选掉，保留"不同材质保温杯在相同条件下温度下降速度的差异"等有价值且可探究的问题。最终与学生一起确定本次探究的核心问题，核心问题应该是具有挑战性、能涵盖多个知识点或技能点、能引发学生深入探究的问题。

3. 明确目标

教师及时引导学生明确本次探究学习的目标，可以与学生一起讨论并制订学习目标，确保学生理解并能够参与到学习过程中。目标应具体、明确、可操作，并与课程内容紧密相关,让学生清楚地了解通过探究需要解决什么问题、掌握哪些知识和技能。例如,在探究"影响种子萌发的因素"实验中,目标可以是"确定水分、温度、空气等因素对种子萌发的影响程度,掌握控制变量法在实验中的应用"。将目标以简洁明了的语言呈现给学生,可以写在黑板上、展示在多媒体屏幕上,或者以任务清单的形式发给学生,让学生随时对照目标进行探究。

(三)自主探究,合作学习

1. 制订计划

引导学生根据核心问题制订探究计划。计划内容包括探究的方法(如实验法、调查法、文献研究法等)、步骤(按照怎样的顺序进行探究)、所需材料和工具(实验器材、调查问卷、参考资料等)、人员分工(谁负责资料收集、谁负责实验操作、谁负责数据分析等)。以小组为单位制订计划,小组成员应充分讨论,发挥各自的优势,确保计划的科学性和可行性。例如,在探究"不同土壤对植物生长的影响"实验中,有的小组成员擅长动手操作,就负责土壤配制和植物种植;有的成员善于查阅资料,就负责收集不同土壤成分和植物生长需求的相关资料;有的成员逻辑思维强,就负责设计实验步骤和数据分析方法。

2. 实施探究

学生按照计划开始实施探究活动。在实施过程中,教师要巡视并给予指导,及时解决学生遇到的问题,但要避免直接给出答案,而是通过提问和提示等方式引导学生自己思考和解决问题。小组成员之间要密切合作,及时交流信息和想法。在遇到困难时,相互鼓励和支持,共同寻找解决方案。由于学生在探究过程中需要收集和分析数据,教师可以指导学生确定所需的数据类型,选择合适的数据来源,并对数据进行分析、评估和解释。例如,学生可以通过实验、调查、阅读或访谈等方式收集数据,并使用数据分析工具进行处理。

3. 记录过程

学生要养成良好的记录习惯,详细记录探究过程中的每一个环节,包括实验数据、观察到的现象、思考的过程、遇到的问题及解决方法等。记录可以采用文字、表格、图画、照片等多种形式。例如,在探究"不同光照强度对光合作用的影响"实验中,学生可以用表格记录不同光照强度下植物光合作用产生的氧气量,用照片记录植物在不同光照条件下的生长状态,用文字记录自己对实验现象的分析和思考。

(四)交流分享,评价反思

1. 成果展示

在收集和分析数据后,学生需要形成结论,能够基于数据和分析结果,提出有根据的结论和建议。而教师则需要给学生提供展示探究成果的平台,可以是课堂汇报、制作海报、撰写报告、制作演示文稿等形式。每个小组或个人都要展示自己的探究过程、发现的问题、得出的结论以及在探究过程中的收获和体会。例如,学生在探究"不同音乐对学习效率的影响"后,可以制作一个精美的海报,上面展示不同音乐类型(古典音乐、流行音乐、轻音乐等)对应的实验数据(如学习任务完成时间、记忆准确率等),并附上小组成员对实验结果的分析和建议。鼓励学生在展示时使用生动、形象的语言和丰富的多媒体素材,增强展示的吸引力和说服力,让其他同学更好地理解他们的探究过程和成果。

2. 交流讨论

组织学生对各小组或个人的探究成果进行交流讨论,其他同学可以质疑、补充观点、分享自己的看法和想法。教师要引导学生学会倾听他人的意见,尊重不同的观点,在交流中碰撞出更多的思维火花。例如,在讨论"不同历史时期建筑风格特点"时,有的小组侧重从建筑结构角度分析,有的小组从装饰艺术角度阐述,通过交流讨论,同学们可以更全面地理解不同历史时期建筑风格的多样性和复杂性。教师在交流讨论中要适时总结,梳理出探究过程中的关键知识点、方法和结论,帮助学生构建完整的知识体系。同时,对于一些有争议的问题,教师可以引导学生进一步思考和探究,为后续的学习奠定基础。

3. 评价反思

采用多元化的评价方式,包括教师评价、学生自评、小组互评等。教师评价要全面、客观,从探究过程的参与度、方法的运用、知识的掌握、合作能力、创新思维等多个维度进行评价。例如,教师可以评价学生在实验探究中操作的规范性、数据记录的准确性、分析问题的深度等。

学生自评要引导学生反思自己在探究过程中的表现,如是否积极主动参与、遇到困难时的态度、对知识和技能的掌握程度等。小组互评则要关注小组成员之间的合作情况,如分工是否合理、沟通是否顺畅、是否相互帮助等。

根据评价结果,学生要及时进行反思和总结,找出自己在探究过程中的优点和不足,为今后的探究学习积累经验。教师也要根据评价反馈调整教学策略和方法,不断优化探究式学习的实施流程。

三、协作式学习

协作学习强调团队成员之间的互助与协作,通过共同完成任务来促进知识和技能的学习。在STEM课程中,协作学习常用于项目式学习和问题解决活动,让学习者在小组中分享知识、交流想法、相互支持,从而培养他们的团队精神、沟通能力和社交技能。

(一)前期准备

1. 确定学习目标与任务

教师根据课程大纲和教学内容,结合学生实际情况,确定具有一定挑战性的学习目标与任务,并确保这些目标和任务适合通过协作学习来实现。比如在历史课中,将"探究某一历史时期重大事件对全球政治经济格局的影响"作为学习任务,该任务涉及多方面知识和大量资料的收集分析,适合学生协作完成。目标应具体、可衡量,并与课程内容紧密相关。任务应是结构化的,能够激发学生的参与和互动,可以包括项目、研究、讨论或问题解决等形式。设计任务时,应遵循目标要求明确、具体可操作、难度适当、符合学生的特点、注重创设适当的教学情境、注重与其他课程的整合等原则。

2. 合理分组

将学生分成小组是协作学习的核心环节。分组时要考虑学生的学习能力、性格特点、知识储备以及兴趣爱好等,尽量使每个组的成员多样化,以便学生可以从彼此的不同视角和经验中学习。小组人数通常控制在 4—6 人,具体人数可根据实际情况调整,以确保成员间能充分交流且避免小组内出现混乱。分组时要注意保持各小组能力的相对均衡,为小组间公平竞争和有效协作奠定基础。

3. 提供资源支持与指导

教师为学生提供完成任务所需的各种资源,如资料、工具和技术设备,包括但不限于书籍、文献资料、网络链接、多媒体素材等。例如,针对"探究某一历史时期重大事件对全球政治经济格局的影响"任务,教师可提供相关历史书籍、学术论文数据库链接、纪录片资源等,帮助学生快速获取信息,为协作学习做好充分准备。同时,教师应向学生提供必要的指导,帮助学生学会如何有效地合作。例如,可以教授学生如何进行有效的沟通、如何协调小组内的分歧等。

(二)小组分工与计划制订

1. 角色分工

根据小组成员的特长和优势,进行明确的角色分工。常见的角色包括组长、资料收集员、分析员、记录员、汇报员等。组长负责组织协调小组活动,确保任务按计划推进;资料收集员负责收集各类相关资料;分析员对收集到的资料进行深入分析;记录员记录小组讨论过程和重要成果;汇报员负责在成果展示时向全班汇报小组的研究成果。例如,在一个科学实验协作任务中,让动手能力强的学生负责实验操作,逻辑思维清晰的学生担任分析员,擅长文字记录的学生作为记录员等。

2. 制订详细计划

小组共同制订详细的学习计划,包括任务完成的时间节点、各阶段的具体任务以及成员的工作安排。例如,在第一周,资料收集员完成资料收集工作;第二周,分析员对资料进行初步分析;第三周,小组成员共同讨论分析结果,形成初步观点;第四周,记录员整理观点,汇报员准备汇报材料等。通过明确的计划,保证小组协作学习有条不紊地进行。

（三）协作学习实施

1. 资料收集与分享

资料收集员按照计划，通过多种渠道收集资料，包括图书馆查阅、网络搜索、实地调研等。收集到资料后，及时在小组内分享，供其他成员参考。例如，在研究"城市交通拥堵解决方案"时，资料收集员收集国内外不同城市的交通数据、已采取的治理措施及效果等资料，并上传至小组共享文件夹，方便其他成员随时查看。

2. 小组讨论与合作

小组成员定期进行讨论，针对收集到的资料和学习任务进行深入交流。在讨论过程中，成员各抒己见，分享自己的观点和发现，共同探讨问题的解决方案。例如，在探讨"如何提高社区环保意识"时，成员们讨论不同的宣传方式、活动形式以及如何与社区居民有效沟通等问题，通过思维碰撞，形成创新的想法和方案。在合作过程中，成员相互支持，共同完成各项任务，如在撰写报告时，写作能力强的成员负责整体框架搭建，其他成员提供具体内容和案例支持。

3. 解决冲突与问题

在协作学习过程中，难免会出现意见分歧和冲突。当出现这些情况时，小组成员要保持冷静，通过沟通和协商解决问题。例如，在选择"校园文化活动主题"时，成员们有不同的想法，此时可以通过投票、深入讨论各自方案的优缺点等方式，达成共识。同时，对于学习过程中遇到的困难和问题，如资料不足、分析方法不当等，小组要共同寻找解决办法，可以向教师请教，或查阅更多资料，调整学习方法。

（四）成果总结

1. 整理成果

小组成员共同对协作学习过程中的成果进行整理，包括收集到的资料、分析结果、讨论形成的观点等。以撰写报告为例，对报告内容进行梳理，确保逻辑清晰、内容完整。例如，在完成"某一文学作品的主题与艺术特色分析"任务后，整理作品主题阐述、艺术特色分析、引用的文本案例等内容。

2. 成果整合与优化

将小组成员各自负责的部分进行整合，形成一个完整的成果。同时，对成果进行优化，检查语言表达是否准确、格式是否规范、内容是否有遗漏等问题。例如，在制作"生物多样性保护宣传海报"时，整合不同成员绘制的图案、撰写的文字说明，调整海报的色彩搭配、排版布局等，使海报更具吸引力和感染力。

3. 预演与准备

如果成果展示形式为口头汇报或演示文稿，小组要进行预演。预演过程中，汇报员熟悉汇报流程，其他成员配合展示相关内容，如演示文稿操作、实物展示等。通过预演，大家发现问题并及时改进，确保正式展示时能够顺利进行。

（五）成果展示与评价

1. 成果展示

各小组以多样化的形式展示学习成果，如口头汇报、演示文稿展示、海报展示、戏剧表演、实物模型展示等。在展示过程中，汇报员应清晰、准确地阐述小组的学习过程、成果以及心得体会，其他成员可辅助展示相关内容。例如，在展示"科技创新项目成果"时，通过演示文稿介绍项目的设计思路、实验过程和最终成果，同时展示实物模型，让其他同学更直观地了解项目内容。

2. 多元评价

采用多元化的评价方式，包括教师评价、小组自评和小组互评。教师从学习目标达成情况、小组协作能力、成果质量等方面进行评价；小组自评时，小组成员对自己在协作学习过程中的表现、贡献及团队合作情况进行评价；小组互评则是各小组相互评价其他小组的成果和协作过程。在评价过程中，不仅要关注成果的正确性，还应注重学生在协作学习过程中的成长和进步。例如，教师评价时，除了评价报告内容的准确性，还会观察小组在讨论过程中的互动情况、解决问题的能力等；小组互评时，会从展示效果、创新点、团队协作的默契程度等方面进行评价。

3. 总结与反馈

教师对整个协作学习过程进行总结，肯定各小组的努力和成果，同时指出存在的问题和不足，为今后的协作学习提供指导。各小组根据评价结果，进行反思和总结，分析在协作过程中的优点和不足之处，思考如何改进，以便在今后的学习中更好地进行协作。例如，教师在总结时指出，某些小组在资料收集的全面性上还有待提高，某些小组在讨论时成员参与度不均衡等问题。各小组在反思时，针对这些问题制订具体的改进措施，如建立更完善的资料收集流程，鼓励成员更积极地参与讨论等。

四、问题驱动式学习

问题驱动式学习是一种以学习者为中心的学习方式，它将问题作为学习的起点和核心驱动力，旨在培养学习者的自主学习能力、批判性思维、问题解决能力和团队协作能力等一系列在现代社会至关重要的技能。

（一）问题提出与情境创设

1. 联系实际确定问题

教师紧密结合现实生活、社会热点或学科前沿，精心设计具有真实性、复杂性和启发性的问题。这些问题应能激发学生的好奇心和探究欲望，且需要综合运用多学科知识才能解决。例如，结合当前的环保热点，创设"如何有效治理城市河流污染，恢复其生态功能？"的问题，此问题涉及化学、生物、地理、环境科学等多学科知识。

2. 问题呈现与阐释

以生动有趣的方式向学生呈现问题，如通过播放视频、展示图片、讲述案例、故事等。之后，详细阐释问题的背景、关键信息以及期望达到的目标。对于"如何有效治理城市河流污染，恢复其生态功能？"的问题，教师可展示城市河流污染现状的图片和数据，说明河流污染对生态环境和居民生活造成的严重影响，让学生清晰了解问题的紧迫性和重要性。

（二）问题分析与假设

1. 组建学习小组

根据学生的能力、性格和兴趣等因素，将学生分成若干小组，小组内成员具备不同的思维方式和技能，应优势互补。例如，在解决上述河流污染治理问题时，将擅长数据分析、实验操作、文字表达和组织协调的学生分在一组。

2. 拆解问题

小组成员共同对问题进行深入分析，将复杂问题拆解成若干个相互关联的子问题。针对"如何有效治理城市河流污染，恢复其生态功能？"这一问题，可拆解为"河流污染的主要污染物有哪些？""这些污染物的来源是什么？""现有的河流污染治理技术有哪些？""如何选择适合本地河流的治理方案？"等子问题，明确每个子问题的研究方向和重点。

3. 确定学习目标

依据拆解后的子问题，小组确定具体的学习目标，明确需要掌握的知识和技能。例如，为了回答"河流污染的主要污染物有哪些？"这一子问题，学习目标可设定为掌握常见污染物的检测方法和相关化学知识；对于"如何选择适合本地河流的治理方案？"这一子问题，学习目标可包括了解不同治理技术的优缺点、适用条件以及能够结合本地实际情况进行综合评估。

（三）资料收集与自主学习

1. 制订学习计划

小组共同制订详细的学习计划，明确每个成员在不同阶段的任务、时间安排以及学习资源的获取途径。例如，在第一周，部分成员负责收集河流污染相关的文献资料，部分成员前往实地考察河流周边环境；第二周，对收集到的资料进行整理分析，开展实验检测污染物等。

2. 开展自主学习

学生按照学习计划，通过多种途径进行自主学习。包括查阅专业书籍和学术期刊、利用网络资源搜索相关信息、观看教育视频、咨询专家学者等，并对搜集到的信息进行整理和分析，提炼出有用的观点和论据，为解决问题提供有力的支持。

3. 小组协作探究

在自主学习的基础上，小组成员定期进行交流讨论，分享学习成果和遇到的问题。共同探讨解决问题的思路和方法，对学习过程中发现的新问题及时进行调整和补充。例如，在讨论不同治理技术的可行性时，小组成员结合实地考察情况和收集到的资料，分析各种技术在本地河流治理中的优势和局限性。

（四）协作解决问题与方案生成

1. 整合学习成果

小组成员对自主学习和探究阶段获取的知识和信息进行整合，梳理出与问题相关的关键要点和解决方案的雏形。例如，将关于污染物来源、治理技术等方面的信息进行汇总，初步形成针对本地河流污染治理的多种方案。

2. 方案设计与优化

基于整合后的成果，小组设计具体的解决方案，并对方案进行反复优化。在设计过程中，充分考虑方案的可行性、有效性、成本效益以及对环境的影响等因素。例如，针对"如何有效治理城市河流污染，恢复其生态功能？"的问题，设计出包括物理、化学和生物治理相结合的综合方案，并从成本、效果、可持续性等方面进行评估和优化。

3. 制作成果展示材料

为了清晰地展示解决方案，小组制作相应的展示材料，如演示文稿、报告、海报等。在演示文稿中，详细阐述问题分析过程、解决方案的设计思路、实施步骤以及预期效果等内容。

（五）成果展示与评价

1. 成果展示

各小组以多样化的形式向全班同学、教师以及可能的校外专家等展示解决方案。展示过程中，汇报员要清晰、有条理地阐述问题解决的全过程，包括问题分析、学习过程、解决方案以及最终成果。例如，通过演示文稿展示治理方案的具体内容，同时结合图表、图片等直观呈现预期效果。

2. 多元评价

采用教师评价、小组自评和小组互评相结合的方式。教师从问题解决的完整性、创新性、可行性以及学生在学习过程中的表现等方面进行评价；小组自评时，成员对自己在团队中的贡献、协作能力以及学习收获进行评价；小组互评则关注其他小组方案的优点和不足，提出建设性的意见和建议。例如，教师评价时，重点考察方案是否能有效解决实际问题，学生在团队协作中是否积极主动；小组互评时，从方案的创新性、可操作性等方面进行评价。

3. 总结与反思

教师对整个问题驱动式学习过程进行总结,强调问题解决过程中所涉及的知识和技能,肯定学生的努力和成果,同时指出存在的问题和改进方向。各小组根据评价结果,反思在问题解决过程中的经验和教训,思考如何提升自己的学习能力和协作能力。例如,教师总结时指出某些小组在方案可行性论证方面不够充分,某些小组在团队沟通上存在不足。小组在反思时,针对这些问题制订改进措施,如加强对实际情况的调研,完善沟通机制等。

五、情境体验式学习

情境体验式学习强调学习过程与真实情境的紧密结合。在这种学习方式中,教师精心设计与学习内容相关的情境,这些情境可以是模拟的生活场景、实际问题案例、历史事件再现等,让学习者仿佛置身于真实的问题环境中。学习者通过积极参与、动手操作、角色扮演和问题解决等活动,亲身体验学习内容,从而深刻理解知识、技能及其应用场景,实现知识的内化和能力的提升。

(一) 情境创设

1. 紧扣学习目标规划情境

教师依据课程内容和教学目标,精心构思与之高度契合的情境。若学习目标是让学生掌握历史事件的发展脉络,可创设历史场景,如模拟"赤壁之战"的战场情境。这个情境需涵盖该战役的关键要素,像地理环境、双方兵力部署、战术运用等,使学生能在其中深入理解战役的起因、经过和结果。

2. 选择合适的方式创设情境

根据教学实际和资源条件,选用恰当的方式创设情境。可以利用多媒体资源,播放"赤壁之战"的影视片段,展现战争的宏大场面和紧张氛围;也可通过角色扮演,让学生分别扮演周瑜、诸葛亮等角色,演绎历史人物的决策过程;还能搭建实物场景,如制作简易的战船模型、布置模拟的长江地形等,增强情境的真实感。

3. 确保情境的吸引力和可行性

创设的情境要足够吸引学生的注意力,激发他们的参与热情。同时,要考虑实际操作的可行性,包括场地、设备、时间等因素。例如,在模拟"赤壁之战"情境时,要确保场地空间能容纳学生的活动,准备的道具和模型符合教学预算和时间安排。

(二) 情境导入

1. 明确体验任务和角色

向学生详细说明在情境中的体验任务,以及每个学生所扮演的角色和职责。在"赤壁之战"模拟情境中,为学生分配不同角色,如将领负责指挥作战、谋士负责出谋划策、士兵负责执行战斗任务等,并明确每个角色的具体任务,如将领要制订作战计划、谋士要分析敌我形势等。

2. 提供必要的知识和技能指导

根据体验任务的需求,为学生提供相关的知识讲解和技能培训。对于参与"赤壁之战"模拟的学生,讲解古代军事战略、战术知识,如"火攻"的原理和实施要点;培训学生基本的角色扮演技能,如如何表现出角色的情绪和决策过程。

3. 组织学生分组与准备

根据任务和角色,合理分组,确保小组内成员能够协作完成体验任务。例如,在模拟"赤壁之战"时,教师组织学生分组,按照不同阵营(孙刘联军、曹军)分组,每组学生分别负责不同方面的工作,如兵力部署、战术执行等。同时,让学生提前准备相关的道具、资料等,增强体验的真实感。

(三)学生参与体验

1. 全身心投入情境体验

学生在创设的情境中,按照既定的任务和角色要求,积极参与各项活动。在"赤壁之战"模拟情境中,学生以各自的角色身份参与战争的策划与执行,如将领们在地图上商讨作战方案,士兵们根据指令进行"战斗"行动。

2. 鼓励互动与探索

在体验过程中,鼓励学生之间进行互动交流,共同探索问题和解决问题。例如,在模拟情境中,不同阵营的谋士可以通过"情报传递"的方式,互相分析对方的战术意图,学生在互动中不断调整自己的策略,加深对知识的理解。

3. 教师引导与观察

教师在学生体验过程中,适时进行引导和观察。当学生在体验中遇到困难或偏离学习目标时,教师及时给予提示和指导,帮助他们回到正确的方向。同时,观察学生的表现,记录他们在体验过程中的问题和亮点,为后续的评价和总结提供依据。

(四)成果总结与展示

1. 回顾与整理体验过程

体验结束后,组织学生回顾在情境中的经历,整理自己的所见、所闻、所思、所感。例如,在"赤壁之战"模拟结束后,学生回顾自己在战斗中的决策过程、遇到的困难以及是如何解决这些困难的等。

2. 提炼知识与经验

引导学生从体验过程中提炼出相关的知识和经验,将感性认识上升为理性认识。例如,在回顾"赤壁之战"的过程中,学生总结出战争中战略决策、团队协作、情报收集等方面的重要性,以及这些因素如何影响战争的胜负。

3. 形成成果展示形式

鼓励学生以多样化的形式展示体验成果，如撰写心得体会、制作演示文稿、编写历史故事、创作绘画作品等。例如，学生可以撰写关于"赤壁之战"的心得体会，阐述自己对这场战役的新认识；制作演示文稿，展示在模拟情境中的精彩瞬间和学到的知识要点。

（五）成果分享与评价

1. 成果分享与交流

各学生或小组展示自己的体验成果，分享在情境体验中的收获和体会。在分享过程中，其他学生认真倾听，进行互动交流，提出问题和见解。例如，在展示关于"赤壁之战"的绘画作品时，作者讲解创作思路和对战役的理解，其他学生可以就作品中的细节和观点进行提问和讨论。

2. 多元评价

评价可以采用教师评价、学生自评和学生互评相结合的方式。教师从学生对知识的掌握、体验过程中的表现、成果的质量等方面进行评价；学生自评时，反思自己在体验中的成长和不足；学生互评时，欣赏他人的优点，提出改进建议。例如，教师评价学生在"赤壁之战"模拟中的团队协作能力、对历史知识的运用能力；学生自评自己在角色扮演中的表现和收获；学生互评时，评价他人成果的创新性和表现力。

3. 总结与拓展

教师对整个情境体验式学习过程进行总结，强调重点知识和关键经验，对学生的表现给予肯定和鼓励，同时指出存在的问题和改进方向。引导学生将在情境中获得的知识和经验拓展到实际生活和后续学习中，例如，引导学生思考"赤壁之战"中的战略思维在现代商业竞争或团队合作中的应用。

六、技术辅助学习

技术辅助学习方式是指在 STEM 课程中，运用各种现代科技手段来辅助学生学习，增强学习体验，提高学习效率和质量的一种学习方式。这种方式不仅包括传统的数字化资源、在线平台，还涵盖了虚拟现实、增强现实、3D 打印、人工智能等新兴技术，为学生提供更加丰富、生动、互动的学习体验，从而激发学生的学习兴趣，培养其创新能力和解决问题的能力。

（一）前期准备

1. 明确学习目标与需求

教师依据课程标准、教学大纲以及学生的实际情况，精准确定学习目标。结合新兴技术的发展趋势，将相关的技术元素融入教学目标中，如利用 AI 技术进行数据分析、使用VR技术进行虚拟实验等。

2. 筛选合适的技术工具

根据学习目标和学生需求,筛选出适配的技术工具和手段。这些手段可以包括在线学习平台、数字化教学资源、虚拟实验室、移动学习应用等。要确保所选择的技术手段能够很好地支持学生的学习,并符合他们的学习习惯和兴趣。如教学目标是提升学生的英语口语表达能力,可选择具有智能语音评测功能的App;而在讲解复杂的物理模型时,可利用3D建模软件制作直观的模型,帮助学生理解。此外,还可借助在线学习平台,实现课程资源的整合与管理。

3. 准备技术资源

教师提前对选定的技术工具进行熟悉和调试,确保所选择的技术手段具有可靠性和安全性,能够为学生提供稳定、安全的学习环境。例如,对于需要实践操作的工程类课程,教师可以选择VR或AR技术来模拟真实的工程环境;对于需要数据分析的数学类课程,可以引入AI技术来辅助学生进行数据分析和处理。

(二) 技术工具配置与讲解

1. 介绍技术工具

在课堂开始时,向学生介绍即将使用的技术工具及其功能特点。以在线学习平台为例,详细讲解如何登录平台、查看课程资料、参与讨论区互动、提交作业等操作步骤。对于一些复杂的工具,如编程软件,可制作操作指南手册或短视频教程,方便学生随时查阅学习。

2. 说明技术运用目的

向学生阐述运用该技术工具辅助学习的目的和意义,让学生明白技术工具如何助力他们更好地达成学习目标。例如,在学习地理中的地球公转知识时,使用虚拟地球仪软件,向学生说明该软件能让他们直观地观察地球公转过程中昼夜长短、四季变化等现象,帮助他们更深入理解抽象的地理知识。

3. 技术操作示范

教师亲自进行技术操作示范,边操作边讲解关键步骤和注意事项。例如,在使用绘图软件绘制几何图形时,示范如何选择绘图工具、设置图形参数、调整图形位置和大小等操作,确保学生能够清晰地看到操作流程。同时,鼓励学生在自己的设备上同步跟随操作,及时给予指导和纠正。

(三) 实施技术辅助学习

1. 自主学习与探索

学生借助技术工具开展自主学习。线上可借助在线课程平台与移动应用程序进行互动式学习。线下可利用图书馆提供的书籍和文献资源进行查阅和阅读。也可利用人工智能技术根据自身的学习习惯和兴趣智能推荐阅读材料,实现个性化阅读。例如,在学习语文古诗词时,学生利用古诗词学习 App,自主查阅诗词的创作背景、作者生平、字词释义、诗句赏析等内容,还可以通过 App 中的朗读功能,感受诗词的韵律之美。在学习过程中,学生可以根据自己的学习进度和节奏,反复观看教学视频、查阅资料,进行自主探索。

2. 小组协作学习

组织学生以小组形式进行协作学习,并利用技术工具实现高效的沟通与合作。例如在完成一个历史研究性课题时,小组成员通过在线文档协作工具,共同撰写研究报告,实时编辑和查看彼此的修改内容;利用视频会议软件,进行小组讨论,交流各自的研究成果和想法。

3. 教师引导与支持

在学生学习过程中,教师密切关注学生的学习进展和遇到的问题,通过技术工具提供及时的引导和支持。例如,教师使用在线学习平台的讨论区,解答学生提出的问题,参与学生的讨论,引导学生深入思考;利用即时通信工具,与学生进行一对一沟通,针对学生的个性化问题给予指导和建议。

(四) 学习成果巩固与反馈

1. 练习与作业布置

教师根据学习内容,利用技术工具布置相关的练习和作业,并进行实时评估,了解学生的学习进度和效果。例如,通过在线测试系统收集学生的答题数据,分析学生的学习难点和薄弱环节。同时根据评估结果为学生提供个性化的反馈和指导,如用 AI 技术为学生提供定制化的学习建议;通过 VR 技术模拟真实的实验场景,帮助学生巩固知识和技能等。

2. 知识总结与梳理

引导学生利用技术工具对所学知识进行总结和梳理。例如,学生可以使用思维导图软件,将知识点以思维导图的形式呈现出来,构建知识体系。在制作思维导图的过程中,学生能够更好地理解知识之间的内在联系,加深对知识的记忆。

3. 模拟测试与评估

借助在线测试平台,进行模拟测试,检验学生的学习成果。测试结束后,平台可生成详细的成绩报告和数据分析。基于这些,教师能清晰地了解学生对各个知识点的掌握情况,学生也能明确自己的学习优势和不足之处,为后续的学习提供参考。

(五) 成果展示与评价

1. 成果展示

学生以小组或个人形式,通过技术工具展示学习成果。例如,在完成一个科技小制作项目后,学生利用演示文稿软件,如 PowerPoint、WPS 演示,制作展示汇报材料,详细介绍项目的设计思路、制作过程、创新点等内容,并通过视频展示实际操作效果。还可以利用在线展示平台,发布自己的成果展示视频,获取更广泛的反馈。

2. 多元评价

多元评价采用教师评价、学生自评和学生互评相结合的方式。教师从学习目标达成情况、技术运用能力、成果质量等方面对学生进行评价;学生自评时,反思自己在学习过程中的进步和不足,以及对技术工具的运用熟练程度;学生互评时,欣赏他人的优点,提出改进建议。例如,在评价学生的数学建模成果时,教师评价学生对数学模型的构建是否合理、对问题的解决是否有效,以及在使用建模软件过程中的操作熟练度;学生自评自己在团队协作中的表现和对数学知识的掌握情况;学生互评时,评价他人成果的创新性和展示效果。

3. 总结与反馈

教师对整个技术辅助学习过程进行总结,肯定学生的努力和成果,同时指出存在的问题和改进方向。教师收集学生对技术工具使用的反馈意见,以便在今后的教学中更好地选择和运用技术工具,提升教学效果。例如,教师总结学生在使用技术工具过程中遇到的共性问题,如部分学生对某些软件的高级功能掌握不足。针对这些问题后续可开展相关培训。

综上所述,STEM 课程凭借项目式学习、探究式学习、协作式学习、问题驱动式学习、情境体验式学习和技术辅助学习等多种方式,为学生打造了一种全新的学习体验。这些学习方式虽各有特点,但在实践中往往交叉应用、相互融合,这不仅帮助学生扎实掌握科学、技术、工程和数学知识,更能有效激发学习兴趣,全面培养学生的综合素养、实践能力和创新思维,使其更好地适应未来社会的需求。

在实施 STEM 课程时,教师需深入分析不同主题与任务的特点,结合学生的年龄、认知水平、兴趣爱好以及已有的知识技能,灵活运用并合理整合多种学习方式,避免生搬硬套,机械地局限于单一学习方式的固定流程。未来,随着 STEM 教育的持续发展,其学习方式将更加多样化与个性化,为学生提供更丰富、更高效的学习体验,助力学生全面发展。

探究与实践

1. 谈谈 STEM 与其他课程在课程理念上有何不同。
2. 任选一种 STEM 课程的学习方式,以小组合作的形式介绍该学习方式的特点、实施流程以及对于实现跨学科知识整合的价值。

3. 思考传统学科类课程与 STEM 课程有何区别。

	传统学科类课程	STEM 课程
课程理念		
课程目标		
课程内容		
课程学习方式		
课程资源与环境		
课程评价		
……		

第三章　STEM 课程与跨学科学习

本章概要

STEM 教育与跨学科教育之间存在着紧密的联系。STEM 教育本身就是一种跨学科的教育理念，它强调在科学、技术、工程和数学这四个领域之间进行交叉融合，以培养学生的综合能力。本章探讨了跨学科学习的理念、价值，以及跨学科学习实施的策略，最后对学生跨学科学习能力的特征进行了阐释。而本章的重点内容包括跨学科学习的理念、价值、实施的策略，以及跨学科学习能力的特征。

思维导图

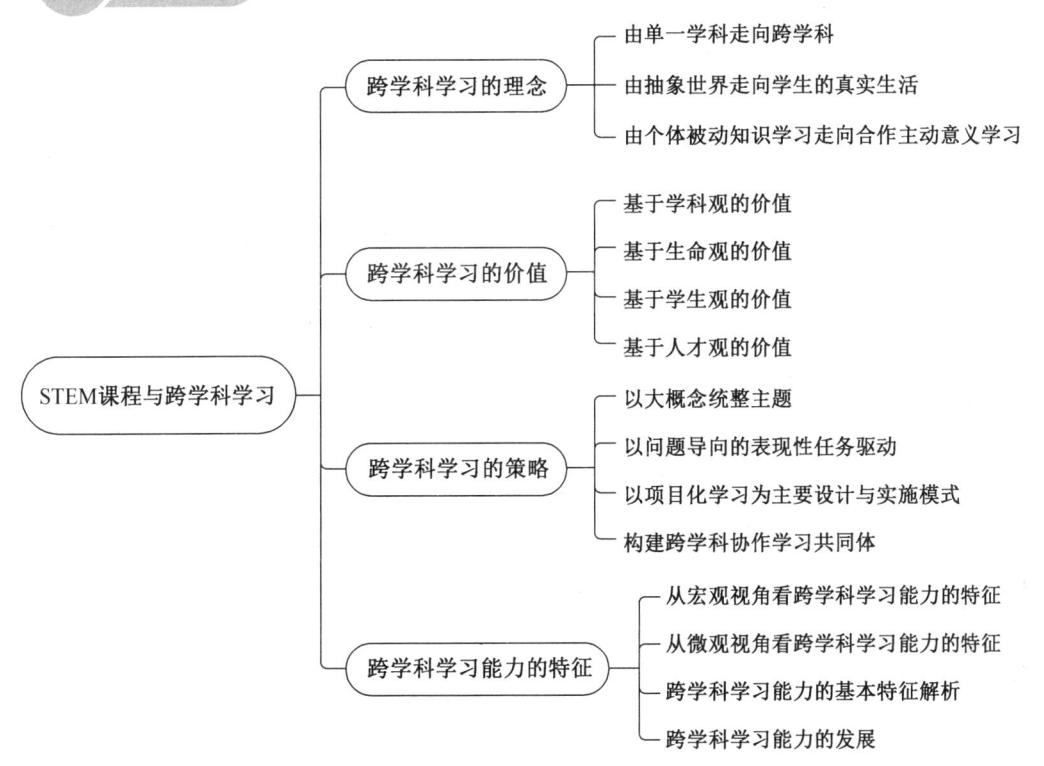

- STEM课程与跨学科学习
  - 跨学科学习的理念
    - 由单一学科走向跨学科
    - 由抽象世界走向学生的真实生活
    - 由个体被动知识学习走向合作主动意义学习
  - 跨学科学习的价值
    - 基于学科观的价值
    - 基于生命观的价值
    - 基于学生观的价值
    - 基于人才观的价值
  - 跨学科学习的策略
    - 以大概念统整主题
    - 以问题导向的表现性任务驱动
    - 以项目化学习为主要设计与实施模式
    - 构建跨学科协作学习共同体
  - 跨学科学习能力的特征
    - 从宏观视角看跨学科学习能力的特征
    - 从微观视角看跨学科学习能力的特征
    - 跨学科学习能力的基本特征解析
    - 跨学科学习能力的发展

STEM课程与跨学科学习 知识图谱

跨学科学习的价值

- **基于生命观的价值**
  - 真实生活的回归
  - 完整生命的发展需求
- **基于学生观的价值**
  - 促进学生的知识意义建构
  - 促进学生高阶思维的培养和深度学习
- **基于人才观的价值**
  - 有效促进创新型人才的培养
  - 有效促进复合型人才的培养
- **基于学科观的价值**
  - 有助于补充传统分科教学的不足
  - 有助于强化课程协同育人

跨学科学习能力的特征

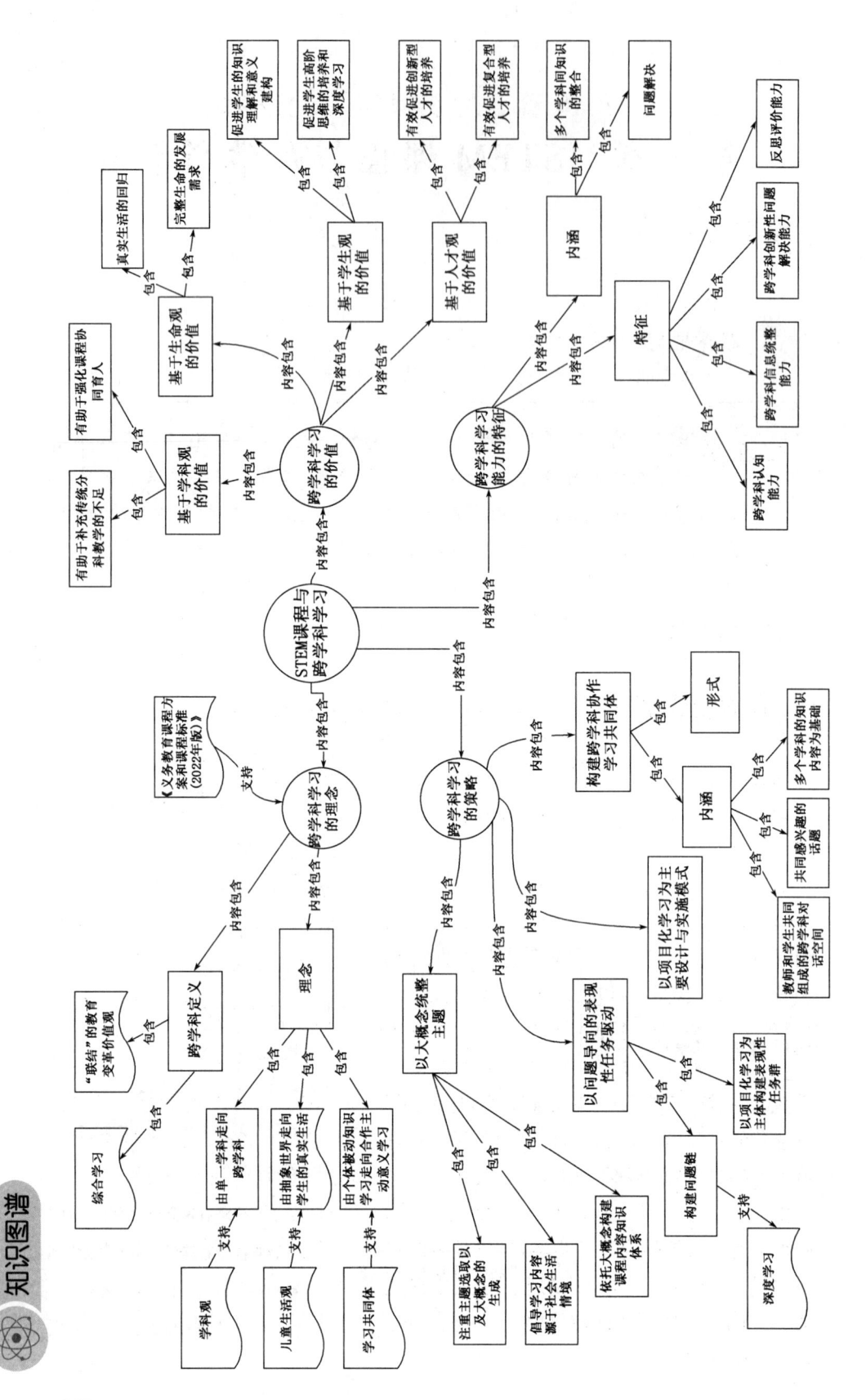

- **内涵**
  - 多个学科共同知识的整合
  - 问题解决
- **特征**
  - 反思评价能力
  - 跨学科创新性问题解决能力
  - 跨学科信息统整能力
  - 跨学科认知能力

跨学科学习的理念

- 《义务教育课程方案和课程标准（2022年版）》（支持）
- **跨学科定义**
  - "联结"的教育变革价值观
  - 综合学习
- **理念**
  - 由单一学科走向跨学科 —— 支持 学科观
  - 由抽象世界走向学生的真实生活 —— 支持 儿童生活观
  - 由个体被动知识学习走向合作主动意义学习 —— 支持 学习共同体

跨学科学习的策略

- **以大概念统整主题**
  - 注重主题选取以及大概念的生成
  - 倡导学习内容源于社会生活情境
  - 依托大概念构建课程内容知识体系
- **以问题导向的表现性任务驱动**
  - 构建问题链
  - 以项目化学习为主体构建表现性任务群 —— 支持 深度学习
- **以项目化学习为主要设计与实施模式**
- **构建跨学科协作学习共同体**
  - 形式
  - 内涵
    - 多个学科的知识内容为基础
    - 共同感兴趣的话题
    - 教师和学生共同组成的跨学科对话空间

第一节 跨学科学习的理念

学习目标

1. 解释跨学科学习的内涵,理解跨学科学习的理念。
2. 初步具备应用跨学科学习的理念设计教学活动。
3. 初步具备跨学科学习的能力,培养跨学科思维。

问题思考

1. 跨学科学习的"跨"有哪些含义?
2. 跨学科学习为什么"跨"?

知识聚焦

教育部于 2022 年 4 月印发的《义务教育课程方案和课程标准(2022 年版)》(以下简称《新课标》)中正式提出每门课程用不少于 10% 的课时开展跨学科学习。在《新课标》背景下,目前仅有《义务教育地理课程标准(2022 年版)》明确提出跨学科学习的定义,即"基于学生的基础、体验和兴趣,围绕某一研究主题,以地理课程内容为主干,运用并整合其他课程的相关知识和方法,开展综合学习的一种方式"。其中,综合学习体现了一种"联结"的教育变革价值观,指向对生活经验、正式学习、不同观点和学科知识等的整合,意在克服分科教育对知识的割裂,与教育"整体人"的经典传统相呼应,因此,其实质是一种"联结"引导下的学习方式变革。跨学科学习作为推进综合学习的方式之一,不仅强调以本学科课程内容为主,实现学科内部知识的整合,还强调学科间知识与方法的"联结",强化课程协同育人功能。

从特征来看,《新课标》主要体现了跨学科学习的六个特征,即真实性、实践性、多样性、探究性、跨学科性和综合性,如表 3-1 所示。其中,跨学科性和综合性是跨学科学习的本质特征,强调学科间的关联与整合,督促学校在开展教育教学时,不能仅重视学科自身的知识和技能,更要关注学科之间显性或隐性的联系,并在此基础上结构化组织学习内容。真实性、实践性、多样性和探究性是跨学科学习的一般特征,强调跨学科学习要结合真实生活,激发学生的实践与探究兴趣,使学生在参与群体活动的过程中,能够利用两个或两个以上的学科领域知识、信息、理论等探究具有真实意义的、与学科知识应用相关的难题,并整合相应观点提出解决方案,以促进学生对知识的深度理解。

表 3-1 跨学科学习的特征

特征名称		内涵
一般特征	真实性	贴近不同学段学生的生活实际,设计真实、复杂的教学情境、问题与任务,强调学生对真实问题的发现、分析和解决能力。
	实践性	注重主题内容与现实的关系,促使学生在实践过程中综合运用多学科知识与方法解决社会问题,实现学习的有效迁移。
	多样性	借助丰富多样的资源为学生搭建多维度的平台,并根据不同的学习目标和要求,提供多样化的学习方法与路径,探索多种解决问题的方案,使学生在解决问题的过程中得到多方面的发展。
	探究性	主题内容、学习资源和跨学科问题情境要具有一定的开放性和延伸性,使学生在已有经验的基础上,经历体验、探索的过程,从而获得研究性的学习成果。
本质特征	跨学科性	体现本学科与其他学科在知识内容、方法手段等方面的关联性,强调学生在综合运用多学科知识与方法解决跨学科问题的过程中,能不断获得跨学科素养。
	综合性	体现学科内部知识及其与其他学科相关知识的整合、多种方法的综合利用,创设具有综合性的跨学科问题情境,将培育学生的正确价值观、必备品格和关键能力有机融合。

综合来看,《新课标》背景下跨学科学习的内涵是基于学生学情,围绕具有真实意义、探究和实践性质的研究问题,以某一课程内容为基础,运用并整合其他课程的相关知识和方法,开展综合学习的一种方式。[①]

一、由单一学科走向跨学科

(一) 学科知识选择

1. 当前学科知识传递的局限性

学科知识具有三个基本特点:一是学科知识的系统性。学科领域的知识在不断的积累中,形成固定的概念与话语体系,最终按照一定的逻辑建立学科,以便保存本学科领域的知识,也同时便于知识的代代传递。二是学科知识的内在逻辑性。学科知识是一个知识系统,它由不同且具有一定内在联系的知识单元构成,这些知识单元既相对独立,又相互联系,可以对这些知识单元进行推演和发散,以实现知识的更新和进化。三是学科知识的边界明晰度。每一门学科都有自己独特的领域和边界,通过特定的知识体系发挥自身的价值。虽然以学科为中心的教学体系在一定程度上促进了专业理论研究的深入,推动了专业知识的生产和传播,但是,在各种知识之间的整体性关联和内在逻辑一致性方面,"学科知识深挖"的格局存在阻碍对现实世界中

---

① 董艳,夏亮亮,王良辉. 新课标背景下的跨学科学习:内涵、设置逻辑、实践原则与基础[J]. 现代教育技术,2023,33(02):24-32.

复杂问题的分析和解决的情况,而跨学科学习提倡突破学科知识边界的交叉与融合。

2. 跨学科知识的联结性

跨学科学习回应了学科知识边界的限制问题,指引教师在知识准备上,主动跨界,实现对分科教学的突破与补充。毕竟,我们的生活世界是完整的,而非割裂的。其一,要采用"学科+"的方式主动跨界,增强不同学科之间知识与方法的相互关联和整合,为学生认识世界、积累知识奠定基础。以数学一年级第一单元"生活中的数"为主题设计的"我爱雁小·心意卡"活动,让一年级的小朋友在美术教师的指导下制作"扣子画心意卡",音乐教师教唱"放飞希望"校歌,要求学生在视频中展示并"说一说":① 数一数自己一共用了多少颗扣子? ② 说一说"1922""2020""98"等特殊数字的含义。③ 学生说自己还设计了哪些元素?为什么要如此设计?心意卡以校园事物为背景,整个制作过程涵盖了数学、美术、音乐、语文等多学科知识的理解和运用,符合一年级学生的认知规律和特点,以一门学科为主体,横向关联多个学科,形成一个有机的整体,从而实现立德树人的根本任务。其二,用学科融合实现不同学科之间的沟通。基础教育阶段学科教师的担当在于学科知识的传递,而非学科创新,有效地传递学科知识必须基于本学科课程内在的层级逻辑和边界,保证本学科的育人功能和价值。教师是专业学习者与终身学习者的典型代表,在分科教育背景下,要实现跨学科教学的目标,教师必须从自身的知识"舒适圈"迈出来,勇于探索本学科与其他学科的共生点和联结点。在教授某一个学科知识点时,应分析学生的知识基础和认知水平,能够合乎逻辑地自然关联到其他学科的相关知识或案例,实现学科知识的类比和迁移。例如,统编小学语文教科书五年级下册的《草船借箭》选编自我国的四大名著之一《三国演义》,教师在教学时,除了分析课文的故事情节、人物特点、描写手法等语文要素外,还可以推荐学生进行整本书阅读,并利用地理、物理、数学和天文等学科知识激发学生对科学知识的兴趣,虽然这部分内容"着墨不多"但"点石成金",教师可以推荐一些科学方面的书籍和科教频道的科技节目,帮助学生理解诸葛亮是如何助其巧妙地"借"到了箭。这样无疑会让学生的知识融会贯通,借助"草船借箭"的经典魅力感受跨学科学习的奇妙。

(二)学科知识内容

《新课标》提出的跨学科学习要求是让学生突破学科界限,获得结构化的知识,促进知识的联结和整合,有助于学生记忆、理解、掌握学科知识,并促进学生知识的迁移和应用,培养高阶思维能力。

1. 确定核心概念

核心概念是学科知识的重要集结点。厘清这些核心概念的层次性是实现学科知识结构化的关键。上位概念和下位概念的范围、层级和关系要符合学科知识逻辑,采用示意图或思维导图的方式更能够清晰地呈现出这种关系。

2. 明晰逻辑关系

若是把学科知识当作信息存在的方式,教学活动就会陷入单向知识传递与输送的窠臼。知识必须与"人"相关联才能有效建构,因此教学活动应当重视学生的"学",将学科知识逻辑和学生认知逻辑统一在学习过程中,创设情境问题,将学习的过程转变为问题探究与解决的经历,学生通过学习经历发展思维能力,生成不同知识之间的联结。

(三) 学科知识教学取向

每个学科对学生的发展都具有一定的价值和意义,学校是培养和教育人的机构,教育目标必须回答"培养什么人、怎样培养人、为谁培养人"这三大问题。学科知识的价值是毋庸置疑的,放在学校的场域中则必须考虑学科知识的育人价值,即学科对学生核心素养形成的价值。《新课标》特别注重学科知识在育人方面发挥的功效和作用,引导一线教师将关注的焦点落到学科育人价值的实现上。学科育人价值并不是显性呈现的,而是需要教师主动挖掘、揭示和凝练并渗透到教学实践的各个环节。以小学语文课程为例,其价值在于培养学生在积极的语文实践活动中建构文化自信、语言运用、思维能力、审美创造等的核心素养。其一,以学生本位认知视角解读潜藏于学科知识背后的育人价值。学科本位的教学取向偏重学科内部知识之间的建构与关联,学生本位的教学取向则倚重学科知识促进学生个人成长与发展。后者更注重观照学生个体知识框架的形成,旨在依托学生个体日常生活经验积累丰富个性化的语言经历和体验,有利于学科核心素养的培养。其二,以意义世界建构实现学科实践的育人价值。区别于学科立场倾向于单纯学科能力培养,学科育人价值则更加注重学生价值观、人生观和世界观的形成。学科课程学习是学生认知世界、自然、社会的工具和通道,也是学生构筑自我"精神世界"的手段和方式,在学科知识学习过程中,学生的精神图景不断充盈和丰富,"精神世界"逐渐得以完善和拓展。

二、由抽象世界走向学生的真实生活

(一) 儿童生活观视角

学科的划分是人为的,是对知识的分类和聚集,但生活并没有被划分为不同学科的生活,而是整全和同一的。没有任何人的生活可以明显地被划分为某个学科的部分,因为生活涵盖了各个学科应用的方方面面。人们在处理生活中的事务时,并非仅仅依靠某一学科的知识和技能来解决,这体现了知识世界与生活世界的差异。对于正在学习成长中的儿童而言,学习学科知识是一步步奠定生活基础、学会生存与生活的过程,学科教师理应在儿童生活观上从"区隔的生活"中走出来,树立起"整全的生活观"。教育应当引领儿童对美好生活的向往,激发他们对未来生活的期待,引导儿童对可能生活的想象。通过开展跨学科学习,培养学生的核心素养,以儿童生活观为基础,关注生命成长。

1. 要把儿童的发展当作目的

学科知识需要代代传递才能延续,但是儿童学习学科知识绝不仅限于此。儿童不是学习的机器,不应仅依赖简单机械训练来获取知识,儿童是一个个鲜活的生命,生命需要丰富多彩的经历和体验,追求情感升华、意志提升和价值观的丰富,既要享受忙碌充实的当下生活,也要憧憬诗意浪漫的远方。儿童要在灵动的生活世界里生活,作为完整的个体去创造自我和发展自我,而不只是在理性的学科世界里生存。

2. 要把儿童当"儿童"

儿童不是"小大人",儿童眼中的世界完全不同于成人眼中的世界。学科知识属于成人世界的内容,儿童学习这些知识时需要进行"二次编码",即将这些知识转换为符合儿童视角的"语言""思维"和"行动"等。成人需要为儿童适度留白,学会放权和等待,学会"在背后默默引领"。成人也曾经是儿童,成人不应该忘记自己曾经是儿童。在对待儿童成长,儿童始终是"儿童",成人要关心儿童独特的心灵世界。

(二) 教学生活观视角

跨学科学习,以现实生活中的情境为起点,以解决具有实际意义的问题为学习归宿,引导师生探讨知识的迁移、综合、运用与交叉,这是本次《新课标》提出的重要观点。

1. 问题源于现实生活情境

由于学科知识大多以间接知识的形式呈现,教师在课堂教学中常常以语言描述、视频呈现或现场模拟等方式创设情境,激发学生的想象,引导学生解决虚拟的问题。这些问题可能发生在学生身边,也可能并未发生在学生周围。由于学生认知能力与水平差异,不同学生对学科知识的掌握程度就会不一样。跨学科学习的问题来自学生的真实场景,能够激发学生对真实问题的感受,吸引学生主动探寻解决问题之道,"做中学"真正得以实现。

2. 在情境中解决现实问题

核心素养要落地必须强调解决问题能力的培养,要善于发现和提出问题,要有解决问题的兴趣和热情。跨学科学习从现实生活的情境中挖掘主题,形成可以进一步探索和研究的问题,驱动学生在实践中获取真知,在活动中学会竞争与合作,掌握合作与沟通的方法,运用新兴技术和传统技术,提升学习能力。例如,"家庭蔬菜种植园的设计与搭建",学习对象为六年级学生,涉及科学、数学、信息技术、美术等学科知识。让学生利用家庭常见的蔬菜,如大蒜、牛油果核等作为种子以设计研究种植容器的设计和家庭种植方案,尝试进行家庭蔬菜种植园的设计与搭建。以"资源整合"作为可迁移的核心大概念,实现跨学科学习。学生通过应用小学三到六年级的科学知识体验创造的过程。这样的跨学科学习让学生面临真实情境问题,主动解决生活中的问题,综合运用各学科知识,选择制订合理的解决方案,在复杂环境中落实方案的具体行动,达到了核心素养培养的目标。

(三) 个体生活观视角

传统教育观把学生视为一个群体,不容易关注到学生的个体差异。"具身认知"主张知觉、身体与世界的协调，人通过"体认"知觉世界，与世界产生联结。跨学科学习正是基于对"具身认知"理论研究成果的汲取与应用，用主题联结知识、生活与学习，从"离身的生活"转向"具身的生活"，将身体视为学习的资源，身体通过与外界的交互产生经验、体验与感悟，促进高阶思维形成，促进对抽象概念的理解和掌握。

1. 身心统一的学习活动设计

跨学科学习开展的过程是身体与认知双向传输、双向嵌入的过程，学生参与其中，打破静态学习样貌，调动身体的各个器官和部位，与外界产生互动，心理和动作反馈与多元身体参与相结合，动态地认知世界，与环境发生反复互动，积累身心统一的学习体验和经历，从而完成学生知识的建构。

2. 以结构化反思增强学习成效

跨学科学习旨在发展学生的核心素养，按照具身认知论的观点，学习者通过知觉感悟和亲历体验来把握事物的意义，直面现实生活中的真实问题，同时又在特定情境中缓和与平衡认知冲突。当学习者在特定学习主题的指引下开展学习活动时，以往的学习内容和学习环境不能适应当前解决问题的需要，产生的认知冲突促使学习者反思并总结自己的身体行为、心理体验、观察到的情境以及接触过的人和思想，这个过程有别于单一学科知识的学习过程，有助于学习者掌握方法迁移，获得情感体验，并实现深度学习。

三、由个体被动知识学习走向合作主动意义学习

（一）实践主体

《新课标》中强调在学科知识的关联与重组中提炼现实议题，设计跨学科的学习活动，其旨在实现学生与周围世界的沟通和联结，契合核心素养对"社会担当"的要求，引发学生对社会责任的观照，培养学生的担当意识与家国情怀。其一，以"共同议题"凝聚学习共同体。学习共同体是一种包含周围成员及其实践活动、共同的话语、共同的资源系统的学习环境，在其中成员面对真实富有挑战性的任务时，获得教师、同伴、专家的帮助和支持，通过适应性学习方式达成学习目标、形成主体身份、促进健康成长。跨学科学习为了要解决"共同议题"而聚集了教师和学生，打破了常规课程学习中的个人边界，共同思考并一起行动，形成了学习共同体。其二，以"共同行动"融入学习共同体。在共同的行动中，学生成为团队学习效果达成的责任人，通过互动交流、协商合作，融入其中，人人参与，各负其责，从边缘性参与走向主动应对，摒弃简单机械的记忆和思维模式，逐步促进高阶思维的形成，在理解、分析、应用、评价和创造等一系列学习行为中形成关系紧密的学习共同体。学生作为社会性的人，因此成为合群的个体，在社会交往中成为独立成长与合作发展的新时代青年。

(二) 实践对象

跨学科学习根植于学科学习之中,并非要等到学科课程学习完毕再开展跨学科学习,而是与学科学习同步共振,进行整体设计与系统实施,与学科课程相伴始终。不同之处在于学科课程在实践对象上,主要是理解"知识世界",形成学科思维,积淀学科理解。跨学科学习在实践对象上,主要是面向"意义世界",与社会生活与经验建立联系,体现核心素养"实践创新"维度中"劳动意识""问题解决""技术应用"等要素在学生个体上的培养。因此,跨学科学习的学习方式具有独特性、整体性和复杂性特点。

《新课标》强调跨学科学习,希望教育实践以现实议题为出发点,通过对知识世界和现实世界的联结,学生在多学科思维与超学科思维的共同参与中,实现知识迁移与应用,解决真实问题。跨学科学习决定了学习方式的多样性,也决定了实践对象的独特性,从学科课程面对的"知识世界"转向丰富充盈的"意义世界"。其一,跨学科学习是联结知识的符号世界与儿童意义世界的过程,儿童通过学科课程学习掌握的"客观知识"需要调用个体已有的知识经验进行解构、重塑与同化,用常识进行再阐释,在情境中再现意义,把知识转化成儿童思维的对象,在意义抓取中将知识串联成线、重组成片、编织成网,实现思想方法的意义提升。其二,跨学科学习是对知识意义的社会化建构,儿童、教师、社会、知识在对话交往中不断碰撞、融合,进行意义交流与协商,让学生获得对知识应用与迁移的经验。不同来源的经验和理解处于同一个互动时空,跨学科学习的过程融合了不同学科思维方式、不同个体的观点以及不同领域的见解,个体能够感知到他者的认知差异,有认同也有冲突。在认同与冲突发生的节点上,儿童的经验不断被重新打破、编码与重组,意义协商发生之时正是儿童成长之节点,也是跨学科学习的奇妙之处。[①]

第二节 跨学科学习的价值

学习目标

1. 理解跨学科学习的价值。
2. 具备应用跨学科学习开展学习活动的意识。
3. 初步具备跨学科学习素养。

---

① 袁丹.指向核心素养的跨学科主题学习:意蕴辨读与行动路向[J].课程·教材·教法,2022,42(10):70-77.

问题思考

1. 跨学科学习对学生核心素养的发展有何价值？
2. 跨学科学习对学生创新能力的培养有何价值？

知识聚焦

价值的哲学概念是关于客观世界各种事物对于人类的生存与发展的意义的认识，不同的价值思维和价值取向将对人的思想和行为产生巨大的影响。理解跨学科学习的价值，有助于进一步应用跨学科的思想解决教学问题。

现实生活中，学生面对任何一个具体情境问题的解决，都不会只是运用单一学科的知识技能。在特定的情境中，需要学生能够运用关于价值、态度、知识、技能、社会等方面的综合资源应对复杂的问题。尤其是当下，在建设教育强国的进程中，把学生培养成担当民族复兴大任的时代新人，更需要中小学校准确识变、主动应变，加强培养学生创新型、综合型以及发现和解决问题的素养和能力。基于此，学生的学习如果仅依赖于知识本位的学科记忆型、单一性学习，是远远不够的。这就需要以落实立德树人、素质教育、核心素养导向的新课改为目标，对教学的实践本质进行重新思考，变革学习方式，建构以学习者为中心的学习目标、内容、方法以及学校治理生态，促进学生以探究性、协同性、反思性学习活动为主的跨学科学习。[①]

一、基于学科观的价值

（一）有助于弥补传统分科教学的不足

长期以来，传统的分科教学模式导致学校教育与社会生活脱节，学科之间虽然相互独立但也存在交叉，结果是知识碎片化、割裂化且烦琐重复，未能充分发挥课程的育人功能。素养时代对人才培养的质量要求较高，在真实情境中综合运用相关知识解决问题能力的提升是人才培养的必然要求。传统分科课程的学习模式难以保证学生充分获得这些能力。跨学科学习倡导的主题式课程融合不仅能很好地规避学科课程知识分裂的问题，促进学生所学知识的整合，还有利于培养学生主动运用多元思维思考问题、创造性地使用不同方法解决实际问题的能力。需要指出的是，课程内容的统整需要在真实的问题情境中进行，避免不同学科知识间的生硬拼接。

[①] 刘希娅.中小学跨学科学习的内涵价值、现实困境与实施策略——谢家湾学校素养导向跨学科学习实践探索[J].中国教育学刊,2023(10):58-62.

（二）有助于强化课程协同育人

在课程内容统整过程中，学生以综合化的知识、多样化的方法来解决发生在校内外的实际问题，并获得成长。这一过程不仅展现了校内校外的协同育人，更体现了跨学科主题学习的育人价值。跨学科学习是分科设置课程的背景下顺应课程综合化趋势的有效路径。以语文学科为例，义务教育阶段语文学科核心素养是指学生在真实的语言运用情境中，体现出来的文化自信和语言运用、思维能力、审美创造的综合表现，并不是指向某一门特定的学科知识，而是指学生应具备的能够适应终身发展和社会发展需要的必备品格和关键能力。因此，对学生核心素养的培育不能仅仅依托单一学科，而应该通过跨学科学习来展开。跨学科学习强调创设真实性、开放性的学习情境，促使师生在问题解决过程中突破单一学科壁垒，为强化课程协同育人功能提供了一条可行途径——"三全育人"，即要求学校育人在"全员""全程""全方位"的框架内展开，有效避免教学中的"孤岛"问题。

二、基于生命观的价值

在教育领域，"学科本位"下割裂的知识体系或者教师直接生搬硬套地传授知识，学生所获得的也仅仅是知识的影子，而非丰富、立体的知识本身。真实生活是多方面的，而不是被简单地分割成学科知识。只有当课程反映真实生活时，学生获得的教育经验才会更真实，对学生才会更有价值。跨学科学习是对学生真实生活的回归，既重视单个学科也重视学科之间的整合，有效避免"学科拼盘"式教学，既强调知识学习也强调行动实践，旨在培养学生跨学科视域与思维，体现了对世界完整面貌的还原，满足了个体作为人的、完整生命的发展需求。

三、基于学生观的价值

（一）促进学生的知识理解和意义建构

传统的学习方式是一种典型的接受学习，教师在教学过程中专注于实现教学形式的变换、教学时间的分配等，却缺少对学生围绕知识进行意义建构的关注。学生的学习主要依赖于记忆与反复训练为主，简单重复既定的学科知识，缺乏情感的投入，知识的学习只能达到表层认知的程度，难以理解知识的本质。而学生若想运用知识来解决实际问题，需要理解知识。因此，知识理解和意义建构的学习方式成为必然追求。跨学科学习的提出，要求教师能够在真实的情境中提出有意义的问题，学生通过整合运用所学知识，创造性地解决问题。在建构主义理论视域下，知识不是一成不变的静态存在，而是个体基于社会生活、个人经验进行的动态建构。这种建构发生在真实情境中，学生的学习不再是简单的知识存储与提取，而是在新旧知识之间建立有效联系，是种深层次的理解学习。换言之，学生将从以往简单、枯燥的知识习得方式，转向以真实情境中的问题为纽带的合作式、探究式学习，从而深化对知识的理解，实现对知识的有效建构。此外,跨学科学习是一种交互式的学习方式,学生在学习过程中,通过与同学、教师之间的相互协作,倾听他人的建议,有效促进自身的深度学习,即学生能够正确理解所学知识,发现知识之间的关联,并灵活地运用与迁移知识,完成对知识的意义建构,最终创造性地解决问题。①

(二) 促进学生高阶思维的培养和深度学习

《新课标》指出学生核心素养的一个重要维度是培养其思维能力。思维能力可以分为高阶思维技能与低阶思维技能。高阶思维技能具体包括批判性思维、逻辑思维、反思性思维、元认知和创造性思维等,这些技能是不同年龄的学生在解决非常规问题和难题并克服困难时产生的,有助于推动学生达到深层知识理解。当前课程综合化存在课程内容简单堆积、逻辑混乱、整合程度浅显化等问题,难以实现学生对知识的深层理解。跨学科学习在本质上是表层学习、深层学习和迁移学习的同等发力和互相整合。它基于真实情境,提出真实问题,使学生进行真实参与,从而培养学生的高阶思维,帮助学生形成真正的课程理解,促进跨学科的个性化和自主建构。

四、基于人才观的价值

(一) 有效促进创新型人才的培养

跨学科立场也意味着几乎所有的跨学科学习都会需要同时也会培育学生学习素养,如合作、沟通、创造性思维和批判性思维等。这些通用素养伴随跨学科学习,涉及跨学科问题的解决和不同学科视角的批判性融合。跨学科学习也带有创造性,需要学生在各个学科中进行知识的链接、转换与再创造。如跨学科项目化学习等,越复杂的跨学科学习,越需要学生进行沟通、交流,模拟专家团队的讨论、分析和团队合作,对学生这些素养的要求也越高。②

(二) 有效促进复合型人才的培养

知识经济时代的到来对教育提出了新挑战,知识内容和数量的急剧增长使得创新学生学习的方式成为教育与课程改革的关键。然而传统的分科教学所培养出来的线性增长式学习方法已经无法适应知识的迅猛增长所提出的要求,也不利于学生对系统知识的掌握和全面发展。而在当今世界,学科前沿的重大突破和重要创新成果,大多是多学科交叉、融合和汇聚的结果。跨学科学习可以通过打破学科之间、学科与社会之间的壁垒实现这一系统工程,是有效将时代活水引入课堂,培养时代所需的复合型人才的必要手段。③

---

① 吴支奎,刘威.跨学科主题学习的价值与实践限度[J].课程·教材·教法,2024,44(7):37-41+124.
② 夏雪梅.跨学科项目化学习:内涵、设计逻辑与实践原型[J].课程·教材·教法,2022,42(10):78-84.
③ 王莹聪,李刚.义务教育阶段跨学科主题学习的特征、价值与设计逻辑[J].教学与管理,2024(3):14-18.

第三节　跨学科学习的策略

学习目标

1. 掌握跨学科学习的基本策略。
2. 具备应用跨学科学习的策略开展跨学科学习的能力。
3. 具备应用跨学科学习策略主动变革教学方式的思维。

问题思考

1. 跨学科学习的策略对学生学习能力的培养有何影响？
2. 如何应用跨学科学习策略开展教学？

知识聚焦

跨学科学习可以帮助学生在学习某一学科知识时，从促进知识的理解起步，到对知识或学科内容的个性化建构，并且能结合实际中的生活问题进行创新或创造。围绕跨学科学习，基本策略路径应是：以文化主题或社会主题为议题，运用大概念构建课程内容知识体系，以问题为导向的表现性任务为驱动，以项目化学习为主要设计和实施模式，构建跨学科协作学习共同体。

一、以大概念统整主题

（一）注重主题选取以及大概念的生成

跨学科学习的内容重构注重跨学科主题的选取以及大概念的生成。在主题设计方面，中华优秀传统文化、社会主义先进文化是涵养社会主义核心价值观的重要源泉，更是中华民族的精神命脉。在《新课标》指导下的跨学科学习注重相关文化议题的融入，其中以语文、历史、道德与法治三科为主，以艺术、体育与健康两科有重点地纳入为辅。譬如，在语文、历史、道德与法治学科中主要以传统节日、风俗习惯、（非）物质文化遗产、历史人物等载体呈现；在艺术、体育与健康学科中，则以民间艺术作品（如戏剧、民歌、古典舞）、特色技艺（如剪纸、泥塑、皮影戏）、民间体育活动（如蹴鞠、武术、舞龙、赛龙舟）等作为载体形式；在数学、地理、物理、化学、生物等学科中，则以学科特点为主线，通过选择有关学科领域的人物故事、文化遗产、传统技艺等，来引导学生体会中华民族的智慧与创造，从而坚定其文化自信，增强其民族自豪感。

依据具身认知理论，认知是横跨内部世界和外部环境的操作，身体与情境的相互作用有助于跨学科知识的情境化迁移，因此，具身性、情境化主题的创设有助于培养学生解决复杂现实情境中具体问题的能力。人文社科类跨学科主题关注日常生活和社会热点等。而自然科学类跨学科主题注重发掘社会科学性议题，围绕科学、技术、社会、环境等话题展开跨学科实践探究。

（二）依托大概念构建课程内容知识体系

在课程内容组织方面，大概念是勾连学科内知识和学科间知识的桥梁。随着知识观的不断进化，知识的存储与生产呈现出网络化的特点。《新课标》重点强调大概念在教学中的统摄作用，注重基于大概念整体设计单元教学。具有多种知识类型属性的大概念课程构架，能够将课程内容与多维目标实质性地联系起来，以促进学生从掌握基本概念转向应用复杂规则和进行创造性地问题解决。①

1. 大概念的内涵

尽管学者们都是从自己的视角和侧重点出发，赋予大概念以不同的内涵，但在大概念的内涵认识上也明显有三个共识：① 大概念是抽象概括出来的概念。认为大概念是在经验和事实的基础上，对概念与概念之间的关系加以抽象概括的结果。② 大概念是联系整合概念的概念。认为大概念是概念的集合，能够将各种相关概念和理解联系成为一个连贯的整体。③ 大概念是更能广泛迁移的概念。认为大概念超越了个别的知识和技能，能够在更大范围内加以迁移运用。简而言之，大概念就是抽象概括出来的具有联系整合作用并能广泛迁移的概念。②

学科大概念并非指学科中某一具体的概念或定理、法则等，而是指向这些具体知识背后更为本质、更为核心的概念或思想，如化学学科大概念"物质的组成结构决定性质"，揭示了不同物质具有不同性质和相似性质的根本原因，成为人类理解和研究物质性质的思维结构；生物学科大概念"生物体的形态结构与其生活环境相适应"则可以解释变色龙的体表颜色随季节而发生变化、兔子的眼睛长在头部的两侧等很多现象，为人类认识和研究生物提供了基本思想。③

2. 大概念的实施路径

（1）借助课程标准中的高频词句

熟悉课程标准，紧紧抓住课程标准中反复出现的高频词句，从这些高频词句中去捕捉大概念的踪影。例如，小学数学课程标准中有数与运算、数量关系、图形的认知与测量等高频词汇。由于这些高频词汇已经过抽象概括，教师可以抓住这些高频词汇，去提取小学数学的大概念。

---

① 詹泽慧，季瑜，赖雨彤. 新课标导向下跨学科主题学习如何开展：基本思路与操作模型[J]. 现代远程教育研究，2023,35(1):49-58.
② 李松林. 以大概念为核心的整合性教学[J]. 课程·教材·教法，2020,40(10):56-61.
③ 顿继安，何彩霞. 大概念统摄下的单元教学设计[J]. 基础教育课程，2019(18):6-11.

(2) 通过教材的深度理解

由于大概念往往潜藏于教材知识的内核和深处，要让大概念的雏形得以显现，教师需要分别从知识的产生与来源(如乘法的产生、乘法的来源)、事物的本质与规律(如数列的本质、英语时态的呼应规律)、学科的方法与思想(如区位分析方法、人地协调思想)、知识的关系与结构(如不等式、方程、数列都与函数有关)和知识的作用与价值(如"全等三角形的作用"、《老王》一文所蕴含的人道观与平等观)等五个方面，去深度理解教材。

(3) 超越惯常理解的抽象概括

说到底，大概念都是抽象概括的结果。教师可以基于自己的惯常理解，从以下四个路径抽象概括出大概念：首先，从现象到本质。例如，大量现象表明生物都有自己的形态特征和生活习性，但其本质就在于"适应"。其次，从事实到价值。例如，生态系统中普遍存在各种生物相互依存的事实，其背后蕴含的则是"生态价值观"。再次，从特殊到一般。以"函数的单调性"这一大概念为例，先分析特殊的一次函数，如 $y = 2x + 1$ 等，观察这些特殊函数，发现它们都存在着随着自变量的变化，因变量有一定的变化趋势，从而抽象出一般概念 $y = kx + b$。

二、以问题导向的表现性任务驱动

"自主合作探究"攻破了"一言堂"，但也暴露出"虚探究"和"假探究"两大问题。《新课标》中的一大亮点便是用学科实践代替学科探究，要求学生在项目式学习过程中像学科专家一样思考与行动。跨学科实践包括两个要点，一是设计具有启发性的问题链，二是构建指向核心素养的表现性任务群。

(一) 问题链是学生参与深度学习的关键

1. 问题的特征

问题必须以大概念为载体，让学生在问题解决的过程中不断深化对大概念的认识。从"为什么做"到"做什么"再到"怎么做"，层层追问，形成问题链。此外，并不是所有问题都能构成问题链，跨学科问题应具备针对性、挑战性、逻辑性、递进性和应用性等特征，这是形成跨学科问题链的首要条件。例如，化学课标提供的基于碳中和理念设计低碳行动跨学科实践活动案例，首先是围绕核心素养目标确定了元素观和变化观两个核心观念；其次是依据这两个观念设置了与之关联的主干问题，如二氧化碳具有哪些性质以及二氧化碳如何转换；最后是围绕主干问题铺设了序列化子问题，如人类活动过量排放二氧化碳会对环境造成哪些影响，如何设计低碳行动方案等。可以看出，跨学科问题的设计尤为重要，其向上连通核心素养和大概念，向下承接具体的表现性任务，问题环环相扣、层层递进。从目的上看，问题链是通过有逻辑结构的问题群，引导学生从"低通路迁移"转向"高通路迁移"，并促进其对问题的深度理解。

2. 问题设计的思路

问题是通往理解之门的载体。大概念只有依附于具体的问题才能焕发出活力。

问题产生的逻辑是围绕真实的情境设计并呈现指向和突出大概念的核心问题,从情境化到去情境化,从具体到抽象,通过解构大概念生成与之相关的主干问题,并围绕主干问题铺设序列化子问题。此环节教师要逐步呈现给学生一系列由现象到本质的开放异构性问题,激发学生探究实践的欲望,通过问题将零散的学科概念进行二次组织和调用,引导学生在问题情境中积极思考,主动探索并发现隐藏在"类"背后的某种规律。在问题导入过程中要做好文化情境与问题情境的选择与创设。因为素养的形成往往不是仅靠单一的问题情境就能实现,而是随着情境的多样性和丰富性不断增加,形成的素养的可迁移性会更强。根据认知弹性理论,要达成复杂理解并为迁移做好准备,就必须在不同时间内,让学生在用不同方式安排的情境脉络中遍历所有指向问题的可能。因此,在问题链的设计中,教师需要首先考虑问题情境的多样性和丰富性,让学生在"探究→综合→整理→提炼"的过程中,完成思维发散和收敛的迭代,进而实现对"子问题—主干问题—核心观念—核心素养"的进阶式领悟。

(二)以项目化学习为主体构建表现性任务群

1. 任务的类型与设计

(1)任务的类型

此处的学习任务有两种类型:一是大任务统领的真实问题解决,二是促进核心概念建构的系列活动。统领性任务意味着一个跨学科学习结束后学生们需要交付的内容,有可能是一种静态的作品,也有可能是一种动态的表现。但不论何种形式,统领性任务会具有高阶性、共享性、真实性和生产性等特征。以统领性任务为指向,跨学科学习超越了传统上把知识的掌握、应用和创造作为相继发生的阶段而产生的线性关系的认识,而是将知识学习嵌入问题解决或任务执行的过程中,使之具有了意义背景。在教学认识论上,它超越了传统上"学以致用"的思路,体现为"用以致学"的新的教学认识论,这一思路提升了知识学习的价值,体现出由知识到素养的必由之路。在子任务的设计上,要正确处理子任务与学科之间的对应关系。要保证跨学科学习的深度,某些子任务的确会向下扎根,只在某个学科上深入下去,但要避免把学科与任务做一一对应,如果这个任务是数学的,下个任务是语文的,再下个任务是美术的,相信很多人会问这个主题到底跨在哪里呢?所以说可能存在某个子任务与某个学科对应的情况,但一定会有需要依靠两门或两门以上学科才能完成子任务的情况。各学科跨学科实践活动案例中都明确表述了活动的递进层次,并将大任务拆解成为若干个活动序列,以便让学生更好地参与到跨学科实践中。[①]

(2)任务的设计

任务的设计路径是将真实问题解决框架作为外显主线,将核心概念作为路径,并将核心素养培育作为指引方向,同时将活动分为学习理解、问题解决、创新应用三个

---

① 安桂清. 基于课程标准的跨学科主题学习:内涵阐释与实施要点[J]. 中国教育学刊,2024(7):15-21.

递进层次的学习活动。以化学课标中"制作简易供氧器"为例，该跨学科学习包括界定任务、构建模型、制作作品以及作品发布4个核心活动。再以历史学科中的"水陆交通发展"为例，其涉及的4个核心活动分别是提出问题、探究学习、成果展示、总结反思。此外，上述核心活动的展开也需要信息技术的支撑，如遥感影像、数字化资源、软件平台以及虚拟仿真实验等，都需要将信息技术与教育教学进行深度融合才能得以开展。

2. 任务的实施

通过设计具有连贯性、梯度性和拓展性的情境任务，并将其拆分为若干个核心活动，从而驱动学生利用头脑中形成的大概念来解决现实问题。这一环节中，教师将具有挑战性的任务呈现给学生，学习共同体将任务进行分解，确保每个成员都能参与其中。同时教师还要引导学生通过调研访谈、创意设计、动手制作、语言运用和方案评价等多样化活动，将已学知识进行叠加、组合、反复加工、验证以形成概念网络，在迁移和应用过程中不断深化对跨学科大概念的理解。其次，跨学科学习强调多样化的学习成果，因此任务的表述要注重使用"设计、制作、创造"这类动词。同时，迁移和应用是对概念理解的反应，当学生处于"学习鸿沟"，难以进行有效的概念内化与提取时，教师应及时提供各类学习支架（如情境型支架、资源型支架、策略型支架、评价型支架和交流型支架），鼓励学生有意识地使用信息技术解决问题，帮助其从事实性知识走向概念性理解，从而达成"富有成效"的迁移，产生良好的学习结果。[①]

三、以项目化学习为主要设计与实施模式

跨学科项目化学习是跨学科学习和项目化学习的合集，综合了两者的关键特征，无论是跨学科学习领域还是项目化学习领域，跨学科项目化学习都是最具有挑战性的。跨学科学习和项目化学习具有共性特征，都需要围绕真实问题进行探索。跨学科学习和项目化学习本质上是对固化的知识逻辑的挑战，都追求在复杂问题中的创新与回应。但是跨学科学习和项目化学习也有不同的侧重点：跨学科学习侧重学科整合，而项目化学习侧重持续探究。跨学科项目化学习就是取这两者之间的合集。教师通过项目帮助学生建立跨学科分析的能力，教师要支持学习者通过对真实问题空间的整体感知，明确跨学科学习的目标，并逐步获得对每一个所跨学科的学科洞察力和综合能力。根据上述探讨，跨学科项目化学习的整体设计逻辑应该呈现出从真实而复杂的问题到澄清问题中的不同学科视角再到整合学科视角形成新理解，反馈到真实世界和学科领域的过程。因此，跨学科项目化学习的设计逻辑主要有以下几点：

---

① 詹泽慧，季瑜，赖雨彤. 新课标导向下跨学科主题学习如何开展：基本思路与操作模型[J]. 现代远程教育研究，2023，35(1)：49-58.

（一）提出跨学科的真实问题

跨学科项目化学习的关键是提出跨学科的真实问题。跨学科项目化学习的本质问题和驱动性问题都具有跨学科的特征，如本质问题"如何艺术地呈现自然之美"，就需要科学、艺术等学科的整合介入。跨学科项目化学习的驱动性问题往往比较复杂，带有强烈的社会关怀性。新兴的研究领域可以成为跨学科驱动性问题的原型，如地区研究、环境研究、城市研究、文化研究等；人类和社会发展中的重大关键问题也具有跨学科的性质，如可持续发展问题、能源安全问题、人口老龄化等。这样的问题是复杂的、系统的，单一的学科不足以处理复杂而系统的问题。跨学科项目化学习的驱动性问题也可以来自设计者有意识地建构，如要求学生用物理模型表现历史中的文明兴衰理论。

（二）选取可用于问题解决的指向各学科核心素养的知识和能力

跨学科项目化学习的设计需要分析学科的核心素养及其涵盖的知识和能力。在跨学科项目化学习的设计中，这一分析至少包含三层含义：首先要明确真实问题包含哪些学科；其次，这些学科中与真实问题有关的知识与能力是哪些；最后，这些学科的知识与能力是如何统整地作用于跨学科的问题解决中的。跨学科项目化学习需要清晰地列出所跨学科的核心素养及其涵盖的核心知识和能力，将其作为学习和评估的目标。如果没有对驱动性问题所跨学科的知识和能力的考察，教师设计和学生所学将是混沌一片。在跨学科项目化学习中，问题和各学科知识与能力之间的双向调整和优化是很常见的。这表现在，很可能最初面对的是一个复杂的跨学科问题领域，通过确认各学科课程标准和教材单元，再返回去优化驱动性问题。随着项目化学习的深入推进，也可以在原有的学科分析基础上再纳入新的学科。如在关于考察海滩治理的项目化学习中，开始是作为生物、地理、化学的跨学科项目提出，但是在实施过程中，学生发现人类历史上有类似的经历，用人文、历史的角度去研究，产生了新的视角，为了"人"的需求开发海滩还是保留海滩原貌，学生要作出抉择。这样的项目演化就会带来类似真实世界中的科学、人文视角的冲突。

（三）学习不同学科的知识持续深入地解决问题

跨学科项目化学习需要学习并综合运用不同学科的知识和能力，持续深入地解决问题，形成问题解决的逻辑。学生在跨学科项目化学习中，需要有机会对上述不同学科进行深入学习和探究，以此产生学科间的创造性关联，而这种关联是通过问题解决的逻辑形成的。问题解决的逻辑使得各学科的组合是灵活的，在某个阶段的问题可能重点只需要 A 学科，到下一个阶段的问题需要 B 学科，再下一个阶段需要 C 学科。当然，也有可能在第一个阶段就同时需要这三门学科。在跨学科项目化学习的设计中，持续深入地学习学科知识、解决问题还意味着要让学生拥有从不同学科专家的视角去看待和分析问题的经历。跨学科中的视野选取要求我们要用学科专家的眼光看待世界。比如，在保护生态环境资源的前提下分析区域发展不平衡的项目中，如果学生能够像生物学家从环保的视角来看待问题，对问题的理解将会不同，而学生从生物学家、政治学家、经济学家不同的专家视角模拟的经历，通过不同视角的观点碰撞，将能够促进学生更深入地理解。

（四）形成整合性的项目成果和新理解

跨学科项目化学习要形成整合性的项目成果和新理解。跨学科学习中新理解的形成需要整体思维，理解相关学科的观念与信息如何互相关联，检验来自每一门学科的见解，即使这些见解有时互相矛盾，它们仍能丰富我们对问题的认识，并能建立创造性的联系。在跨学科项目化学习中，新理解体现在项目成果中，项目成果的形成要超越项目中单独所列的学科知识，发现学科间的共识，或是重新解读互相矛盾的学科视角，或是整合学科中互补的部分，并将这种新理解用创造性的方式聚合与可视化。与学科项目化学习不同，跨学科项目化学习的项目成果体现的不是学科特征，而是跨学科的特征。比如，语文美术类的跨学科项目化学习的成果为诗画集，诗画集中的跨学科共识需要借助两个学科共通的概念和意境而达成。[①]

四、构建跨学科协作学习共同体

（一）跨学科学习共同体的内涵

跨学科学习共同体是由教师和学生共同组成的跨学科对话空间，可以围绕一个共同感兴趣的话题，以多个学科的知识内容为基础产生跨学科的学习互动。研究发现，这样的学术共同体是促进跨学科研究者产生跨学科学习身份认同的有效途径。纽斯万德等人认为，跨学科学习能够取得成效的因素有：积极参与活动的参与者、充满活力的氛围、互相鼓励的学习互动以及充足完备的资源支持。

（二）跨学科学习共同体的形式

学习共同体的形式有多种，如由多个专业和学科背景的教师和学生组成的兴趣小组，以非正式课程的形式开展跨学科学习活动。例如，田野调查、研讨会、讲座和实践活动等。让学生在"做中学"，就学习小组共同感兴趣的话题，展开实际调研或参与某些项目的研究。学习共同体也可以是组建跨学科实验室，在实验室中除了师生互动外，还有跨专业、跨年级的学生互动，使得学生在获得跨学科知识的同时也能提升团队合作、组织和领导能力等。实验室可以为每一位学生安排一位跨学科导师，这样能够促进更有效的跨学科交流。但也有学者强调，不同专业背景的导师通常各自对学生进行指导，导师有自己的研究项目和研究方法，当下需要解决的研究问题也往往

[①] 夏雪梅.跨学科项目化学习：内涵、设计逻辑与实践原型[J].课程·教材·教法，2022，42(10)：78-84.

存在差异,因此,会造成学生学业负担加重甚至感到迷茫。组织和构建跨学科学习共同体并不难,但是如何管理和长期维持这一学习共同体是需要仔细思考的问题。首先,需要明确组织哪些学科进行学习共同体的构建,为什么组建这样的学习共同体;其次,需要考虑如何有效消除不同学科知识之间的间隙,促进跨学科的知识交流;再次,如何权衡并评价学生学习的深度和广度,也是在跨学科学习共同体中需要面对并解决的问题。①

第四节 跨学科学习能力的特征

学习目标

1. 理解跨学科学习能力的内涵和特征。
2. 依据跨学科学习能力特征开展教学评价。
3. 具备培养学生跨学科学习能力的理念。

问题思考

1. 如何理解跨学科学习能力的特征?
2. 如何培养学生的跨学科学习能力?

知识聚焦

跨学科学习的目标达成最终落实体现在对学生跨学科能力的培养。关于跨学科学习能力,国内外学者定义众多。李尚群将其定义为运用不同学科知识进行研究和解决问题的能力,翟雪松等人将其理解为整合不同学科内容并运用跨学科方法解决问题的能力。② 杨小丽等人认为,跨学科能力是指个体综合运用或整合多个学科的知识,以及经验世界的知识,解决复杂问题的能力。③ 综上所述,跨学科能力注重多个学科间的整合,不是各学科能力的简单叠加,而是各学科能力合作下共融互生的结果。跨学科学习能力是指个体能够综合运用或整合多个学科的知识,以解决复杂问题的能力。跨学科学习能力的特征,一般来讲,需要从知识应用层面、思维层面去分析。

---

① 董艳,孙巍,徐唱.信息技术融合下的跨学科学习研究[J].电化教育研究,2019,40(11):70-77.
② 黄作银.高中学生历史跨学科能力的建构研究[D].西南大学,2024.
③ 杨小丽,雷庆.工科本科生跨学科能力评价框架构建[J].清华大学教育研究,2022,43(6):104-109.

一、从宏观视角看跨学科学习能力的特征

从宏观视角下分析跨学科能力的特征，不同学者提出了不同的观点。王光明等人将跨学科能力解构为识记与理解、运用与实践、创新与迁移三种子能力。陈小敏把跨学科能力看作学生在面对复杂问题时所显露的创新素养、团队合作关系、实践和运用水平。刘丽芝则将跨学科能力分作信息提取与处理、问题分析与质疑和结论阐释与创新等能力。

从以上学者对学生跨学科能力的分类可以看出，其跨学科能力结构主要有四个建构维度，即知识认知水平、技能掌握程度、反思评价态度和创新迁移意识。

二、从微观视角看跨学科学习能力的特征

（一）围绕学科群构建学生跨学科能力

不少学者从围绕部分学科群构建学生跨学科能力的角度出发，提出了跨学科能力所具备的特征。桂立成综合政史地三科提炼出人文学科共通的跨学科能力，即获取和解读信息、调动和运用知识、描述和阐释事物、论证和探究问题的能力。宋歌将初中科学教育中的跨学科能力定义为多维分析、实验探究、科学论证和知识整合四个方面。周建中等人则将科学教育中的跨学科能力分作学科融合、设计、探究、协作和表达等能力。陈依捷仅将化学与生物学科融合，认为其跨学科能力包括信息转译、反思评价、知识整合和问题解决四项主要能力。宋乃庆等人针对中小学创客教育测评体系，提出了跨学科能力指标，具体包括问题提出能力、方法迁移能力和知识融通能力。[1]

2020年，上海市教育考试院颁布的《初中相关课程终结性评价指南》（以下简称《指南》）中明确指出了初中毕业生在初中地理、生命科学跨学科能力上需要达到的目标。《指南》中指出，初中毕业生面对各种自然现象、社会现象时，应该具有跨学科分析问题的思维习惯，具备参与并解决简单的真实问题的能力。并将跨学科能力分为了三个维度，分别是信息提取与处理能力、问题分析与质疑能力、结论阐释与创新能力。信息提取与处理能力是跨学科能力的基础，该能力对学生提出三个要求，首先是能够识别真实情境（包括自然现象和社会现象）中的信息，其次是对信息进行初步筛选，最后是将筛选出的有效信息与学科知识和原理建立联系。问题分析与质疑能力是跨学科能力的核心能力，也是跨学科能力培养的重点。结论阐释与创新能力是跨学科能力最终的展现形式，也是跨学科能力培养中的难点。[2]

---

[1] 黄作银. 高中学生历史跨学科能力的建构研究[D]. 西南大学，2024.
[2] 薛彧楠. 初中生跨学科能力培养的实证研究[D]. 上海师范大学，2022.

（二）跨学科学习能力测评体系研究

2024年，罗士琰等学者基于对小学生跨学科素养的系统认识，特别是小学生跨学科素养的操作性定义，结合国家关于拔尖创新人才培养的系列文件以及《义务教育课程方案（2022年版）》，初步梳理了小学生跨学科素养测评指标体系，构建了小学生跨学科素养测评模型。见表3-2。[1]

表3-2 跨学科素养测评模型

一级指标	二级指标	内涵
跨学科知识	跨学科目标知识	小学生应该具备的关于"为什么要开展跨学科学习"的知识，即小学生结合课程标准要求、具体学习任务等，明确跨学科学习所要达到的预期目标及相关要求等。
	跨学科内容知识	在人文类（如语文、美术、音乐等）、社会科学类（如道德与法治、体育与健康等）和自然科学类（如科学、数学等）三大学科知识体系中，小学生具备的两门及以上的学科内容知识。
	跨学科方法知识	小学生应具备的关于"如何开展跨学科学习"的知识，即小学生根据具体的任务情境，知道如何选择、使用合适的跨学科方法（如主题式、问题式、探究式、项目式等）。
跨学科能力	跨学科认知能力	小学生对跨学科学习目标、任务、方法等方面的分析与判断能力，能够从跨学科视角认识和理解问题。
	跨学科统整能力	小学生能够克服单一学科思维定势，合理统整跨学科内容知识，建立起不同学科知识之间的内在联系。
	跨学科决策能力	在真实问题情境驱动下，小学生能够辩证地审视多学科观点，并基于多元学习证据来分析和比较不同学科观点之间的共性与差异，从而做出科学合理的跨学科决策。
跨学科情意	跨学科信念	小学生自己确认并信奉与跨学科有关的思想、观点与假设，如能够理解跨学科学习的本质与价值。
	跨学科态度	小学生在跨学科学习中所持的稳定的心理倾向，认同并愿意开展跨学科学习。

依据表3-2可知，跨学科素养主要通过跨学科能力表现出来。跨学科认知能力指小学生在跨学科学习中对学习目标、任务、方法等方面的分析与判断能力，能够根据任务中的跨学科情境选择合理的跨学科方法，并从不同学科视角认识和理解问题。跨学科统整能力指小学生打破单一学科思维的桎梏，建立不同学科知识之间的联系的能力。跨学科决策能力指在跨学科问题解决中，小学生能够多角度判断观点的真

---

[1] 罗士琰，张辉蓉，宋乃庆，等. 小学生跨学科素养测评模型构建与应用研究[J]. 中国电化教育，2024（5）：9-16.

伪、分析观点的优劣,进而做出科学合理的决策。

三、跨学科学习能力的基本特征解析

综合国内外学者对跨学科学习能力的研究,再结合STEM课程对人才培养的目标要求,认为跨学科学习能力主要包括跨学科认知能力、信息统整能力、创新性问题解决能力和反思评价能力。其中,认知能力是基础,统整能力是过程,创新性问题解决能力是目标,而反思评价属于更高层次的元认知能力,涉及对跨学科过程本身的监控和调整。

(一)跨学科认知能力

跨学科认知能力包括知识的理解能力和对于真实问题的提出和分析能力。主要指个体基于多学科知识框架,理解、分析和批判性思考问题的能力。它强调打破学科壁垒,建立不同领域知识间的联系,形成全局性认知视角。在认知过程中,个体或团队能够掌握多个学科的基础概念、理论和方法,识别不同学科间的逻辑关联,如生物学与化学的交叉、经济学与社会学的互动,对单一学科的局限性保持敏感,主动寻找其他学科的补充视角。

(二)跨学科信息统整能力

跨学科信息统整能力指将分散的、多学科来源的信息进行筛选、整合和系统化重构的能力,其目标是生成超越单一学科局限的新知识框架或解决方案。在信息统整中,个体或团队能够辨别不同学科数据的相关性、可靠性和适用性,通过概念映射、模型构建等方式融合多领域信息,如将医学数据与人工智能算法结合,并以可视化、报告或方案形式呈现整合后的成果,便于跨领域协作。

(三)跨学科创新性问题解决能力

跨学科创新性问题解决能力指通过跨学科知识、方法和工具的创造性结合,解决传统单一学科难以应对的复杂问题的能力。其核心是突破学科范式限制,生成突破性解决方案。在问题解决过程中,个体或团队应具备发散性思维,即能跳出学科惯性,探索非常规组合,如用艺术思维设计科技产品;能够将某一学科的方法应用于另一领域,如用数学建模分析历史事件,并能通过多学科视角反复修正方案,确保其可行性。

(四)跨学科反思评价能力

跨学科反思评价能力强调在跨学科学习、实践或问题解决过程中,对知识整合过程、方法应用效果及自身认知局限进行系统性批判、评估与优化的能力。其核心在于通过反思深化对跨学科复杂性的理解,并提升跨学科实践的严谨性与创新性。在STEM跨学科项目活动中,个体或团队能够对多学科知识、方法、工具的应用过程进

行逻辑性、有效性和伦理性的评估;识别跨学科整合中的矛盾、盲点或偏差,并优化策略;通过反思深化对学科间互动规律的理解,形成更高阶的跨学科思维模式。通过反思评价修正跨学科问题解决中的偏差,推动创新方案更具落地性和责任感。这也体现了"对思考的再思考",是跨学科能力成熟度的标志。

四、跨学科学习能力的发展

对于跨学科学习能力以及跨学科学习能力的特征都包含哪些方面,目前我国还未有统一的能力标准,对于跨学科能力的研究还处于初级阶段。但随着技术革新、全球化深化和问题复杂化,技术驱动下的跨学科融合会持续深化,并会向复杂问题导向的"超学科"转型,项目化学习成主流化,评价体系会进行多元化重构。因此,跨学科学习能力的内涵以及具备的特征也会持续深入发展和变化。

探究与实践

1. 依据跨学科学习理念和学习策略,并自主查阅相关文献资料,初步拟定主题,设计一份跨学科学习活动方案。

2. 小组合作,寻找并梳理当前国内外对跨学科学习能力的研究,尝试提出一个跨学科学习能力框架。

第四章　STEM 教学设计

本章概要

本章围绕"净水大作战""鸟类生态世界""汽车发明家"三个项目展开。首先,阐述 STEM 教学设计理念,强调因地制宜、场景真实及学科整合。其次,介绍设计原则,包括可实现、可操作与可测量。最后,具体呈现三个项目,并总结出三种教学设计模式,重点是通过多样的项目实践,将理论融入其中,助力学生实现知识与能力的全面提升。

思维导图

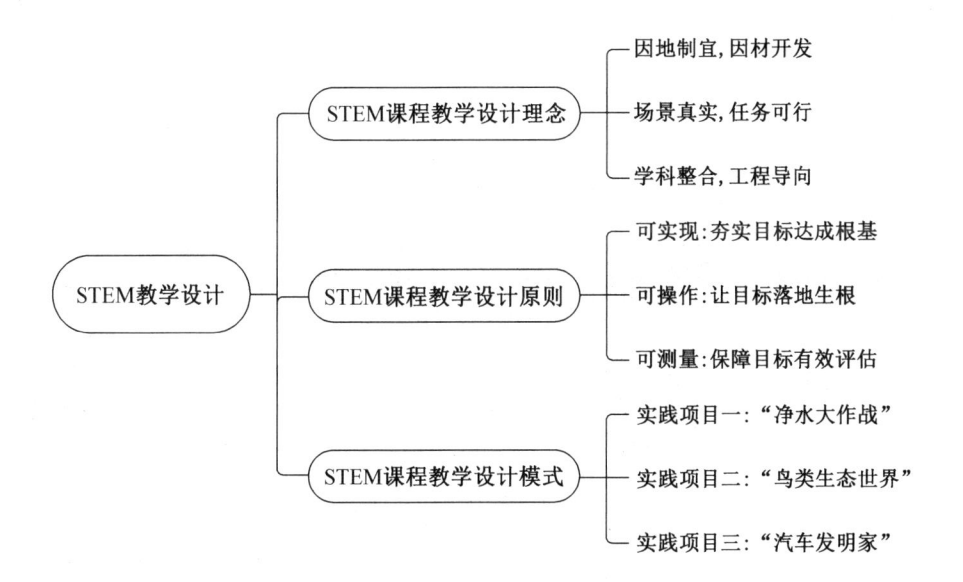

- STEM教学设计
  - STEM课程教学设计理念
    - 因地制宜,因材开发
    - 场景真实,任务可行
    - 学科整合,工程导向
  - STEM课程教学设计原则
    - 可实现:夯实目标达成根基
    - 可操作:让目标落地生根
    - 可测量:保障目标有效评估
  - STEM课程教学设计模式
    - 实践项目一:"净水大作战"
    - 实践项目二:"鸟类生态世界"
    - 实践项目三:"汽车发明家"

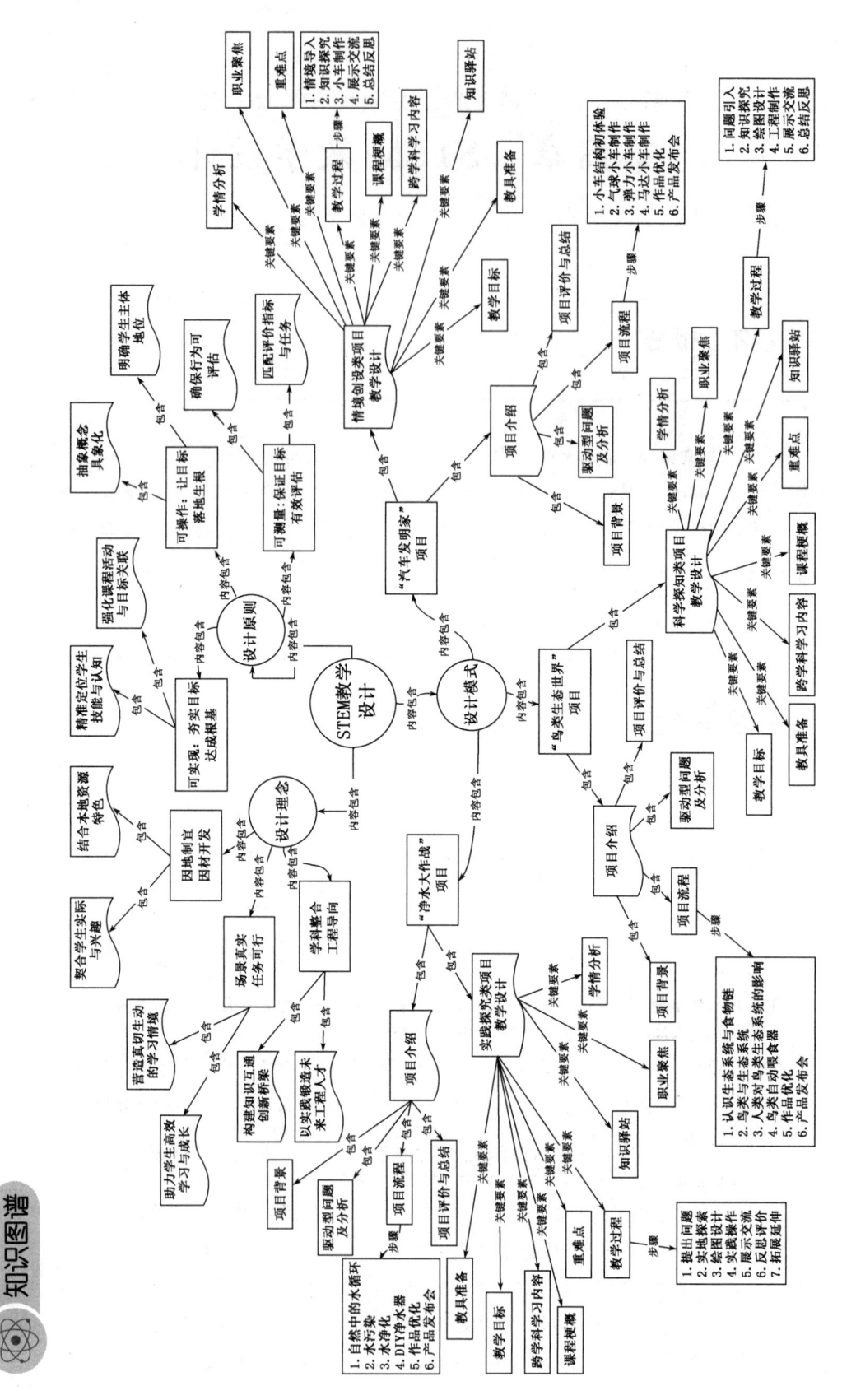

知识图谱

第一节　STEM课程教学设计理念

学习目标

1. 阐述STEM课程中科学、技术、工程和数学四个学科如何在具体项目中深度融合。
2. 掌握并运用调研、分析、设计和实践的方法解决不同STEM项目的实际问题。
3. 具有团队协作学习的体验，初步形成团队协作精神，并保持对STEM学习的兴趣和热情。

问题思考

1. 如何将STEM课程教学设计理念落实在教学实践中？
2. STEM教学设计如何关注学生的个性发展？

知识聚焦

一、因地制宜，因材开发

（一）因地制宜：结合本地资源和特色

教师应深入挖掘并充分利用本地独特的自然资源、先进的科技设施以及丰富的社区资源，将其巧妙融入STEM课程。例如，在农村地区，凭借广袤农田和深厚农业底蕴，可设计一系列农业相关的STEM项目。以智能农业项目为例，学生借助传感器技术监测土壤湿度、温度和养分含量，运用数学模型分析数据，依据植物生长科学原理制订灌溉和施肥方案，通过编程实现自动灌溉与施肥系统的智能控制，并在工程实践中搭建硬件设备。又如在植物生长监测项目中，学生用数学方法记录植物生长高度和叶片数量，从科学角度研究不同光照和水分条件对植物生长的影响，通过拍照和数据分析软件等技术手段处理数据，运用工程思维设计并制作植物生长监测装置。

在设计STEM课程时，充分考量当地文化、历史和经济特色也至关重要。在生态资源丰富的地区，开展以生态保护为主题的STEM项目意义重大。如在生态监测项目中，学生实地考察当地河流和森林生态系统，使用科学方法采集水样、检测土壤质量和观察动植物种类与数量，利用数学知识进行数据分析并绘制物种分布图表，借助地理信息系统（GIS）软件展示生态数据空间分布，从工程角度设计生态保护设施与方案。再如，在物种多样性调查项目中，学生针对当地特色物种，采用科学调查方法收集数据，利用数学方法计算物种多样性指数，利用无人机拍摄获取大面积生态影像，从工程角度设计栖息地保护措施。此类课程能使学生深刻感受本土特色，增强学习兴趣和家乡归属感。

（二）因材开发：契合学生实际与兴趣

学生在年龄、认知水平和兴趣爱好上存在显著差异，教师应据此设计分层STEM课程。低年级学生以直观形象思维为主，注意力易分散，可设计游戏化STEM课程，如"形状大冒险"，学生通过识别不同形状积木，运用数学知识比较形状大小、边数等特征，在搭建积木过程中体验简单工程结构原理，激发对数学和工程的初步兴趣。高年级学生逻辑思维能力有所发展，可设计更具挑战性的项目，如"自制风力发电机"，学生需运用科学知识理解风力发电原理，通过数学计算选择合适的叶片尺寸与电机参数，利用技术手段进行电路设计与组装，以工程思维优化发电机结构与性能，培养创新思维与问题解决能力。

教师设计课程时，要精准把握学生兴趣点。例如，学生对机器人兴趣浓厚，可设计"机器人足球赛"项目。学生运用数学知识计算机器人的运动轨迹、速度和角度，依据科学原理选择合适的机器人材料与动力系统，利用编程技术编写控制程序，从工程角度设计搭建机器人外形与结构。课程设计紧密结合学生兴趣与课程内容，大幅提升学生学习积极性与参与度。同时，教学任务目标明确且可衡量，如在该项目中，要求学生在规定时间内完成机器人搭建与编程，使其能在足球赛中成功运球、射门。任务难度适中，既具挑战性，又确保学生通过努力能够完成。教师提供必要资源，如机器人套件、编程软件等，鼓励学生利用废旧物品自制机器人部件，以培养创新与实践能力，并采用小组合作形式，让学生在分工协作中提升团队协作与沟通能力。

二、场景真实，任务可行

（一）场景真实：营造真切生动学习情境

教学场景应紧密贴合学生日常生活与真实世界。比如，智能家居设计项目，学生运用所学知识为家庭设计智能灯光系统：通过数学计算确定灯光布局与亮度需求，依据科学原理选择合适灯具与传感器，利用编程技术实现灯光智能控制，如光线强度自动调节、人来灯亮、人走灯灭等功能。又如环保监测项目，学生对校园或社区空气质量、噪声污染进行监测，运用科学监测方法收集数据，用数学方法分析数据变化趋势，利用空气质量监测设备、手机App等技术手段记录数据，以工程思维设计环境改进方案，让学生切实感受知识在生活中的应用。在教学活动中，也可增强现实体验：借助虚拟现实（VR）、增强现实（AR）等先进技术，营造逼真教学场景。学习地理知识时，学生通过VR技术"游览"世界各地名胜古迹、自然景观，身临其境地观察地质构造、生态环境。学习历史知识时，学生通过AR技术重现历史场景，与虚拟历史人物互动,增强学习的现实感与代入感,让学习更生动有趣。

教师可设计多种情境模拟活动。在模拟城市规划项目中,学生扮演城市规划师,运用科学知识考虑城市地理环境和气候条件,运用数学知识进行土地面积计算、人口密度分析,利用城市规划软件进行规划设计,从工程角度考虑基础设施建设、交通布局等问题。又如模拟企业经营项目,学生分组扮演企业不同角色,运用数学知识进行成本核算和利润分析,根据市场规律制订营销策略,并利用电商平台进行产品销售。通过团队协作运营企业,学生在模拟情境中运用所学知识解决实际问题,提升综合能力。

(二) 任务可行:助力学生高效学习和成长

每个教学任务都要有明确目标,让学生清楚知道要完成什么。如在"制作简易太阳能热水器"项目中,任务目标是在一周内,利用给定材料制作一个能在阳光下将一定量水加热到指定温度的太阳能热水器,并准确记录水温变化数据。明确的目标让学生明确努力方向,有序开展项目。

任务难度要与学生认知水平和实践能力相匹配。对于初中学生,设计"自制水火箭"项目,学生运用物理知识计算火箭发射角度、动力大小,通过数学方法确定火箭尺寸比例,利用3D打印等技术手段制作火箭零部件,从工程角度组装和调试水火箭。该任务具有挑战性,涉及多学科知识综合运用,又能让学生通过努力完成,从而有效激发学习动力与成就感。

教师应为学生完成任务提供充足资源。在"搭建小型机器人生产线"项目中,提供机器人套件、电子元件、编程软件、工具等材料,同时鼓励学生利用废旧物品,如用饮料瓶制作机器人外壳、以旧电机作为动力源,培养学生的创新意识与资源利用能力。

将任务设计为小组合作形式,促进学生交流与协作。如在"设计校园雨水收集利用系统"项目中,小组成员分工明确,分别负责实地考察校园地形与雨水流向、运用数学知识进行水量计算与管道布局设计、收集科学资料了解雨水净化原理、利用技术手段绘制设计图纸,通过团队合作完成项目,提升团队协作与沟通能力。

三、学科整合,工程导向

(一) 学科整合:构建知识互通创新桥梁

STEM教育强调科学、技术、工程和数学的有机融合。在设计"智能温室控制系统"项目时,学生运用科学知识了解植物生长所需的温度、湿度、光照等环境条件,运用数学知识计算分析环境参数,如根据植物生长模型计算最佳灌溉时间与水量,利用传感器技术实时监测环境数据,通过编程技术实现对温室设备的智能控制,从工程角度设计搭建温室的结构与设备布局。通过此类项目,四个学科相互渗透、相互促进,全面提升学生综合素质。

在STEM课程中,学生需灵活运用多学科知识解决实际问题。如在"桥梁抗震性能研究"项目中,学生先运用科学知识了解地震原理与桥梁结构受力特点,通过数学方法进行结构力学计算,分析桥梁在不同地震力作用下的应力与应变情况,利用有限元分析软件模拟地震场景,对桥梁结构进行优化设计,最后从工程角度制作桥梁模型并进行抗震测试。学生在这一过程中紧密结合不同学科知识,有效提升解决问题的能力。

学科整合有助于培养学生的跨学科思维。以"设计环保型交通工具"项目为例,学生从科学角度考虑能源选择与转换效率,从数学角度进行能耗计算与成本分析,从技术角度研发新型动力系统与材料,从工程角度设计交通工具的外形与结构。通过该项目,学生学会从多维度思考问题,打破学科界限,提高解决问题的能力与创造力。

(二)工程导向:以实践锻造未来工程人才

STEM课程以工程实践为导向,鼓励学生通过动手实践解决实际问题。如在"校园节能改造方案设计"项目中,学生通过实地调研校园能源使用情况,运用科学知识分析能源浪费原因,通过数学计算评估节能潜力,利用智能能源监测系统实时监测能源消耗,并从工程角度设计和实施节能改造方案(如更换节能灯具、优化空调控制系统等),这使他们在实践中体会知识的应用,加深对知识的理解。

工程导向的STEM课程注重培养学生的工程素养。在"设计并制作小型无人机"项目中,学生们运用科学原理进行空气动力学分析,通过数学计算确定无人机的飞行参数与结构尺寸,利用无人机飞控系统编程实现自主飞行控制,并从工程角度进行无人机的结构设计与组装调试。通过这类项目,学生逐步提高工程设计、实践和创新思维能力,这些素养对他们的未来职业发展与社会适应具有重要意义。

第二节 STEM课程教学设计原则

学习目标

1. 清晰阐述STEM课程教学设计中可实现、可操作、可测量原则的内涵,剖析各原则在课程设计中的关键作用。

2. 根据相关设计原则设计课程活动方案及评价方案,并能说明设计思路与原则的契合点。

3. 大胆想象、突破常规思维,提出新颖的创意,培养对STEM课程创新的热爱和追求。

问题思考

1. 如何整体设计 STEM 课程？
2. 如何基于教学设计原则满足不同学生的学习需求？

知识聚焦

一、可实现：夯实目标达成根基

（一）精准定位学生技能与认知

对学生已掌握的技能进行全面而深入的评估，这是确保课程目标可实现的首要前提。通过课堂表现观察、阶段性测试、日常作业反馈等多种方式，精准把握学生的实际水平。例如，在开展编程课程前，了解学生对编程语言基础语法的熟悉程度、逻辑思维能力的发展状况等。同时，严格遵循学生的认知发展规律，对于低年龄段学生，课程目标应侧重于趣味性与直观性，如通过简单的图形化编程工具，引导学生初步认识编程概念；而对于高年龄段学生，则可逐步引入更复杂的算法和编程结构，提升他们的抽象思维能力和问题解决能力。

（二）强化课程活动与目标关联

精心设计课程活动，确保每一项活动都能为课程目标的实现提供有力支撑。在课程规划阶段，对每个活动进行详细的目标分解，明确该活动在知识传授、技能培养和情感态度塑造等方面的具体作用。例如，在组织一场环保主题的 STEM 项目活动时，活动目标可设定为让学生通过实地调研、数据分析、方案设计等环节，深入了解环保问题，并运用所学知识设计出可行的环保解决方案，从而实现培养学生科学探究能力、数据分析能力以及增强社会责任感的课程目标。

二、可操作：让目标落地生根

（一）抽象概念具象化

课程目标中往往包含一些抽象的概念，如"培养学生的创新思维""提升学生的问题解决能力"等。为使这些目标具有可操作性，需将其转化为具体的、可感知的行为和任务。以"培养学生的创新思维"为例，可具体化为在课程中设置创意设计任务，要求学生在给定的材料和主题下，设计出具有创新性的产品，并通过头脑风暴、小组讨论、方案展示等环节，引导学生不断拓展思维，激发创新灵感。同时，为每个任务制订详细的操作步骤和评价标准，如对于创意设计任务，可从创新性、实用性、美观性等方面制订评价细则,使学生和教师都能清晰地了解任务的要求和目标。

(二)明确学生主体地位

课程目标的设定必须以学生为中心,主体应是学生而非教师。在描述课程目标时,应使用以学生为行为主体的表述,如"学生能够独立设计并完成一个科学实验""学生能够运用所学知识解决实际生活中的问题"等。在课程实施过程中,教师应扮演引导者和辅助者的角色[①],鼓励学生积极主动地参与到学习活动中。例如,在开展机器人编程课程时,教师先提出任务要求,让学生自主思考编程思路,尝试编写代码,教师在学生遇到困难时给予适当的指导和启发,而不是直接告诉学生如何做。

三、可测量:保障目标有效评估

(一)确保行为可评估

课程目标所对应的行为必须是可观察、可评估的。在设定课程目标时,明确描述学生在完成课程后应具备的具体行为表现。例如,"学生能够准确使用显微镜观察细胞结构,并绘制出清晰的细胞结构示意图",这一目标明确了学生的行为是使用显微镜观察和绘制示意图,教师可以通过观察学生的实际操作过程以及对学生绘制的示意图进行评价,来判断学生是否达到了该目标。又如,在数学建模课程中,目标设定为"学生能够运用数学模型解决实际问题,并撰写详细的建模报告",教师可以通过审阅学生的建模报告,评估学生对数学模型的运用能力、问题分析能力以及报告撰写能力。

(二)匹配评价指标与任务

根据设定的表现性任务目标,选择或设计相应的评价指标。评价指标应具有全面性、客观性和可操作性。例如,在一场科技创新比赛中,任务目标是学生设计并制作一个具有特定功能的科技作品,评价指标可包括作品的创新性、功能性、实用性、团队协作能力以及展示效果等方面。对于每个评价指标,制订明确的评分标准,如创新性方面,可从创意的独特性、新颖性以及对现有技术的突破等角度进行评分;功能性方面,根据作品是否能够稳定实现预期功能以及功能的完善程度进行评分。通过这样的评价指标体系,能够准确、全面地评估学生在完成任务过程中的表现,进而判断课程目标的达成情况。

---

① 李博志.基于价值引领的高校继续教育提质发展[J].继续教育研究,2024(2):1-5.

第三节　STEM课程教学设计模式

学习目标

1. 系统阐述三个实践项目("净水大作战""鸟类生态世界""汽车发明家")的核心内容,并精准剖析项目中所蕴含的跨学科知识及其之间的内在联系。
2. 依据给定的项目案例,独立设计出完整且具有可行性的STEM项目教学设计方案。
3. 具备对自然环境、生物多样性以及科技应用的关注与保护意识,积极参与相关实践活动,为解决实际问题贡献智慧与力量。

问题思考

1. "净水大作战"项目融合了哪些学科知识?
2. "鸟类生态世界"项目融合了哪些学科知识?
3. "汽车发明家"项目融合了哪些学科知识与技术?

知识聚焦

一、实践项目一:"净水大作战"

（一）项目介绍

1. 项目背景

水是人类赖以生存和社会发展不可缺少而又无法替代的物质资源。在地球上,哪里有水哪里就有生命,一切生命活动都起源于水。没有食物,人可以维持大约一周的生存时间,然而如果没有水,那么人只能维持大约三天的生存时间。可见水对我们来说是必不可少的。地球上水的总量约为13.86亿立方千米,尽管看似储量巨大,但是能直接被人们生产和生活利用的水却少得可怜。

人类真正能够利用的淡水资源仅是江河湖泊和地下水中的一小部分,约占地球总水量的0.26%。在这个约78亿人口(根据2023年数据)居住的地球上,每个人每天需要大约2升—3升水。如果我们饮用水的质量差,严重时则会危及生命。在常年少雨水、水资源匮乏,并且现有水质较差的地区,通常需要通过过滤、净化处理的方法,使处理后的水符合国家规定的生活饮用水标准,供人们生活饮用。

2. 项目驱动性问题及分析

根据项目背景抽取驱动性的问题并给出解决方案，基于解决方案呈现相关的学科知识：

（1）驱动性问题

淡水资源在地球水资源总量中所占比例极其微小，淡水资源可利用量极低，极度匮乏。如此稀缺的可利用淡水资源，要满足全球约78亿人口（根据2023年数据）的日常生产和生活需求，面临着巨大的压力。饮用水质量差会给人们的身体健康带来严重威胁，当情况严重时，甚至会危及生命。一些地区人们的基本生活用水需求难以得到安全保障，生存面临挑战。

（2）该问题的解决方案

① 保护水源环境：首先，加强对水源地的保护力度，通过制订严格的法律法规。其次，大力开展环保宣传教育活动，提高公众的环保意识，让个体都意识到保护水源环境的重要性，从而自觉减少对水资源的污染行为。

② 制作净水器，净化饮用水：研发和推广适合不同场景使用的净水器，以净化饮用水，也要注重净水器的维护和更新，确保其长期稳定地发挥净化作用。

（3）针对方案需要学生了解的知识

① 水源环境知识：学生需要了解水源地的生态系统构成，包括水源地的地理位置、气候条件、周边的动植物分布等，明白这些因素是如何相互作用影响水源质量的。

② 水质相关知识：学生要掌握水质的基本概念，知道不同用途的水对水质的要求不同，从而理解净化水质的目标和方向。

③ 净水器原理知识：学生需要明白常见净水器的工作原理，了解其他过滤技术，如超滤、微滤等的原理，以便更好地理解净水器是如何实现对水的净化处理。

④ 另外还需了解材料与工具知识和环保与健康的知识。

3. 项目开展流程

以下是根据驱动性问题及解决方案、学科知识所开展的项目流程：

（1）自然中的水循环

在探索自然水循环的奇妙之旅中，我们可以通过简单的材料模拟降雨过程。所需材料为透明塑料杯、纸杯、细沙与棉花。

（2）水污染

在我们的日常生活中，水污染问题日益严峻，常见的水污染类型主要有废水排放、油污、乱扔垃圾、农药等。造成这几类水污染的原因有工业废水、生活污水的排放；船舶运输、机械加工、汽车维修等作业过程中产生的大量废油；居民与游客随意丢弃的塑料瓶、包装袋、食品残渣等垃圾；农业种植、森林病虫害防治过程中施药不当等。

水污染的检测方法主要有观察、物理检测、化学检测、微生物检测、污染物指标等。

（3）水净化

在日常生活里，保障饮用水的安全与洁净对我们的健康至关重要。常见的净水方法有煮沸、紫外线消毒、过滤器、饮水机等。煮沸是最为基础且有效的净水手段，在许多卫生条件有限的地区，煮沸水是保障日常饮水安全的关键举措。紫外线消毒是借助紫外线的辐射能力，对水中的细菌、病毒以及其他微生物予以杀灭，进而达到净化水源的目的。过滤器可有效去除自来水中的杂质和污染物，像水中悬浮的颗粒物、具有刺激性气味的氯、对人体有害的重金属铅等。饮水机综合运用多种净化技术，借助精细净化方法（如预过滤、活性炭过滤、RO 反渗透、紫外线消毒、活性矿化滤芯等），去除水中的杂质、污染物、细菌和病毒等。

除此之外，自来水厂也有深度净水方法，如水源采集、絮凝、混凝、沉淀、过滤、消毒、调整 pH 值和添加营养物质、储存和分配等。

（4）DIY 净水器

在科学探索的旅程中，水的净化是一个充满趣味与挑战的课题。而自制净水器是整个项目最为核心的部分。自制净水器将用到的材料主要有 PP 棉、活性炭、反渗透膜和棉布。

充分了解材料特性后，根据之前所学的过滤材料摆放顺序，布置一个充满挑战性的任务：用 2 个塑料瓶和提供的过滤材料，设计净水器装置的方案。任务执行前强调制作注意事项。学生根据设计方案组装各种材料，在此过程中，充分发挥学生的动手能力和创造力，将理论知识转化为实实在在的成果。

（5）作品优化

SCAMPER 法（如表 4-1 所示），又称奔驰法，由美国心理学家罗伯特·艾伯尔创作。这一方法本质上是一种别具一格的检核表，它巧妙地借助几个字的代号或缩写，简洁却有力地代表了七种改进或改变的方向。这七个方向犹如开启创意宝库的七把钥匙，每一把都对应着独特的创新路径，能够引导我们从不同视角去审视事物，激发我们反复推敲、挖掘出全新的构想。在头脑风暴过程中，参与者常常会陷入思维的无序状态，难以找到明确的创新切入点。而 SCAMPER 法的出现，就如同为头脑风暴提供了一份清晰、结构化的导航图。它引导人们有针对性地思考，避免了盲目探索，极大地提高了思维效率与创新成果的质量。无论是在产品设计、问题解决，还是在开拓新市场等诸多领域，SCAMPER 法都展现了卓越的实用价值。

表 4-1　SCAMPER 法细则

SCAMPER	改进或改变的方向	具体措施（举例）	改变后的优势
S—代替	可以用什么材料代替原来的材料？	用塑料代替玻璃，当作水杯的材料	塑料不容易被摔破
C—组合	可以添加哪些内容？如何将用途结合起来？	在顶部插入吸管	吸管直通水瓶底部，无须倾斜就可以喝到水

(续表)

SCAMPER	改进或改变的方向	具体措施（举例）	改变后的优势
A—改造	如何调整以满足其他目的？	加上硅胶刷头后可以当作烧烤用的油壶	更容易控制用量
M—放大	若放大部件/物品，会出现什么情况？	更大容量的玻璃瓶会带来什么变化	可以当作有观赏性的花瓶
M—缩小	若缩小部件/物品，会出现什么情况？	更小的容量，当作随行杯	可以轻松放在汽车杯架中
P—挪作他用	其他哪些人可以使用它？是否有原始用途以外的其他用途？	可以当刷牙杯、肥皂盒	旅行时一物两用，既能刷牙，也能喝水
E—去除	可以从它上边移除/取下哪些组件？	去除手柄（有柄玻璃杯）	携带时占更小的空间
E—精细化	哪些部件可以更精细化？	更大的底座	重心低、水杯可以放得更稳
R—重新设置	能否内部更换部件？能否更改外观、布局或模式？	侧面增加手柄/顶部增加提手	更方便拿杯子，不易手滑
R—翻转	可以翻转哪些部件？物品反过来放会怎样？	玻璃防尘罩	美观实用又大方

（6）产品发布会

学生在发布会上，借助精心制作的海报，结合精彩的演讲，向老师、同学展示自己的产品。在展示净水器装置时，可现场演示净化过程，对比净化前后的水质，让观众更直观感受产品的功效。通过产品发布，学生不仅锻炼了展示自我与沟通表达的能力，也能收获来自各方的反馈与建议，为产品的进一步完善和自身能力的提升积累经验。

4. 项目评价与总结

项目整个流程结束之后，要组织学生开展项目的评价与总结，内容如下：

（1）项目学习评价

在该项目中，学生通过亲身体验，将科学、技术、工程、数学等多学科知识融合应用，创造出了一系列产品。而对这些产品的全面、客观评价，不仅能精准衡量学生在项目中的学习成果与能力发展，还能为他们的后续成长提供极具价值的反馈。以下将深入探究这份细致且实用的《发布会作品评价表》（如表 4-2 所示），明晰每个评价项目背后的深意与考量，确保对学生的努力与成就给予公正且恰当的评判。

表 4-2 发布会作品评价表

作品名称：　　　　　　　　　　　　　　　　　　　　　　　姓名：

评价项目	评价要点	自评	他评	师评
创新性	项目是否展示了创新的思维和方法			
	项目是否解决了现有问题			
科学性	项目是否基于科学原理和事实			
	数据收集和分析是否准确、合理			
工程设计	设计是否合理，能否有效解决问题			
	是否展示了良好的工程实践			
技术应用	是否恰当地应用了技术手段			
	技术应用是否促进了项目的实施			
数学应用	数学原理和方法是否被有效应用			
	数学模型是否合理并支持结论			
展示与报告	展示和报告是否清晰、有逻辑			
	是否有效地传达了项目的核心信息			
团队合作	团队成员是否有效协作			
总　　分				

评分标准：

1 分：表现不佳，需要显著改进；

2 分：表现一般，符合基本要求；

3 分：表现良好，超出基本要求，但仍有改进空间；

4 分：表现优秀，全面超出要求，展示深度和专业性。

(2) 项目总结

首先，从知识掌握、技能提升、社会影响三方面总结项目成果与收获。知识掌握上，学生在项目中学习到了水资源保护知识、水质相关知识、净水器原理及制作技能等；技能提升上，学生的动手实践能力、创新思维和问题解决能力得以提升；团队合作与沟通协调能力得到增强；社会影响方面，项目对提升公众水资源保护意识做出贡献。

其次，从材料供应与管理问题、学生参与度不均、知识普及深度三方面总结项目不足。在项目初期，由于材料采购和分配不当，部分小组在制作净水器时，面临活性炭、反渗透膜等关键材料短缺的问题，影响了制作进度和净水器的净化效果。在项目活动中，发现部分学生参与积极性不高，对净水器制作原理和水质净化过程的理解不够深入，影响了整体的学习效果和团队协作。虽然项目涵盖了水源环境知识、水质相关知识等内容，但在实际讲解和演示过程中，部分概念讲解不够透彻，导致学生理解程度参差不齐。

最后，针对项目不足提出相应改进措施。优化材料采购与管理，提前规划材料采购清单，确保关键材料的充足供应，并建立材料分配和追踪机制，避免材料短缺或浪费；通过增加互动环节、设置小组竞赛等方式，激发学生参与项目的积极性，提升学生参与度；同时，加强对净水器制作原理和水质净化过程的讲解，确保每位学生都能深入理解。针对难点和重点知识，采用多样化的教学手段，如图表、动画、实验演示等，帮助学生更好地理解和掌握相关知识。

（二）实践探究类项目教学设计

在"净水大作战"项目中，学生全程参与了众多实践活动。例如，在制作水循环模型时，模拟自然水循环的各个环节；在水污染检测实验中，学生亲自动手采集水样，运用多种方法，对水样进行分析，判断水质情况；制作净水器更是全程实践，从材料选择到利用塑料瓶等工具进行组装，每一步都需要学生亲自动手操作，这些实践活动充分体现了实践探究类项目注重学生亲身实践的特性。据此可认定"净水大作战"项目为实践探究类项目。针对该类项目，本节做出相应的教学设计模式，模式涵盖课程梗概、跨学科学习内容、重难点、学情分析、教具准备、教学过程、知识驿站及职业聚焦等关键要素。

1. 课程梗概

本课程围绕水主题展开系列实践探究，通过多维度活动让学生探索水循环奥秘，认识水污染危害，掌握水净化方法。旨在激发学生对水科学的兴趣，培养学生实践操作、团队协作与创新思维能力，增强学生珍惜水资源、保护水环境的意识。

2. 跨学科学习内容

在"净水大作战"项目的跨学科学习内容（如表4-3所示）中，科学学科的学习内容丰富且关键。学生需深度理解水循环、水污染以及水净化背后的科学原理，全面掌握不同净水材料的特性，明晰其对滤水产生的具体影响，从而构建起坚实的科学知识基础。技术学科方面，要求学生熟练运用绘图、实验等技术手段，通过模拟水循环来直观感受自然现象，借助检测水污染的手段深入了解水质状况，进而运用这些技术设计并制作净水器。工程学科上，学生要设计并构建水循环模型与净水器装置，深刻领会工程原理在解决各类水相关问题中的实际应用，将理论知识转化为实际成果。而数学学科，重点培养学生测量、记录和数据解释的数学能力，在整个项目中，无论是在实验过程中对水的各项参数进行测量与记录，还是对检测水污染和净化水效果的数据进行分析解释，数学能力都贯穿始终，为项目的推进和结论的得出提供了有力支撑。

表 4-3 "净水大作战"项目跨学科学习具体内容

学科	学习内容
科学(S)	理解水循环、水污染、水净化的科学原理,掌握不同净水材料特性及对过滤水的影响
技术(T)	运用绘图、实验等技术手段,模拟水循环,检测水污染,设计制作净水器
工程(E)	设计并构建水循环模型与净水器装置,理解工程原理在解决水相关问题中的应用
数学(M)	培养测量、记录和数据解释的数学能力

3. 教学目标

(1) 全面掌握水循环、水污染、水净化的科学知识,能清晰阐述其原理,形成系统的科学观念。

(2) 通过分析检测数据、设计净水器等实践活动,培养学生科学思维,提升其解决实际生活中问题的能力。

(3) 树立珍惜和保护水资源的意识,主动参与环保宣传,将环保理念转化为实际行动。

4. 重难点

(1) 重点:明晰水循环过程与模型制作,水污染类型、原因及检测方法,水净化方法及常见装置原理学习,净水器设计与制作等。

(2) 难点:理解保护水循环及水资源的重要性并付诸行动,从科学角度剖析水污染问题,掌握净水装置工作原理与材料安装顺序优化。

5. 学情分析

学生对水的日常用途有所了解,但对水的科学知识认知较浅。他们好奇心旺盛,具备一定动手能力,然而在知识综合运用与深入分析问题上能力不足。需要借助直观、趣味且互动性强的教学活动,帮助学生搭建系统知识体系,培养其科学探究与实践能力。

6. 教具准备

准备多种实验材料,如塑料瓶、塑料杯、棉球、色素、试纸、PP 棉、活性炭、离子交换树脂等,以及绘图工具、课题报告等。

7. 教学过程

教学过程的设计是根据 STEM 课程的特点和具体项目的内容进行的设计,具体实施将在第五章详细学习。

(1) 提出问题

提出与水相关的启发性问题,如"自然水能否直接饮用""污水是如何处理的"等,引发学生思考,激发探究欲望。通过展示一些现实生活中与水相关的图片、视频资料,如干旱地区的缺水现状、水污染导致的生态破坏等,让学生对水问题有更直观的感受,从而进一步激发他们的好奇心和探究热情。

(2) 实地探索

带领学生外出实地观察,选择河流、湖泊、污水处理厂等作为观察地点,引导学生观察水体的颜色、气味、流速等特征,以及周边的生态环境。组织学生讨论水循环、水污染和水净化知识,鼓励学生分享自己在观察中的发现和思考,拓展知识储备。邀请专业的水利工程师或环境专家举办讲座,为学生讲解水科学的前沿知识和实际应用案例,进一步拓宽学生的视野。

(3) 绘图设计

学生分组合作绘制水循环图示、水净化流程设计图,要求在图中详细标注各个环节的名称、原理和关键数据。教师在学生绘图过程中进行巡视指导,及时纠正学生的错误和不规范之处。鼓励学生发挥创意,采用不同的表现形式,如手绘图、电脑绘图、立体模型等,加深对知识的理解并进行创意表达。

(4) 实践操作

学生分组制作水循环模型、进行水污染检测实验和设计组装净水器,在实践中深化对知识的理解和应用。在制作水循环模型时,引导学生思考如何模拟自然环境中的各种因素,如阳光、风力等对水循环的影响。在水污染检测实验中,严格按照实验步骤操作,培养学生的科学严谨态度。在设计和组装净水器过程中,鼓励学生尝试不同的材料组合和结构设计,通过实验对比不同净水器的净化效果。

(5) 展示交流

各小组展示作品,分享设计思路、实验结果和制作过程,互相提问、交流和评价。设置专门的展示场地,让学生有充足的空间展示自己的作品。在展示过程中,要求学生清晰地阐述自己的设计理念、实验过程和遇到的问题及解决方案。其他小组的学生认真倾听,提出问题并给予建议,促进学生之间的思想碰撞和交流。

(6) 反思评价

教师总结知识点,点评学生表现,从知识掌握、实践操作、团队协作、创新思维等多个维度进行评价,肯定学生的优点,指出存在的不足。引导学生反思学习过程,总结收获和不足,让学生思考自己在项目中的成长和进步,以及还需要改进的地方。组织学生进行自我评价和小组互评,通过多元化的评价方式,让学生更全面地了解自己的学习情况。

(7) 拓展延伸

布置课后任务,如观察周边水环境、改进净水器设计等,将学习延伸到日常生活。鼓励学生定期观察周边河流、湖泊等水体的变化情况,记录相关数据,并分析其可能的原因。要求学生根据在项目中获得的经验和反馈,对自己的净水器设计进行改进和优化,以提高净化效果和实用性。组织学生开展社区宣传活动,向居民普及水资源保护和水净化知识,以增强公众的环保意识。

8. 知识驿站

(1) 水循环:水在地球上通过蒸发、凝结、降水、地表径流和地下水流动等环节循环,维持水资源的动态平衡。

(2) 水污染检测:通过观察、化学、微生物、物理检测及生物监测等手段判断水质。

(3) 水净化方法:包括煮沸、紫外线消毒、过滤等,自来水厂与饮水机有各自的净化流程。

(4) 净水材料:PP棉、活性炭、离子交换树脂等材料特性不同,安装顺序影响净化效果。

9. 职业聚焦

(1) 水文工程师:收集分析水文数据,建立水文模型,规划设计水利工程。

(2) 环境工程师:负责废水处理、水质监测、大气污染控制及固体废弃物处理等环保工作。

(3) 水资源工程师:开展水资源评估规划、水利工程建设、水资源管理调度与保护工作。

二、实践项目二:"鸟类生态世界"

(一) 项目介绍

1. 项目背景

在广袤的地球上,鸟类种类繁多,形态各异,从小巧玲珑的蜂鸟到威风凛凛的雕类。它们适应着多样的自然界生态环境,包括森林、草原、湿地、荒漠乃至海洋,皆能寻觅到其踪迹。

鸟类的行为丰富多样,繁殖时的求偶、筑巢、育雏等行为各具特色。迁徙是它们适应环境的重要策略,如北极燕鸥的长途迁徙令人惊叹。鸟类在生态系统中扮演着关键角色。它们是食物链的重要一环,如肉食性鸟类控制着小型动物数量,植食性鸟类则助力植物种子传播。同时,它们也是生态系统的工程师,如啄木鸟凿洞为其他动物提供居所,海鸟粪便滋养岛屿植物。

2. 项目驱动性问题及分析

根据项目背景抽取驱动性的问题并给出解决方案,基于解决方案呈现相关的学科知识:

(1) 驱动性问题

当下鸟类正深陷重重危机。栖息地因人类活动被大规模破坏,环境污染致使其生存环境恶化,非法捕猎更是直接威胁它们的生命安全。这些问题导致鸟类生存状况每况愈下,进而打破生态系统原有的稳定状态,引发一系列连锁反应,严重影响生态平衡,亟待引起重视并加以解决。

(2) 该问题的解决方案

① 生态教育实践:通过制作和使用喂食器,人们可以更好地了解鸟类的生活习

性和生态需求。

② 开展宣传教育：通过多种渠道，如学校教育、社区活动、媒体宣传等，向公众普及鸟类的重要性、面临的威胁以及保护的方法和意义，提高公众的保护意识和参与度，形成全社会共同保护鸟类的良好氛围。

(3) 针对方案需要学生了解的知识

① 深入了解人类对鸟类生态系统的影响。人类的生产活动，像大规模的森林砍伐会破坏鸟类栖息地，导致它们失去筑巢、觅食与繁衍的空间；工业排放、农业污染等会造成环境恶化，影响鸟类的食物来源与生存环境；还有非法捕猎行为，会直接威胁到鸟类种群数量的稳定。通过全面了解这些影响，学生才能深刻认识到保护鸟类的紧迫性。

② 此外，学生还需掌握鸟类自动喂食器的制作方法。涉及材料的选择，如了解何种材质既环保耐用又对鸟类无害，例如，无毒塑料、天然木材等；还要学习机械结构设计，了解如何设计喂食器的开口、储食仓以及喂食机制，以确保鸟类能方便取食，同时避免食物洒落或变质；另外，还要考虑安装与放置的要点，了解根据不同鸟类的习性，如何将喂食器放置在合适的位置，以吸引更多鸟类前来进食。

3. 项目开展流程

以下是根据驱动性问题及解决方案、学科知识所开展的项目流程：

(1) 认识生态系统与食物链

生态系统涵盖生物组分和非生物组分。生态系统中各组分之间又存在一层链接一层的关系，被称为食物链。

(2) 鸟类与生态系统

鸟类是体表被覆羽毛的卵生脊椎动物。鸟的身体呈流线型，也就是纺锤形或梭形，这种形态能减少鸟类在飞行时的空气阻力，使其飞行更加高效。体表覆盖羽毛，一般前肢变成翼，这是鸟类适应飞行的重要结构。鸟类有喙无齿，这减轻了头部重量，利于飞行。

在关爱鸟类、为它们营造温馨家园的行动中，亲手制作人工鸟巢是一项意义非凡且充满趣味的活动。人工鸟巢的制作步骤为材料准备、搭建框架、完善结构和装饰点缀四步。

(3) 人类对鸟类生态系统的影响

人类对鸟类生态系统的影响具有两面性。积极方面，许多人会在公园、庭院等地设置人工喂食器与投食点，投放小米、玉米粒、面包屑等适合鸟类食用的食物，这为在食物短缺季节（如冬季）或城市环境中食物来源有限的鸟类提供额外食物补给，如在寒冷地区，人工喂食器能助力留鸟度过食物匮乏的艰难时期，提高其生存率。而消极影响同样显著，在一些地区，人们为获取野味、羽毛、鸟蛋等对鸟类过度捕猎，过去大规模捕猎野生鸟类用于食用和羽毛交易，致使众多鸟类种群数量锐减；此外，一些珍稀鸟类因具有观赏价值等，成为非法贸易的对象，如鹦鹉因美丽羽毛和能模仿人类语言的能力，被大量非法捕捉用于宠物贸易，非法捕捉和贸易使这些鸟类在野外的数量急剧减少,甚至濒临灭绝。

(4) 鸟类自动喂食器

鸟类喂食器制作需综合考量多元因素。首先要契合鸟类饮食习惯,其次要规划食物容量与存储,依据放置地点鸟类数量、活动频次及补充食物周期确定容量;更要减少食物浪费,合理设计出口和存储结构,防止食物洒落、被风吹走或被雨水淋湿;还应选用环保材料,秉持环保理念,选择可回收利用材料制作;最后要优化喂食器结构与类型,根据不同使用场景和目标鸟类,选择合适的结构与类型,兼顾美观与实用性。

鸟类喂食器详细制作步骤为精准进行容器改造—精心搭建框架—巧妙组装部件—用心装饰完善四步。

本项目(5)作品优化与(6)产品发布会依旧沿用"净水大作战"项目的相关方法与手段,具体内容见本书第93—94页。

4. 项目评价与总结

项目整个流程结束之后,要组织学生开展项目的评价与总结,内容如下:

(1) 项目学习评价

该项目依旧沿用"净水大作战"项目的《发布会作品评价表》(详见本书第95页),明晰每个评价项目背后的深意与考量,确保对学生的努力与成就给予公正且恰当的评判。

(2) 项目总结

首先,从知识掌握、技能提升、意识增强三方面总结项目成果与收获。知识掌握上,学生深入理解了鸟类生态系统相关知识,包括生态系统结构、鸟类特征、人类活动对鸟类的影响等。技能提升上,学生学会了制作人工鸟巢和鸟类喂食器,提高了动手实践和工程设计能力,同时在海报制作和演讲过程中,学生的表达和展示能力得到了提升。意识增强上,学生增强了保护鸟类的意识,部分学生还主动参与鸟类保护宣传活动。

其次,从理论理解难度、时间安排和评价体系局限三方面总结项目不足。生态系统和鸟类知识较为抽象,部分学生理解不透彻,影响后续项目开展。作品优化和展示环节时间紧张,导致部分学生作品不够完善,展示效果不佳。评价主要集中在作品成果,对学生在项目过程中的努力、进步和创新思维的动态评价不足。

最后,针对项目不足提出相应改进措施。优化知识讲解,采用多媒体资源,如动画、纪录片等,将抽象知识具象化,帮助学生理解。合理规划时间,重新分配各环节时间,为作品优化和展示预留充足时间,保障项目质量。完善评价体系,构建多元化评价体系,除作品成果外,还将学生在项目过程中的表现、创新思维和进步情况纳入评价,进行全面、动态地评价。

(二) 科学探知类项目教学设计

在"鸟类生态世界"项目里,核心问题紧密围绕鸟类与生态系统展开,如鸟类在生态系统中究竟扮演着怎样具体且关键的角色,人类活动又是如何从多方面对鸟类生态系统产生积极或消极的影响。这些问题都源自对鸟类生态世界的深入观察与思考,具有很强的科学性与探索价值。学生在面对这些问题时,会被激发强烈的好奇心,从而积极主动地开启探索之旅,试图通过各种途径去寻找答案,这完全符合科学探知类项目以问题驱动探究的本质特征。据此可认定"鸟类生态世界"项目为科学探知类项目。针对该类项目,本节做出相应的教学设计模式,模式涵盖课程梗概、跨学科学习内容、重难点、学情分析、教具准备、教学过程、知识驿站及职业聚焦等关键要素。

1. 课程梗概

本项目以鸟类为核心,深入探索生态系统奥秘。从生态系统整体概述出发,引导学生认识生态系统及其食物链。接着聚焦鸟类在生态系统中的作用,制作人工鸟巢。随后探讨人类对生态系统的影响,并设计一个人工生态系统。最后制作鸟类自动喂食器,为鸟类保护贡献力量。通过一系列活动,培养学生创造力和解决问题的能力,增强环保意识。

2. 跨学科学习内容

在"鸟类生态世界"项目的跨学科学习(如表 4-4 所示)中,科学学科方面,学生需掌握生态系统的概念、组成要素以及能量流动规律,深入理解鸟类在生态系统里的作用与分类,明确人类在生态系统中的角色及其影响,同时了解鸟类的饮食需求以及喂食器结构相关知识。技术学科要求学生运用绘图、多媒体等工具获取信息,熟练掌握制作鸟巢和喂食器时各类工具的使用方法及相关技术。工程学科上,学生要构建生态系统、食物链模型,设计并制作人工鸟巢、人工生态系统以及喂食器。数学学科则让学生运用数学概念分析食物链与食物网,计算鸟巢尺寸比例,通过多学科知识与技能的融合,助力学生全面深入地探索鸟类生态世界。

表 4-4 "鸟类生态世界"项目跨学科学习具体内容

学科	学习内容
科学(S)	掌握生态系统概念、组成及能量流动;理解鸟类在生态系统中的作用与分类;明确人类在生态系统中的角色与影响;了解鸟类饮食需求与喂食器结构
技术(T)	运用绘图、多媒体等工具获取信息;掌握制作鸟巢、喂食器的工具使用及技术
工程(E)	构建生态系统、食物链模型;设计并制作人工鸟巢、人工生态系统、喂食器
数学(M)	用数学概念分析食物链与食物网;计算鸟巢尺寸比例

3. 教学目标

(1) 掌握生态系统、鸟类相关知识,形成生态科学观念,理解鸟类与生态系统的关系。

(2) 通过分析食物链、制作模型等活动,培养学生逻辑、创新思维与问题解决能力,能探究鸟类生态问题。

(3) 树立保护鸟类和生态系统的责任意识,积极参与环保宣传与实践,为生态保护出力。

4. 重难点

（1）重点：熟知生态系统、食物链和食物网相关知识；明晰鸟类在生态系统中的作用、分类与习性；学会设计与制作人工鸟巢、人工生态系统及鸟类喂食器。

（2）难点：理解食物链和食物网中能量流动及依赖关系；领会鸟类与生态系统、人类与生态系统的相互关系；运用创新思维设计并制作符合需求的作品。

5. 学情分析

学生对生态系统和鸟类有一定认知，好奇心强但注意力有限，文字阅读与表达能力尚在发展，更易通过视觉图像理解知识。对复杂概念理解困难，需借助实例和可视化工具。学生具备一定合作能力，需激发其积极参与的动力。

6. 教具准备

课题报告、多种规格的纸张（白色卡纸、A4硬纸板等）、彩泥、彩笔、剪刀、双面胶带、胶枪、胶棒、木棍、纤维、扭扭棒、塑料瓶、塑料棍、金属小盘、塑料小盆等。

7. 教学过程

教学过程的设计是根据STEM课程的特点和具体项目的内容进行的设计，具体实施将在第五章详细学习。

（1）问题引入

展示鸟类生存困境相关资料，如一些珍稀鸟类濒临灭绝的图片、鸟类栖息地被破坏的视频等，提出如鸟类食物、投食器影响、生态系统概念等问题，引发学生思考。引导学生观察鸟类栖息地的图片，分析鸟类的生活环境，引出生态系统及其多样性的概念。组织学生分组讨论，分享自己对鸟类生存现状的看法和疑问，激发学生的探究欲望。

（2）知识探究

通过互动探讨生态系统组分、各组分关系、食物链和食物网概念，进行绘图练习加深理解。借助资料引导学生了解鸟类分类、在生态系统中的作用及鸟巢特点。回顾生态系统知识，讨论人类在生态系统中的角色、与其他消费者的区别、对生态系统的影响，介绍人工生态系统。分组讨论鸟类饮食需求，探索喂食器设计因素与结构。

（3）绘图设计

设计人工鸟巢与以人类为中心的人工生态系统概念图。要求学生在概念图中详细标注各个组成部分的名称、功能和相互关系。根据探索结果设计鸟类喂食器草图。鼓励学生发挥创意，设计出具有独特功能和外观的喂食器和喂水器。教师在学生绘图过程中进行巡视指导，及时纠正学生的错误和不规范之处。

（4）工程制作

分组合作，利用材料制作食物网模型、人工鸟巢、鸟类自动喂食器，教师指导并强调安全事项。在制作过程中，引导学生思考如何优化设计，提高作品的实用性和美观性。例如，在制作人工鸟巢时，让学生尝试不同的材料和结构，观察哪种设计更受鸟类欢迎。

(5) 展示交流

回顾学习内容，强调重点知识，引导学生分享收获与困惑，教师给予反馈指导。组织学生进行自我评价和小组互评，从知识掌握、实践操作、团队协作、创新思维等多个维度进行评价，让学生更全面地了解自己的学习情况。

(6) 总结反思

回顾学习内容，强调重点知识，引导学生分享收获与困惑，教师给予反馈指导。组织学生进行自我评价和小组互评，从知识掌握、实践操作、团队协作、创新思维等多个维度进行评价，让学生更全面地了解自己的学习情况。

8. 知识驿站

(1) 生态系统：由生物群体和非生物环境相互作用形成，生物群体包括生产者、消费者和分解者，非生物环境提供生存资源。生态系统类型多种，受到人类活动影响，保护生态系统具有重要意义。

(2) 鸟类知识：鸟类是体表被覆羽毛的卵生脊椎动物，在生态系统中属于消费者，对维持生态平衡起着重要作用。鸟巢类型多样，与鸟类种类和习性相关。

(3) 人类与生态系统：人类对生态系统的影响有积极和消极两方面。人工生态系统是由人类设计和构建的，常见类型包括城市公园、水产养殖系统等。

(4) 鸟类喂食器：设计时需考虑鸟类饮食习惯、食物存储等多种因素，常见结构有悬挂式、台式等。

9. 职业聚焦

(1) 生态学家：研究生物与环境相互作用等问题，从事实地调查等工作，推动可持续发展研究。

(2) 鸟类学家：专门研究鸟类，工作涵盖观察记录、分类命名等多个方面，致力于鸟类保护。

(3) 环境专家：研究环境问题，提出解决方案，推动可持续发展实践，并在多个领域开展工作。

(4) 设计工程师：在鸟类自动喂食器设计中负责需求分析、结构设计等工作，确保产品符合需求。

三、实践项目三："汽车发明家"

(一) 项目介绍

1. 项目背景

汽车，作为现代化社会中至关重要的工具，已然深度融入人们生活的方方面面。在出行领域，它让人们能够轻松地穿梭于城市的大街小巷，跨越遥远的距离，无论是日常通勤，还是周末的短途旅行，又或是长途的自驾游，汽车都为人们提供了极大的便利。在货物运输方面,从城市的物流配送,到长途的跨区域运输,各类货车承担着将无数商品送达各地的重任,保障了市场的物资供应。同时,在工业生产、农业作业等各行业中,汽车也发挥着不可替代的作用。

而学习动力小车的结构、原理和制作过程,对于学生而言有着诸多重要意义。在实践能力培养上,学生需要亲自动手操作,从零件的识别、挑选,到按照设计方案进行组装,每个环节都锻炼了学生的动手能力和手眼协调能力。在激发创造力方面,学生可以根据自己的想法对动力小车的外观、动力系统等进行创新设计,探索不同的材料和技术应用,充分发挥自己的想象力和创新思维。

2. 项目驱动性问题及分析

根据项目背景抽取驱动性的问题并给出解决方案,基于解决方案呈现相关的学科知识:

(1) 驱动性问题

关键性问题在于如何借由对动力小车的结构、原理展开深入学习,以及全程参与其制作过程,来更好地锻炼学生的实践能力。这不仅要求学生亲手操作各类工具和材料,将理论构想转化为实际的动力小车模型,还要求他们在面对制作难题时,灵活运用所学知识,找到切实可行的解决方案。

(2) 该问题的解决方案

① 制订系统学习计划:学校或教育机构可以制订专门的动力小车制作课程,按照从基础理论知识讲解到实践操作,再到创新设计的顺序逐步推进教学。

② 开展项目式学习:将学生分成小组,以完成一个特定的动力小车项目为目标,如制作能够完成特定任务(如爬坡、运输小物品等)的动力小车。在项目中,学生需要共同完成从设计、选材、制作到调试的全过程,教师在这个过程中给予必要的指导和支持。

(3) 针对方案需要学生了解的知识

① 力学知识:了解力的概念、力的作用效果,清楚摩擦力、重力、弹力等常见力对动力小车运动的影响;明白动力小车在不同坡度的路面行驶时,重力分力对其运动的作用。

② 运动学知识:掌握速度、加速度、位移等物理量的概念和计算方法,理解动力小车的运动过程,包括启动、加速、匀速行驶和减速等阶段的运动特点。

③ 电学知识:知道电流、电压、电阻的概念以及它们之间的关系(欧姆定律)。学会选择合适的电源和电机,进行简单的电路连接和故障排查。

3. 项目开展流程

以下是根据驱动性问题及解决方案、学科知识所开展的项目流程:

(1) 小车结构初体验

在日常生活中,车是我们常见的交通工具,它们形态各异,用途不同。然而,看似千差万别的车,实则有着一些共同的结构特征。

车的共同结构包括车轮、车体、底座、车厢和发动机。车轮是车与地面接触实现移动的基础,车体承载各部件,底座固定车轮和动力系统,车厢用于载人或运送货物,发动机则是提供动力的核心。车的移动方式常见的有依靠化石燃料的发动机驱动,优点是续航长、动力强,缺点是噪声大、污染环境;还有电动方式,环保且噪声小,但续航和充电便利性受限。制作电动小车时,车轮可用瓶盖、圆木片或硬纸板制作,连接用吸管或木棍;车体与车厢可选择硬纸板或木板;动力系统由电机搭配齿轮或皮带带动车轮,用电池供电,可按需选择干电池或锂电池;此外,虽该流程不涉及,但遥控功能可作为后续制作与优化电动小车的拓展方向,能增加趣味性与操控性。

(2) 气球小车的动力研究与制作

当气球里的气体迅速喷出,会产生反冲力推动气球反向移动,火箭发射就是利用了反冲力。从物理学角度,气球内气体喷出的力与空气对气球的推力构成一对作用力与反作用力。制作气球小车,材料准备包括 20 cm × 30 cm 硬卡纸、155 cm 和 8×5 cm 木棍各两根、粗细吸管、两个气球与两根小皮筋、两根 11 cm 车轴、一根 25 cm 长的空心管、十个轴套及四个轮子。制作步骤为先用木棍打造车底盘,安装车轴与轴套,固定车轮,连接气球与吸管并将其固定在底盘上,还可拓展设计安装"篮球"的装置。

(3) 弹力小车的动力探究与制作

弹力是物体受外力形变后恢复原状的力,皮筋和弹簧形变时存储能量,恢复时释放能量,利用这一原理能让皮筋为小车供能。皮筋存储能量有拉伸和扭动两种方式,释放时均可使车轴转动。制作弹力小车,材料准备包括 20 cm × 30 cm 硬卡纸、155 cm 和 8×5 cm 木棍各两根、两个曲别针、三根大皮筋、两根 11 cm 车轴、轴套及四个轮子。制作步骤为先用木棍制作车底盘,安装车轴与轴套,固定车轮,再固定橡皮筋储存动力,还可设计安装放置"篮球"(类似小球状物)的装置。

(4) 马达小车的动力探究与制作

马达作为关键动力源,基于电磁感应原理工作,接通电源后电流通过线圈产生磁场并与永磁体相互作用使轴旋转,改变接线端正负极可改变轴旋转方向。让马达运转,要先关闭电池盒开关,正确放入电池,连接电池盒与马达金属环,观察轴转动方向,再交换接线观察转向变化。一个马达可通过车轴驱动两个轮子,但无法单独控制每个车轮。若要单独控制每个车轮,则需至少两个马达,安装在车前部为前驱车,安装在车后部为后驱车。制作马达小车,材料准备包括 20 cm × 30 cm 硬卡纸与木板、11 cm 和 3 cm 车轴、两个车轴支架、6 个轴套及四个轮子。制作时,先精确裁剪木板制作车底盘,安装 11 cm 车轴、轴套与车轴支架,确保车轴能正常旋转;接着合理安装马达与 3 cm 车轴,保证动力传输;再固定车轮,使其垂直共面;还可设计安装"篮球"装置。

本项目(5)作品优化与(6)产品发布会依旧沿用"净水大作战"项目的相关方法与手段,具体内容见本书第93—94页。

4. 项目评价与总结

项目整个流程结束之后,要组织学生开展项目的评价与总结,内容如下:

(1)项目学习评价

该项目依旧沿用"净水大作战"项目的《发布会作品评价表》(详见本书第95页),明晰每个评价项目背后的深意与考量,确保对学生的努力与成就给予公正且恰当的评判。

(2)项目总结

首先,从知识掌握、技能提升、思维迸发三方面总结项目成果与收获。知识掌握上,项目融合物理、机械、材料等多学科知识。多学科知识相互交织,学生学会了整合运用知识解决实际问题,知识体系更加完整。技能提升上,学生全程参与动力小车制作,从零件识别、挑选,到依设计方案组装。在切割硬纸板、安装车轴与车轮等操作中,手眼协调和动手能力得以强化。思维迸发上,在思考与实践中,学生突破传统思维定式,不断尝试新想法,创新意识和能力显著提升,面对问题能从多维度思考并提出独特解决方案。

其次,从材料管理问题、小组协作不畅、时间规划失衡三方面总结项目不足。部分材料质量不佳,影响小车制作精度与稳定性,导致制作过程中频繁更换材料,延误项目进度。小组分工缺乏科学规划,成员之间的沟通不及时,意见分歧难以调和,影响团队的凝聚力和工作效率。项目前期制作环节耗时过多,导致后期作品优化和展示准备时间被压缩。学生无法充分打磨作品,在展示时难以全面呈现创意与成果。

最后,针对项目不足提出相应改进措施。优化材料管理,与优质供应商建立长期合作,确保材料规格精准、质量可靠,为项目顺利开展提供保障。强化团队协作,项目开始前,通过能力测试与性格评估,依据成员特长合理分工。建立定期沟通机制,如每日小组会议,及时解决分歧,明确任务进展,增强团队协作效率与默契度。合理规划时间,制订详细项目时间表,在制作环节设置时间节点,定期检查进度,对进度滞后的小组及时提供帮助,确保各阶段任务按时完成,保障作品优化与展示时间充足。

(二)情境创设类项目教学设计

"汽车发明家"项目以汽车在生活中的多元应用开篇,这些可让学生迅速与项目建立联系,对汽车相关知识产生兴趣。由此引出动力小车制作项目,借助实际生活情境点燃学生参与热情,符合情境创设类项目以情境为引的特征。另外制作气球小车、弹力小车、马达小车等实践环节,均围绕解决实际情境问题。探索反冲力原理应用、体验弹力驱动效果、实践机械动力运用,学生在实际情境导向下,锻炼实践与解决问题的能力,契合情境创设类项目通过情境驱动实践的理念。据此可认定"汽车发明家"项目为情境创设类项目。针对该类项目,本节做出相应的教学设计模式,模式涵盖课程梗概、跨学科学习内容、重难点、学情分析、教具准备、教学过程、知识驿站及职业聚焦等关键要素。

1. 课程梗概

本课程以汽车在生活中的重要性为情境切入点,引导学生学习动力小车的结构、原理并进行制作。学生通过体验不同动力类型小车的制作过程,如气球小车、弹力小车、马达小车等,锻炼实践、创造与团队合作能力,加深对物理、机械等多学科知识的理解与应用,最后通过作品优化与产品发布会展示成果。

2. 跨学科学习内容

在"汽车发明家"项目中,跨学科学习紧密交织(如表 4-5 所示)。科学领域,学生探究力与运动的关联,像摩擦力、重力、弹力如何影响小车,理解反冲力、弹力原理,掌握电动驱动电路知识。技术层面,学生学会用工具加工材料、组装部件,掌握电机、电池盒连接技术。工程角度,学生设计制作不同动力小车,考量结构稳定性与动力传输效率,合理选材与规划方案。数学方面,学生运用数学知识,精准测量尺寸、计算比例,分析车轴长度、车轮直径与小车运动性能的关系,全方位提升综合素养。

表 4-5 "汽车发明家"项目跨学科学习具体内容

学科	学习内容
科学(S)	研究力(摩擦力、重力、弹力等)与运动(速度、加速度等)的关系,理解反冲力、弹力等原理,掌握电动驱动的电路知识
技术(T)	学会使用各类工具进行材料加工与部件组装,掌握电机、电池盒等设备的连接技术
工程(E)	设计并制作不同动力的小车,考虑结构稳定性、动力传输效率等工程问题,依据需求选择合适材料与方案
数学(M)	运用数学知识进行尺寸测量、比例计算,例如车轴长度、车轮直径与小车运动性能的关系分析

3. 教学目标

(1) 掌握力、运动、电、机械等多学科知识,理解其在动力小车中的应用,构建跨学科知识体系,形成对汽车科技的科学认知。

(2) 通过分析小车动力传输和结构优化,培养逻辑、创新思维与问题解决能力,设计制作创新型动力小车。

(3) 激发学生对汽车科技的探索热情,树立科学态度与创新精神,增强关注科技发展、参与创新实践的责任感。

4. 重难点

(1) 重点:掌握动力小车各部分结构及其功能,理解不同动力系统的工作原理;学会制作气球小车、弹力小车、马达小车,能够运用所学知识进行作品优化。

(2) 难点:综合运用多学科知识解决小车制作过程中的问题,如动力与阻力的平衡、电路故障排查;运用创新思维,依据 SCAMPER 法对小车进行创新性改进与设计。

5. 学情分析

学生对汽车充满兴趣，但对动力小车的内部结构与原理了解有限。具备一定动手能力与好奇心，但在跨学科知识整合与复杂问题解决上存在不足。学生团队合作经验较少，需要在项目中培养协作沟通能力。

6. 教具准备

课题报告、硬纸板、木棍、吸管、雪糕棍、气球、皮筋、车轴、空心管、轴套、轮子、曲别针、木板、TT 马达、电池盒、电池、弹珠、皮尺等。

7. 教学过程

教学过程的设计是根据 STEM 课程的特点和具体项目的内容进行的设计，具体实施将在第五章详细学习。

（1）情境导入

通过播放高清视频和展示精美的图片，全面展示汽车在生活各领域的应用，如城市道路上川流不息的汽车、港口繁忙的货运车辆、工厂中高效作业的工程车辆等，让学生沉浸在汽车无处不在的情境中，感受汽车的重要性和魅力。在学生充分感受汽车应用情境后，提出一系列驱动型问题，如"汽车的动力是如何传递到车轮的？""我们能否制作一辆简单的动力小车，实现类似汽车的功能？""不同动力的小车在性能上有何差异？"等，激发学生的好奇心和探究欲望，自然引出动力小车制作项目。

（2）知识探究

系统讲解物理相关知识，如力的概念、常见力的特点及对物体运动的影响，通过生动的实验演示，如用弹簧测力计拉动小车，展示摩擦力与拉力的关系；用小球从斜坡滚下，分析重力与运动的关系。深入讲解反冲力、弹力等原理，结合生活实例，如火箭发射、弹弓弹射等，让学生深刻理解。同时，详细阐述电动驱动的电路知识，通过电路实验板，演示电路的连接和电流的流动，让学生掌握电路的基本组成和欧姆定律。

全面剖析动力小车各结构部件的功能与设计要点，利用实物模型和拆解演示，让学生清楚了解车架、车轮、车轴、动力装置、传动装置等的作用和相互关系。深入讲解齿轮传动、皮带传动、链条传动等常见传动方式的原理，通过动画演示和实际操作，让学生直观感受不同传动方式的特点和应用场景。

（3）小车制作

开启"动力小车研发中心"模式，把教室精心布置成专业的"动力小车研发中心"，墙壁张贴各类汽车设计图纸、工程数据图表，摆放相关工具模型与材料样本。学生分组入驻各自的"研发工位"，化身为小车研发团队。每个团队依据此前所学知识与创意构思，全力投入动力小车的制作。

融入"限时紧急订单"情境，设定一个限时紧急订单任务，例如，某"救援机构"急需一批能在复杂地形快速运输物资的动力小车。学生小组需在规定时间内，根据订单要求，优化设计方案，选用合适材料，高效完成动力小车的制作。在这个过程中，学生不仅要确保小车满足基本功能需求，还要注重细节，如提高小车的越野性能、增强载重能力等。通过这种方式，让学生在紧张且具挑战性的情境中，提升时间管理能力、团队协作能力以及应对实际工程问题的能力。

（4）展示交流

举办"校园动力小车科技展"，在校园内举办一场别开生面的"校园动力小车科技展"，设置不同的展示区域，如创意设计区、性能卓越区、功能特色区等。各小组将制作好的动力小车放置在对应的展区进行展示，小组成员化身讲解员，向全校师生介绍小车的设计理念、独特创新点以及实际性能表现。开展"动力小车设计论坛"，组织一场"动力小车设计论坛"，模拟专业的学术交流场景。各小组选派代表上台，以PPT演示、实物展示等形式，详细阐述动力小车的设计过程，包括从最初的创意萌发、方案构思，到具体的设计计算、制作工艺，再到最终的调试优化等各个环节。在讲解过程中，重点分享遇到的问题及解决方法。台下的学生和教师作为听众，可以随时提问、发表自己的见解，进行深入的讨论和交流。通过这种方式，促进学生之间的知识共享与思维碰撞，培养学生的总结归纳能力和批判性思维。

（5）总结反思

组织学生开展"项目复盘会议"，模拟企业项目总结场景。每个小组围坐在一起，回顾整个动力小车项目的实施过程，从情境导入时的兴趣激发，到知识探究中的学习收获，从工程制作环节的实践操作，到展示交流阶段的成果呈现与反馈收集。小组成员依次发言，分享各自在项目中的成长与不足。要求学生以个人为单位，撰写一份详细的"项目学习报告"。报告内容包括项目概述、个人在项目中的任务与贡献、知识与技能的收获、遇到的困难及解决方法、对项目的整体评价以及未来的改进方向等。在撰写过程中，学生需要对整个项目进行深入思考和总结，将实践经验转化为理论知识，进一步深化对项目的理解。教师对学生提交的报告进行认真批改和点评，针对学生的总结反思内容给予个性化的建议和指导，帮助学生更好地提升自我认知能力和学习能力。

8. 知识驿站

（1）力学知识：详细介绍力的概念、常见力的特点及对物体运动的影响，如摩擦力在小车行驶中的作用。

（2）运动学知识：讲解速度、加速度等物理量的含义与计算，分析小车不同运动阶段的规律。

（3）电学知识：阐述电路组成、欧姆定律，介绍电机与电池的匹配及电路连接方法。

（4）机械知识：剖析动力小车各结构部件的功能与设计要点，讲解齿轮、皮带等传动方式原理。

（5）材料知识：对比不同材料特性，说明如何根据小车部件功能选择合适材料。

9. 职业聚焦

（1）汽车工程师：负责汽车的设计、研发与测试，运用多学科知识优化汽车性能与结构。

（2）机械工程师：专注机械系统的设计、制造与维护，在动力小车制作中涉及设计动力传输系统和车架结构。

（3）产品设计师：注重产品外观与用户体验设计，可类比小车外观创意设计，提升产品吸引力。

探究与实践

校园用水量大，部分学生节水意识薄弱，存在水资源浪费现象，且校园内的一些水体也受到了一定程度的污染。为培养学生环保意识，特开展此项目。

任务1：校园水资源状况调查：以小组为单位，观察校园内的用水设施，统计漏水水龙头数量，记录一天内不同时段的用水量。同时，检测校园池塘或人工湖的水质，分析是否存在污染问题，如富营养化等。

任务2：设计校园节水方案：根据调查结果，运用所学知识设计节水方案。如在洗手池张贴节水标语，提醒学生及时关闭水龙头；设计智能灌溉系统，根据土壤湿度自动控制浇水量。方案要明确具体措施、实施步骤及所需资源。

任务3：制作简易校园污水净化装置：参考"净水大作战"项目，利用身边材料制作简易污水净化装置，如用塑料瓶、活性炭、PP棉等制作过滤器，尝试净化校园污水，观察净化效果，并记录相关数据。

任务4：成果展示与宣传：各小组制作海报，展示调查结果、节水方案和净化装置成果。在校园内举办宣传活动，向其他同学宣传节水知识和水资源保护的重要性，提升全校师生的节水意识。

第五章　STEM 教学实施

本章概要

本章围绕 STEM 教学实施展开，从课程实施特点与原则、教学过程、教学方法与实践、课堂管理四个层面深入探索。不仅为学生提供了科学的学习路径，还为教师搭建了可操作的教学框架，助力教育者以更有效的方式传授知识、培养能力，使学生在多元实践中提升自身综合素养。全章学习重点为掌握 STEM 课程教学实施的基本过程与方法。

思维导图

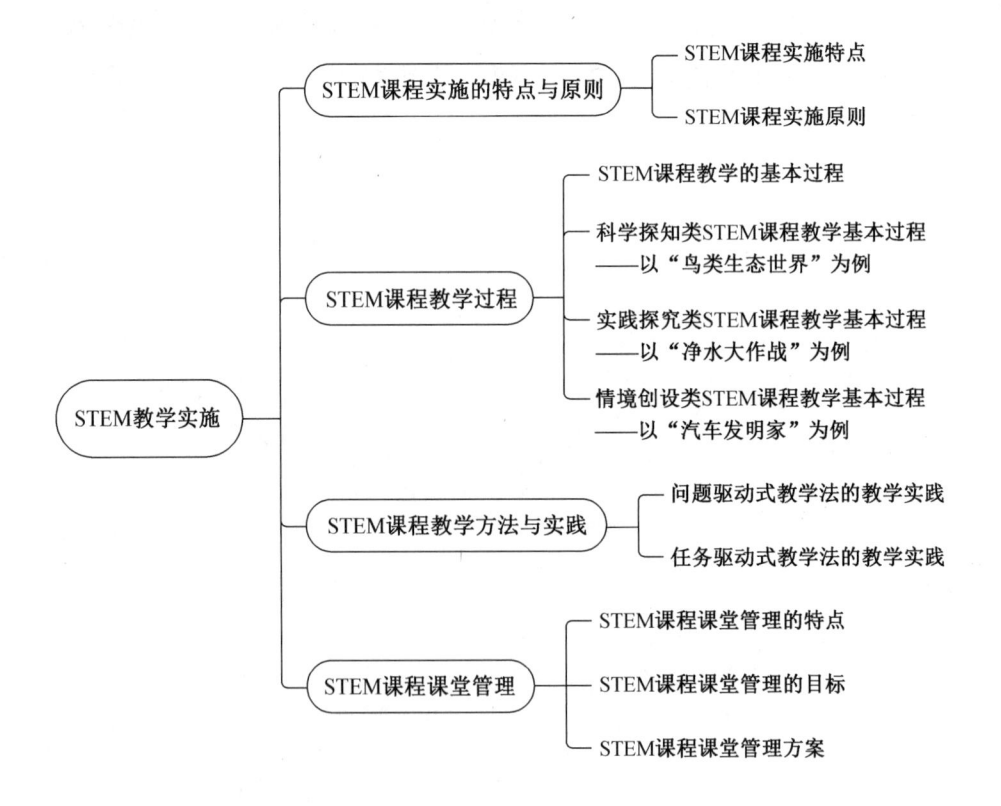

- STEM教学实施
  - STEM课程实施的特点与原则
    - STEM课程实施特点
    - STEM课程实施原则
  - STEM课程教学过程
    - STEM课程教学的基本过程
    - 科学探知类STEM课程教学基本过程——以"鸟类生态世界"为例
    - 实践探究类STEM课程教学基本过程——以"净水大作战"为例
    - 情境创设类STEM课程教学基本过程——以"汽车发明家"为例
  - STEM课程教学方法与实践
    - 问题驱动式教学法的教学实践
    - 任务驱动式教学法的教学实践
  - STEM课程课堂管理
    - STEM课程课堂管理的特点
    - STEM课程课堂管理的目标
    - STEM课程课堂管理方案

第五章　STEM 教学实施

知识图谱

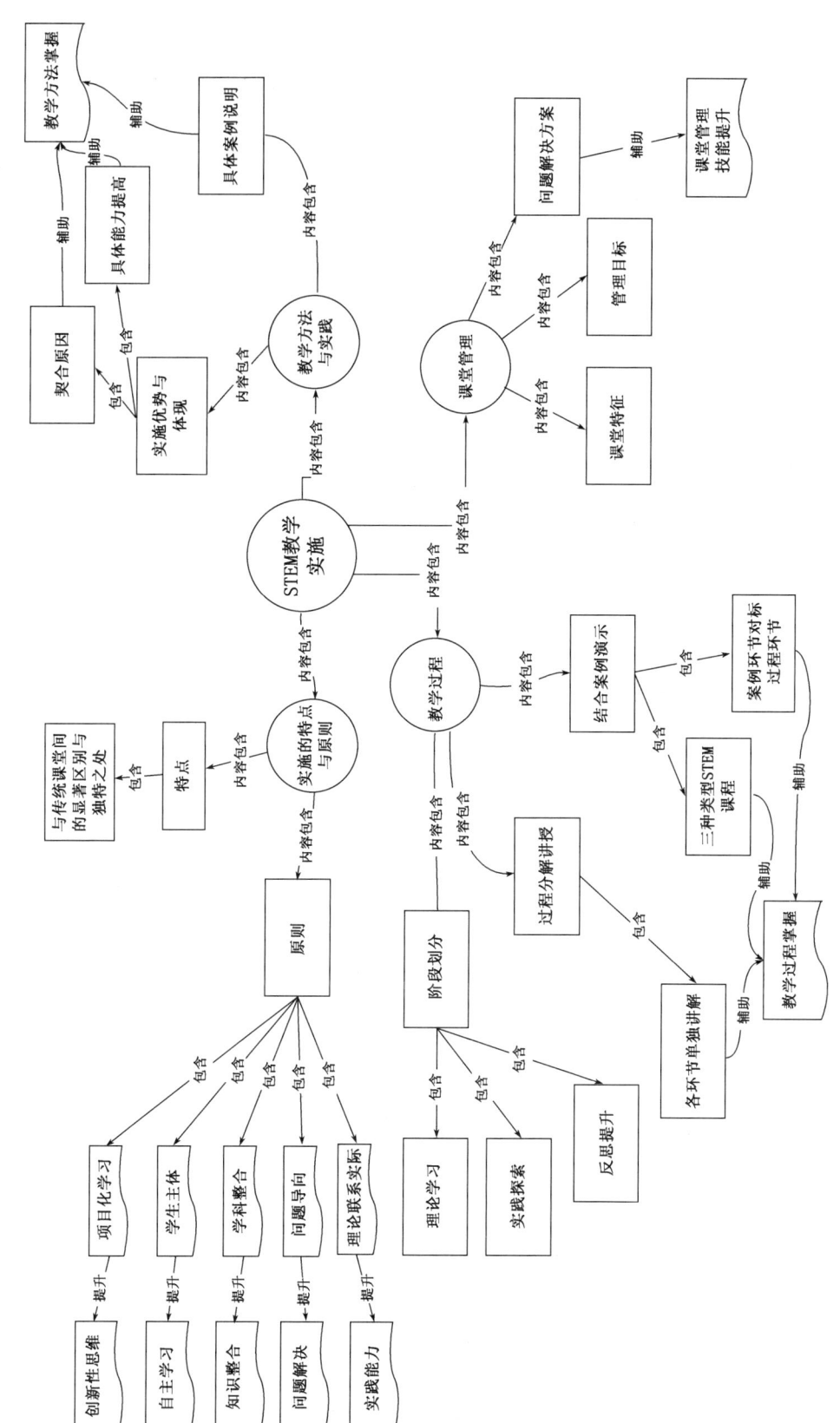

第一节　STEM 课程实施的特点与原则

学习目标

1. 理解并掌握 STEM 课程实施的特点。
2. 理解并掌握 STEM 课程实施的五项原则。

问题思考

1. STEM 课程实施为什么有别于其他课程？
2. STEM 课程实施中为什么要遵循五项原则？

知识聚焦

一、STEM 课程实施特点

STEM 课程不同于界限分明的学科课程，学科课程教学界限很清晰，教学方式有着学科本身的显著特点，学生主要通过课堂学习和课后作业来巩固知识，实践活动相对较少且分散，评价方式也多以考试成绩为主。而 STEM 课程实施与传统课堂相比，具有以下显著区别和独特之处。

1. 授课形式特殊

STEM 课程打破传统单一学科授课的局限，以跨学科视角开展教学。在课程实施过程中，从知识层面，教师需要整合多学科知识，引导学生从不同学科的角度去分析和理解问题，让学生在学习中认识到各学科知识并非孤立存在，而是相互关联、相互支撑。通过这种方式，帮助学生构建起融会贯通的知识网络，提升他们综合运用知识解决复杂问题的能力；在授课的组织形式方面，打破了常规的班级授课模式，主要以小组合作学习开展，以学生学习为中心，教师指导、支持学生学习为主导，辅助必要的室外调查、实践实验等，为学生的学习提供环境支持。

2. 教学内容特殊

STEM 课程的教学内容与学科课程教学内容不同，学科课程一般是按照教材的内容体系有序开展教学。STEM 课程的内容没有固定的学科知识内容，而是以项目或问题为导向，课程围绕实际的项目或问题展开，根据完成项目或者解决问题的需要构建课程知识，学生在探索解决方案的过程中需要主动去学习、整合这些知识，在实践中掌握并运用,将知识学习与实际应用紧密结合,而不是常规课堂模式,在课程上学习已定的知识内容,这样的教学内容使学生的学习过程更具针对性、自主性和探索性,加深对知识的理解和掌握。

3. 评价方式特殊

STEM课程的评价不同于学科课程的评价方式,更重视学生学习过程的评价,即学生在学习过程中的表现,包括评价学生合作学习的参与度、项目任务的完成度、方案策略合理度、高阶思维提升值等;学习结果的评价则采用作品和产品发布的形式进行评价。在学生完成项目或任务后,通过展示其作品或产品,从多个维度对学生进行综合评价,包括作品或产品的设计理念、作品或者产品的表现力等,不仅关注学生对知识的掌握程度,更重视学生在项目过程中展现的创新思维、实践操作能力以及团队协作能力等,从而更全面、客观地反映学生的学习成果和综合素质发展水平。

二、STEM课程实施原则

(一) 项目化学习原则

项目化学习原则指在STEM教学实施过程中,将学习任务转化为一个个具体的项目,让学生在完成项目的过程中掌握知识和技能,提升创新能力。

在项目化学习中,学生面对的是一个具有挑战性和现实意义的问题或任务,通过自主探究这些具有挑战性和现实意义的问题,学生不仅深入理解了各个学科的知识,还学会了如何将这些知识整合起来,创造性地解决实际问题。

在解决复杂问题时,项目化学习鼓励学生突破传统思维的束缚,提出创新性的解决方案,这些创新的想法和设计不仅能够提高项目的质量和实用性,还能培养学生的创新思维和实践能力,使他们在未来面对复杂的现实问题时,具备独立思考和创造性解决问题的能力。

(二) 学生主体原则

学生主体原则指在STEM教学实施过程中采用学习者主体、教师主导的教学模式,充分发挥学生的主观能动性,促进学生自主学习能力的提升。而真正落实学生主体原则主要体现在以下几个方面:

1. 尊重学生兴趣与需求

每个学生都有自己独特的兴趣爱好和学习需求,教师应敏锐地捕捉到这些信息,并将其融入教学内容中。当教学内容与学生的兴趣紧密结合时,学生更愿意主动投入时间和精力去学习和研究。如会积极主动地查阅资料、请教专家、进行实验和尝试,在这个过程中,逐渐培养起自主学习的能力和习惯。

2. 鼓励自主探究与合作学习

在STEM课程中,教师要给予学生足够的自主空间,让他们自主提出问题、设计实验、收集数据、分析结果并得出结论。

通过小组合作，学生可以充分发挥各自的优势，共同完成复杂的项目任务。在合作过程中，学生需要相互沟通、协调分工、分享资源和经验，共同解决遇到的问题。这种合作学习模式不仅提高了学生的团队协作能力，还能让学生从同伴身上学到不同的思考方式和解决问题的方法，拓宽自己的视野，进一步促进自主学习能力的提升。

（三）学科整合原则

学科整合原则是指在STEM课程教学实施中实现跨学科思维、知识融合，培养学生的高阶思维，促进学生跨学科知识整合能力的提升。主要体现在：

1. 学科间的知识衔接

在STEM课程中，教师要引导学生发现不同学科知识之间的内在联系和衔接点，帮助学生构建完整的知识网络。这样的引导能够使学生深刻理解不同学科知识在解决实际问题中的相互依存和协同作用，提高跨学科知识整合能力。

此外，反思和总结能够帮助学生更加清晰地把握学科知识之间的联系，提高知识迁移和应用能力，培养跨学科思维。教师可以通过案例分析、项目复盘等方式，帮助学生梳理学科知识之间的衔接关系。

2. 知识与技能的综合运用

STEM课程要求学生不仅要掌握各学科的理论知识，还要能够将这些知识转化为实际操作技能，综合运用到项目实践中。这能够培养学生的工程实践能力和解决复杂问题的能力，使学生在面对实际问题时，能够迅速调动所学的知识和技能，提出有效的解决方案。同时，通过实际操作和实践，学生还能够更加深入地理解知识的本质和应用场景，加深对知识的掌握程度，提高学习效果。

（四）问题导向原则

问题导向原则是以问题为核心驱动教学过程，最终目的是培养学习者的问题解决能力。

教师在STEM课程中要创设真实、复杂且具有启发性的问题情境，引导学生主动发现问题、提出问题，并运用所学知识和技能去解决问题。在解决问题的过程中，学生需要综合运用多学科知识和技能，不断尝试不同的方法和策略，直到找到最优化的解决方案。

问题导向的教学过程有助于培养学生的批判性思维和创新思维。当学生面对复杂的问题时，他们需要对问题进行深入分析和拆解，评估不同解决方案的优缺点，这就需要运用批判性思维。同时，在寻找创新性解决方案的过程中，学生需要突破传统思维的限制，尝试新的方法和技术，从而激发创新思维。通过不断地解决问题，学生的问题解决能力、批判性思维和创新思维将得到持续提升，为他们未来的学习和工作奠定坚实的基础。

(五) 理论联系实际原则

理论联系实际原则强调让学生在 STEM 课程中通过动手操作和实践，将课堂上学到的理论知识应用到实际情境中，促进实践能力的提升。

教师应设计丰富多样的实践活动，让学生在实践中亲身体验知识的产生和应用过程。这要求教师引导学生关注现实生活中的实际问题，并运用所学的 STEM 知识去解决这些问题。通过实际项目，学生不仅能够提高自己的实践能力，还能增强个人责任感和问题解决意识，认识到所学知识在改善生活环境和社会发展中的重要作用，进一步激发学习的积极性和主动性。

STEM 课程教学的各项实施原则相互关联、相辅相成，共同培养学生的创新能力、自主学习能力、跨学科知识整合能力、问题解决能力和实践能力等，为学生适应未来社会的发展需求奠定坚实的基础。在实际的 STEM 课程教学中，教师应充分理解和把握这些原则，精心设计教学内容和教学活动，引导学生积极参与，实现 STEM 课程教育目标。

第二节　STEM 课程教学过程

学习目标

1. 掌握 STEM 课程教学的完整过程。
2. 把握过程中每个环节的注意事项。

问题思考

1. 如何创造性地开展 STEM 课程教学？
2. STEM 课程教学过程中的核心环节是什么？

知识聚焦

高品质 STEM 课程的开展是一项复杂的系统工程。一般来说，STEM 教学过程包含以下几个环节：发现问题、认知探索、绘图设计、实践操作、展示交流、总结反思与拓展延伸。可以根据各环节的功能不同，分为理论学习、实践探索、反思提升三个阶段，如图 5-1 所示。不同类型的 STEM 课程各环节名称可能存在不同，但大致目标一致，因此 STEM 教学过程的流程图可通用。

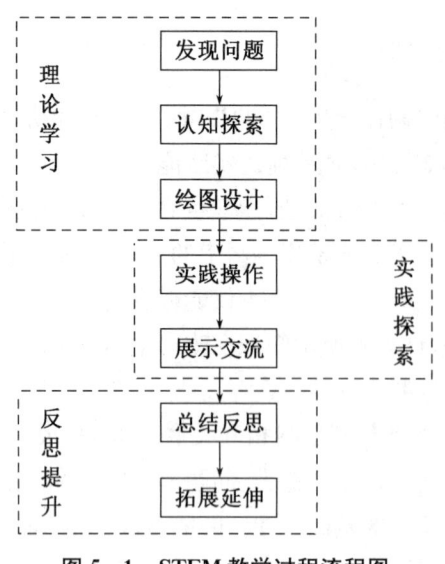

图 5-1 STEM 教学过程流程图

一、STEM 课程教学的基本过程

(一) 发现问题

好的问题不仅是指明学习目标的关键,也是 STEM 教学成功与否的重要因素,更是现代信息化教学中"主导—主体相结合"教学结构的典型体现。因此,筛选出具有启发性、探究价值且契合学生认知水平的问题至关重要。

问题需要紧扣教学目标,明确学习方向。教师要透彻理解教学目标,明确学生在知识、技能、态度等层面应达成的预期成果,以此为导向进行问题筛选。符合要求的问题简称为"四有问题",即有兴趣、有难度、有能力、有意义。其中,"有兴趣"指问题应当从自然科学、物理科学、生命科学等领域挖掘有趣现象,充分调动学生学习动机,让学生在充满兴趣、主动探究的状态下开展学习。从中提出可引导学生探究知识、思考事物内在联系的问题,以培养学生的观察力、思考力与对科学的好奇心;"有意义"指问题发现应当深入生活场景,挖掘真实问题,教师要善于观察日常,发现与教学内容相关的现象,从而提出源于生活且能激发学生探究欲、培养其知识应用能力的问题;"有能力"指问题应当契合学生认知,确保难度适宜,充分考量学生的年龄、知识储备和认知能力,为低年级学生设置简单直观、富有童趣的问题,为高年级学生适当增加问题的深度与复杂性,使学生在解决问题过程中收获成就感,提升认知水平;"有难度"指是过于简易的问题设置会导致教学活动结束后学习者的收获过低,学习绩效差,应当根据最近发展区理论,在确保问题在学生能力范围水平内的情况下,尽可能地使问题具有挑战性,让学生"跳一跳才能摘到桃子",从而最大限度提升学习效果。

在问题呈现方式中,教师应当在课堂上以生动、形象的方式抛出问题。故事化的方式能够极大地吸引学生的注意力,让他们更积极地投入问题解决中。

利用视频、图片、动画等多种媒体手段进行辅助呈现,从而让学生更直观地感受到问题的现实性和重要性,选择与问题主题或与问题相关度高的、适合用于课堂展示的媒体对问题进行阐释,增强问题的直观性与吸引力,促使学生迅速进入思考状态,激发他们对后续探究活动的兴趣。

(二)认知探索

认知探索是指学生通过各种方式对STEM相关的知识、概念、原理及其相互关系进行主动发现、感知、理解并构建认知体系的过程。这能够帮助学生建立完整的STEM知识体系,培养学生的观察力、思考力、分析问题和解决问题的能力,激发学生对STEM课程学习的兴趣,将各个学科的知识碎片整合起来,形成对STEM领域全面而深入的理解。学生通过观察现象、提出问题提升自身的综合能力,并在自身发现新知识、解决新问题的过程中获得成就感,从而更积极地投入学习中。

探索方式分为实地考察与资料学习两类,若决定开展实地观察,教师需提前规划好观察路线与地点,确保安全并使观察内容与教学问题紧密相关。选择与课题紧密相关、具有代表性的位置作为观察点。同时,准备好观察所需的工具,如记录表格、相机等,并对学生进行安全教育与观察要点培训。到达观察地点后,教师引导学生分组进行观察。学生按照教师的指导,有序地进行观察并及时记录相关信息。当无法进行实地观察时,教师要精心挑选高清、内容翔实且与问题紧密相关的图片与视频素材。教学素材应涵盖多种视角与情况,经过二次编辑处理以确保全面展示相关问题的信息,并保证视频时长适中、重点突出。

展示与讨论引导:在实地考察或课堂上播放多媒体教学资料时,教师可以适时针对关键信息提出问题,引导学生讨论。鼓励学生积极发言,分享自己的观点,引导学生从不同角度思考问题,拓展知识储备,鼓励学生提出疑问,培养他们的观察与思考能力,并通过教师总结,帮助学生形成正确系统认知。

(三)绘图设计

设计任务布置:向学生明确绘图设计的任务要求,同时提供一些绘图工具,如纸张、绘图笔、尺子等,以及相关的参考资料,为学生的设计提供支持。

小组协作指导:在学生分组绘制过程中,教师巡回指导。鼓励小组内成员积极交流,分享自己的想法与创意。当小组遇到设计难题时,教师引导学生回顾之前认知探索阶段获取的知识,启发他们从不同角度思考解决方案。当学习过程中遇到困难,教师引导学生进行自主思考而不是直接给出答案。通过这样的方式加深学生对知识的理解,培养他们的团队协作与创新思维能力。

(四)实践操作

1. 材料准备与分发

教师根据学生的设计需求,准备丰富多样的材料,如制作城市排水系统模型时,提供塑料管道、泡沫板、胶水、剪刀、小型水泵(模拟降雨)等材料。在分发材料时,向学生介绍每种材料的特性与使用方法,提醒学生注意安全事项,教师可提供设计案例,但不限制最终产出结果。

2. 实践操作指导

各小组依据各自绘制的设计图开始制作模型或进行实验操作。教师在旁密切观察,及时给予指导与帮助。同时,鼓励学生在实践过程中对设计进行优化与调整,培养他们的动手能力与解决实际问题的能力。

(五)展示交流

1. 展示顺序确定

提前确定小组展示的顺序,可以采用随机抽签或小组自荐的方式。确保每个小组都有充足的准备时间,展示时长控制在5—8分钟,以保证展示过程的高效与有序。

2. 展示要求明确

向学生明确展示要求,每个小组不仅要展示自己的作品,还需详细分享设计思路、实验过程及最终的实验结果。鼓励学生运用多种展示方式,如实物展示、PPT演示、视频播放等,增强展示的效果。

3. 提问与评价引导

在其他小组展示过程中,要求学生认真倾听,并做好记录。展示结束后,留出5—8分钟的提问时间,鼓励学生大胆提问,如"你们设计的生态系统是哪一种?"。展示小组进行解答后,教师引导其他小组进行补充和评价,从创意、实用性、科学性等多个角度进行评价,促进学生之间的思想碰撞与经验交流。

此外,在展示交流前,教师应当带领学生进行阶段所学课程内容回顾、自评与他评,并指导海报制作和演讲方法选择,以使学生做好充分的展示准备。在海报制作中,教师提供产品海报案例供学生参考,并引导学生根据产出内容不同,从产品名称、结构、使用材料、功能、原理、使用方法、注意事项等方面进行介绍,同时提供发言模板,帮助学生根据海报内容选择和设计发言稿。

(六)总结反思

1. 教师总结

教师对本次教学活动涉及的知识进行全面、系统的总结。详细梳理各种因素及知识要点,帮助学生构建完整的知识体系;对学生在各个教学环节的表现进行客观、公正的点评;充分肯定学生在团队协作、创意设计、问题解决等方面的优点,如某小组在绘图设计中创意新颖;指出学生存在的不足,如部分小组在实验操作过程中数据记录不够准确、实验步骤不够规范等,并提出改进的建议。

2. 引导学生自我反思

组织学生进行小组讨论,引导他们回顾整个学习过程,思考自己在知识掌握、团队协作、问题解决等方面的收获与不足。鼓励学生积极发言,分享自己的反思结果。例如,让学生思考"在团队协作中,自己哪些方面做得好,哪些方面还需要改进?""在产品发布会上我的表现如何?"通过这样的反思活动,促进学生自我成长与能力提升。

(七)拓展延伸

1. 任务设计与布置

教师根据教学内容与学生的实际情况,设计具有趣味性与挑战性的课后任务。例如,布置学生观察周边的水环境,要求他们记录水体颜色、气味、是否有漂浮物等信息,并尝试分析是否存在污染问题以及可能的污染源。同时,鼓励学生运用所学知识,提出相应的解决方案。或者要求学生根据课堂上的讨论与评价,对自己的设计进行进一步改进,完善排水系统的设计方案。

2. 反馈与指导

学生在完成课后任务后,应以书面报告、小组汇报或制作手抄报等形式反馈任务完成情况。教师对学生的反馈进行认真批改与指导,针对学生的问题与困惑给予及时的解答与建议,将课堂学习延伸到日常生活中,培养学生持续学习的习惯与自主探究能力。

二、科学探知类 STEM 课程教学基本过程——以"鸟类生态世界"为例

(一)问题引入

科学探知类 STEM 课程相较于其他类型课程,其最显著特点是基于对自然现象或科学原理的观察来发现问题,具有很强的科学性和探索性。因此在进行题目选择的过程中,要充分与自然环境、科学现象相结合,在遵循基本过程中"四有"问题、问题呈现要点的基础上,从自然科学的实际现象出发,激发学生对科学知识的好奇心。以下是小学第二学段 STEM 课程"鸟类生态世界"的问题呈现:

魏先生是一名鸟类学家,最近他发现周边的很多鸟类出现了缺少食物的情况。

为了解决这个问题,他打算号召大家一起给缺少食物的鸟类进行投喂。但是投喂鸟类前需要知道不同鸟类有什么特征,需要什么食物。

同时还要保证设计的投食器不会影响到周围的其他生物以及环境。所以还要了解生态系统和鸟类的知识。

魏先生

根据前面的调查结果,鸟类的特点和生活环境,制作出合适的喂食器与喂水器。

图 5-2 小学第二学段 STEM 课程生态学家之"鸟类生态世界"的问题呈现

魏先生是一名鸟类学家,最近他发现周边的很多鸟类出现了缺少食物的情况。为了解决这个问题,他打算号召大家一起给缺少食物的鸟类进行投喂。但是,为了正确的投喂鸟儿,需要了解哪方面的知识呢?为了减少人工投喂的成本,可以做哪些事情呢?投喂鸟类,对周边的环境会有什么影响呢?

子问题:

1. 不同的鸟类有什么特征?需要什么食物?
2. 投食器会对周围的环境有什么影响?
3. 什么是生态系统?
4. 设计和制作什么样的喂食器和喂水器?

为了给不同的鸟类提供适合的鸟窝和喂食器,需要先了解它们的生活环境。通过展示一些鸟类栖息地的图片或视频,引导学生思考鸟的栖息地包含哪些环境和生物因素,这些因素对鸟类的生存重要与否,从而引发学生对生态系统的兴趣。

图 5-3 鸟类栖息地

观察图片回答以下问题:

A. 鸟的生活环境中都有什么呢?
B. 我们周围有哪些不同的生态系统?

科学探知类STEM课程中发现问题的过程需要学生具备一定的科学思维能力,且发现的问题通常具有系统性和连贯性。因此问题提出后,教师应当引导学生回答从多媒体中看到的信息,从而引出学习主题相关概念。

教师总结:

鸟的生活环境中都有什么呢?——不同栖息地的鸟类生活环境也不太一样,比如平原上的鸟类,多栖息在树木上,以昆虫、果实、花蜜等为食,平原地带的鸟类生活环境中会有树木、河流、草丛、庄稼、昆虫等。以上鸟类与周围的其他生物和环境构成了一个系统,这个系统被称为生态系统。

我们周围有哪些不同的生态系统?——地形和地貌特征对鸟类栖息地的选择起

着重要作用。山脉、湖泊、平原、草地、沙漠等地方都有许多不同种类的鸟儿分布。一些鸟类喜欢栖息在山地或峡谷,而其他鸟类可能选择沿海地区或湖泊周围的栖息地。以海洋为主的栖息地可以称为海洋生态系统,以草原为主的栖息地可以称为草原生态系统,除此之外,还有城市生态系统、沙漠生态系统、雨林生态系统等。

(二) 知识探究

认知探索上,科学探知类 STEM 课程具备更高的知识专业性和系统性,学生会接触到自然科学中的一些专有名词或特殊现象,这些内容往往不在我们的日常生活知识储备中,因此需要深入学习相关科学领域的专业知识,这就要求学生不仅要依靠教材,还要查阅科学期刊、学术论文、专业书籍以及利用网络资源来获取信息,深入理解科学原理的本质。以下是小学第二学段 STEM 课程"鸟类生态世界"的知识探究:

案例 5-1

通过互动讨论生态系统各组成部分及其关系、食物链和食物网概念,并通过绘图练习加深理解。借助资料引导学生了解鸟类分类、在生态系统中的作用及鸟巢特点。回顾生态系统相关知识,讨论人类在生态系统中的角色、与其他消费者之间的区别、对生态系统的影响,介绍人工生态系统。分组讨论鸟类饮食需求,探索喂食器设计因素与结构。

不同的生态系统有哪些异同的地方呢?通过问题互动来认识生态系统的定义和组成要素,了解不同生态系统的特点、生物多样性和食物链的概念,以及食物链对生态系统的影响。

教师在学生进行认知探索的基础上,进行观点的提炼总结,有助于学生获取更加正确、全面的自然科学知识,避免自身在进行探索的过程中认知基础薄弱而导致的学习结果偏差。

案例 5-2

A. 生态系统中有哪些组分呢?

通过鸟的食物来源、鸟的被捕食关系,以及鸟死后的情况,引导学生分析生态系统中的组分及相互关系。

老师总结:生态系统由生物组分和非生物组分组成,生物组成包括生产者、消费者和分解者,非生物组分包含土壤、水、空气、阳光等因素。

B. 生态系统中各组分之间有什么关系呢?

老师总结:生产者是生态系统中最基本最关键的生物组成成分,其他生物直接或间接依赖生产者。以植物为食的食草动物如蝗虫、兔子是初级消费者,以动物为食的动物如虎、狐狸等为高级消费者。生产者和消费者死亡后,会被分解者分解成养分,重归大自然。

C. 什么是食物链？你能画出一条食物链吗？

老师总结：生态系统中各组分之间这种一层链接一层的关系叫食物链，食物链是各种生物为维持其本身的生命活动，必须以其他生物为食物的一种由食物联结起来的链锁关系。食物链中包含三大生物功能类群：生产者（绿色植物）、消费者（初级消费者—植食性动物、次级消费者—肉食性动物、三级消费者—肉食性动物）、分解者（细菌、真菌和小型无脊椎动物）。

小练习：引导学生画出一条食物链，例如，草→兔子→狐狸。解释兔子吃草，狐狸吃兔子的关系。强调食物链中能量的流动和依赖关系。

D. 什么是食物网？

老师总结：食物网又称食物链网或食物循环，是生态系统中生物间错综复杂的网状食物关系。实际上，多数动物的食物来源并不是单一的，因此多条食物链之间相互交错连接，构成复杂网状关系。

小练习：以小组为单位，把之前每个人画的食物链组成食物网，鼓励他们思考不同食物链之间的联系和相互作用，并进行分享展示。

案例 5-3

A. 鸟类属于生态系统中的哪一部分？

老师总结：如果没有鸟类，将影响生态系统中的食物链。如许多鸟类是昆虫的天敌，失去鸟类可能导致昆虫种群数量迅速增长。此外，鸟类还帮助植物传播种子，影响植物的分布和繁殖。同时，鸟类在生态系统物质循环中起着重要作用，它们的排泄物为土壤提供养分。因此，没有鸟类，生态系统中的物质循环速度和效率可能会降低，进而影响生态平衡。鸟类通过摄取植物（如吃种子、果实等）或者其他动物（如捕食昆虫）来获取能量和营养物质，所以属于消费者。

B. 没有鸟类会怎么样？

老师总结：影响生态系统食物链，以昆虫为例，许多鸟类是昆虫的天敌，如果没有鸟类，昆虫的种群数量可能会迅速增长；对植物的影响，很多鸟类会帮助植物传播种子；影响生态系统物质循环和生态平衡，鸟类在生态系统的物质循环中也起到一定的作用。它们的排泄物可以为土壤提供养分。没有鸟类，生态系统中的物质循环的速度和效率可能会降低。

C. 人类属于生态系统中的哪一部分？

老师总结：根据生态系统的定义，消费者是指不能自行合成有机物，必须依赖其他生物（生产者）制造的有机物来获取能量的生物。人类无法利用无机物质制造有机物质，也不能直接利用太阳能生产食物，只能直接或间接地依赖生产者所制造的有机物质，因此人类属于消费者。

D. 人类对生态系统有哪些影响？

老师总结：从正面和负面两个方面来看，人类对自然界有多种影响。负面影响包括破坏栖息地、减少生物多样性和造成环境污染等；正面影响则包括生态修复和动物保护等。

（三）绘图设计

在科学探知类 STEM 课程中，绘图的目的是更好地理解和解释科学现象，因此它具有很强的科学性和准确性。在绘制科学图表时，必须严格遵循科学原理和数据，确保其准确无误这些图表是对科学知识的直观呈现，是理解科学概念的重要辅助工具，需要学生综合运用多种知识和技能完成。以下是小学第二学段 STEM 课程"鸟类生态世界"的绘图设计：

案例 5-4

通过绘图，加深学生对生态系统和食物链的理解，并激发他们的创造力。

假设我们人类登陆了火星，需要创造一个适宜生存的环境，这个环境中的生态系统应该是什么样的呢？它里面可能有哪些生物？这些生物能够组成什么样的食物网？请在纸上画一画，并标注食物网关系示意图，可以使用不同符号代表不同层次的生物。

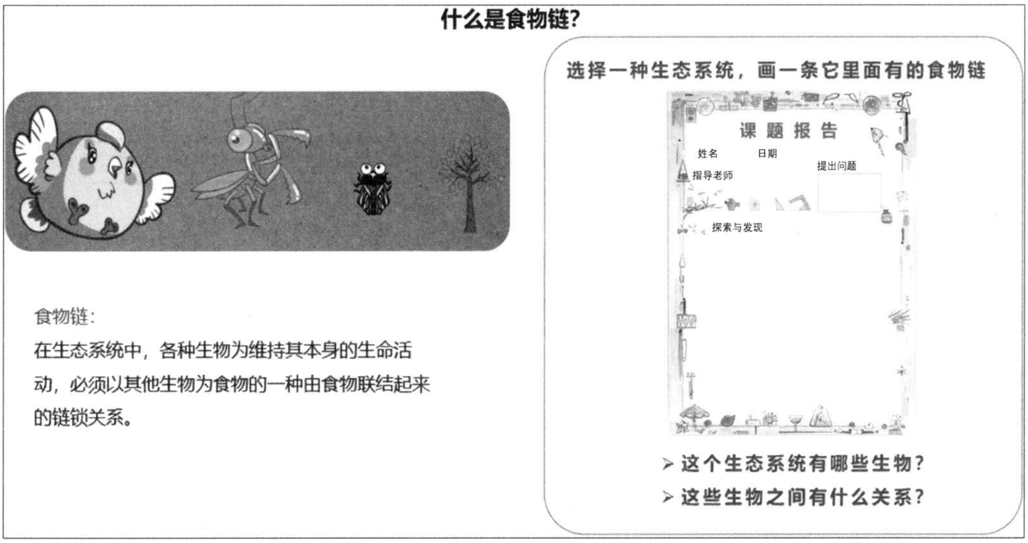

图 5-4　小学第二学段 STEM 课程生态学家之"鸟类生态世界"食物链绘图设计

学生利用绘图工具和材料，根据自己对鸟类栖息地需求的理解，设计自己的人工鸟巢。鼓励学生充分发挥想象力和创造力，同时考虑鸟类的大小、安全和舒适等因素。这一环节旨在培养学生的设计思维和创新能力，让他们运用所学知识来解决实际问题。

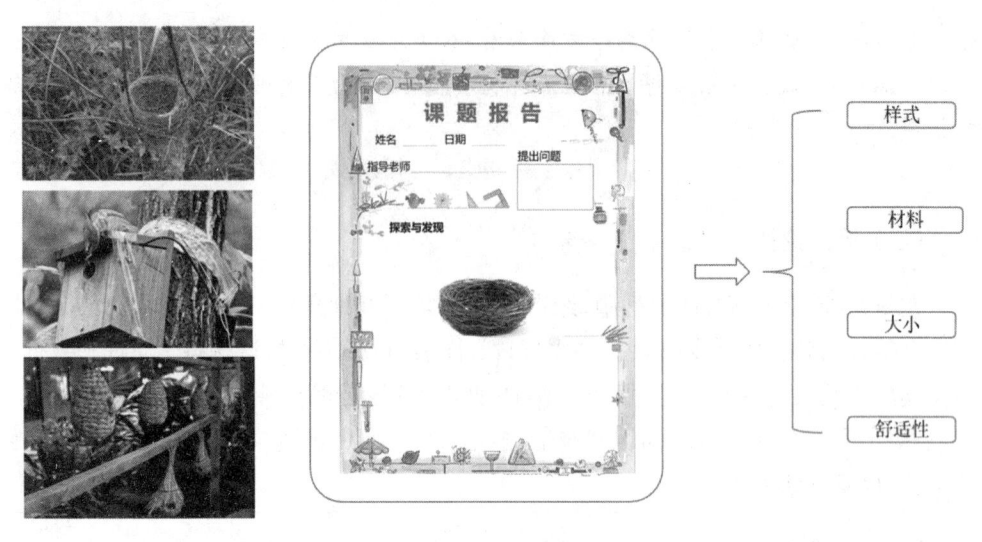

图 5-5　小学第二学段 STEM 课程生态学家之"鸟类生态世界"鸟窝绘图设计

利用绘图工具,根据前期的探索结果设计鸟类喂食器和喂水器的草图。

鼓励学生发挥创造力,可以设计各种形状、颜色和材料的喂食器,以吸引不同类型的鸟类。

设计你的鸟类自动喂食器

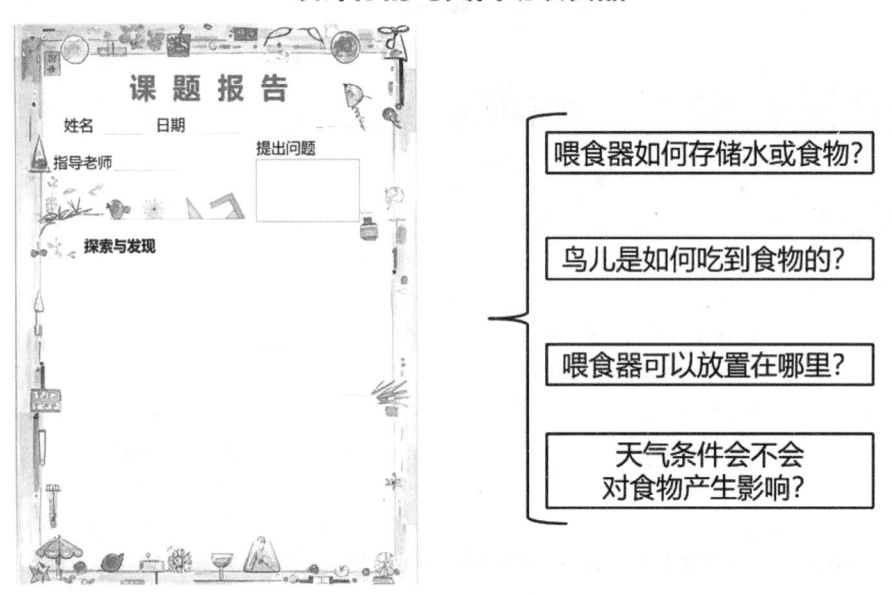

图 5-6　小学第二学段 STEM 课程"鸟类生态世界"自动喂食器绘图设计

（四）工程制作

科学探知类 STEM 课程实践操作紧密围绕科学理论展开，是对理论知识的直接验证，使学生能够亲身体验科学原理在实际中的体现，加深对理论的理解，过程强调严谨性和规范性，注重数据的收集和分析，能够激发学生的创新思维，是科学探知类课程实践操作的重要价值之一，有助于培养学生的科学探究能力和创造力。以下是小学第二学段 STEM 课程"鸟类生态世界"的工程制作：

案例 5-5

学生继续保持小组合作，使用提供的材料制作火星生态系统和食物网模型。通过模型，引导学生将食物网与生态系统比较，明白食物网是生态系统的重要组成部分，食物网的复杂程度对生态系统的稳定性起关键作用。

参考方案：

使用彩色卡纸、彩泥、剪刀和胶带来创建绘图环节设计的生态系统；

将生态系统中所需的动植物剪下来，粘贴到生态系统模型中，并用笔标注各生物在食物网中的关系。

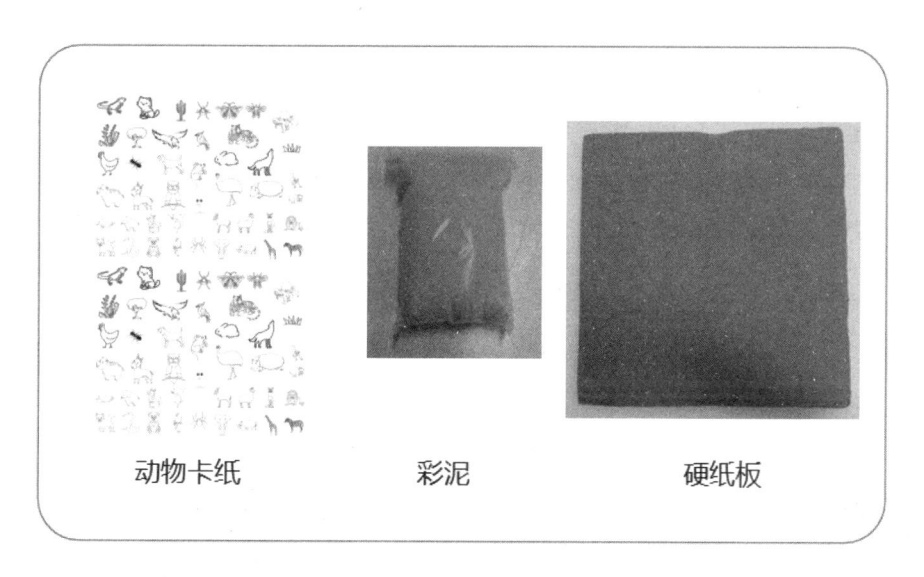

| 动物卡纸 | 彩泥 | 硬纸板 |

彩泥可以用来做什么？
硬纸板可以用来做什么？

图 5-7　小学第二学段 STEM 课程生态系统模型材料

学生根据设计图纸和指导，使用适当的材料制作自己的人工鸟巢。教师提供必要的指导和安全注意事项，引导学生合理规划制作过程和使用工具。这一环节旨在让学生将设计转化为实际制作，并培养他们的手工能力和团队合作精神。

制作人工鸟巢

硬纸板　　木棍　　扭扭棒　　纤维

图 5-8　小学第二学段 STEM 课程制作人工鸟巢产品材料

在制作过程中,老师需要指导学生正确使用胶枪,防止烫伤。还需要提醒学生使用纤维布置鸟窝时,纤维需要远离口鼻眼,防止纤维吸入鼻腔。

A. 用什么材料搭建鸟窝主体?

B. 用什么材料能让鸟窝保持稳定,不散架?

C. 放什么材料能让鸟窝舒适呢?

学生继续保持小组合作,使用提供的材料制作鸟类喂食器。学生根据设计图纸,选择适当的工具和材料,开始制作鸟类喂食器和喂水器。

教师提供必要的指导和安全注意事项,确保学生能够安全操作工具和材料。

在制作过程中,鼓励学生互相合作,分享想法和解决问题的方法。

参考方案:使用金属盘、塑料瓶、硬纸板、塑料盆、木棒来制作绘图环节设计的人工鸟巢。

制作鸟类喂食器

金属小盘　　塑料瓶　　硬纸板　　塑料小盆　　木棒

图 5-9　小学第二学段 STEM 课程制作鸟类喂食器产品材料

（五）展示交流

科学探知类 STEM 课程重点在于分享科学发现和对科学原理的理解，交流内容以科学知识为核心，通过互相交流再进一步加深对科学知识的掌握。教师应当引导学生在进行展示交流中侧重原理、概念的表达，而非产品本身制作工艺、水平等，避免本末倒置，以下为小学第二学段 STEM 课程"鸟类生态世界"的展示交流：

案例 5-6

小学第二学段 STEM 课程生态学家之"鸟类生态世界"展示交流要求：

从以下几个方面介绍：

1. 画的是哪种生态系统？
2. 有哪些组分？分别是什么？
3. 有什么样的食物网？

在展示环节，鼓励学生展示他们绘制的生态系统图画、制作的食物网模型。每个学生或小组可以依次介绍他们所选择的生态系统和食物网，并解释其中的关系和作用。

图 5-10　科学探知类 STEM 课程产品海报样例

学生互相分享他们的观察和理解，提出并回答有关生态系统、食物链和食物网的问题。教师可以引导学生对不同生态系统的相似和不同之处进行比较和讨论。

在展示环节，学生展示他们设计和制作的人工鸟巢，并解释其设计原则和符合鸟类栖息地需求的特点。学生可以用图片、口头陈述或小组演示的形式进行展示。这一环节旨在让学生展示自己的成果，同时分享彼此的经验和思考。

学生之间进行交流和互动，提出问题、分享观察和体验，对其他同学的作品提出建议和反馈。通过互动交流，学生可以从彼此的经验中学习和成长，提高批判性思维和表达能力。

学生展示自己设计和制作的鸟类喂食器和喂水器。可以陈述设计理念、材料选择和制作过程。学生之间进行互动交流，提问和回答关于设计和制作的问题，分享彼此的观察和体验。

（六）总结反思

科学探知类 STEM 课程总结反思需要完成对科学知识体系的梳理以及对科学思维方法的反思。在学习过程中，学生运用了多种科学思维方法，如观察、假设、实验验证、理论推导等。在总结反思环节，他们要思考自己在运用这些思维方法时是否得当。因此,在该环节中教师需要引导学生回顾整个学习过程,揭示所采用的科学思维方法,帮助他们进行自我反思。以下为小学第二学段 STEM 课程"鸟类生态世界"的总结反思:

案例 5-7

回顾学生的学习成果,强调生态系统、食物链和食物网的重要性。概括生态系统中生物之间的相互作用和食物关系,以及食物链和食物网的结构和功能。引导学生思考他们在学习过程中的收获和困惑,并鼓励他们提出更多的问题。教师可以提供反馈和指导,帮助学生进一步理解并应用所学的知识。

1. 什么是生态系统?
2. 有哪些种类的生态系统?
3. 生态系统中有哪些组分?
4. 什么是食物链?食物链中有哪些角色?

图 5-11 小学第二学段 STEM 课程生态学家之"鸟类生态世界"的总结反思

(七) 拓展延伸

科学探知类 STEM 课程在拓展延伸方面更偏向于自然科学系统的下一阶段延伸,如深层次知识学习以及系统研究方法提升,教师在布置拓展延伸任务时应尽量选择二者兼顾的任务,以下为小学第二学段 STEM 课程"鸟类生态世界"的拓展延伸:

案例 5-8

前往校园或附近的自然环境进行观察和记录,可以观察不同生态系统中的生物和非生物因素,并记录它们之间的相互关系和依赖关系。

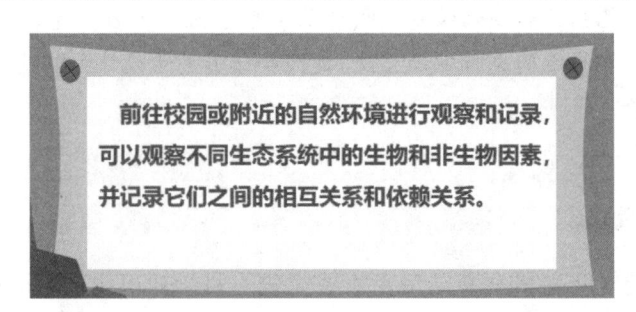

图 5-12 小学第二学段 STEM 课程"生态学家之'鸟类生态世界'"的课后拓展

1. 生态考察：前往校园或附近的自然环境进行观察和记录，可以观察不同生态系统中的生物和非生物因素，并记录它们之间的相互关系和依赖关系。

2. 角色扮演：安排学生扮演生态系统中的不同生物角色，如植物、昆虫、草食性动物和肉食性动物。让他们通过角色扮演体验食物链和食物网中的相互作用，并深入理解能量传递和依赖关系。

三、实践探究类STEM课程教学基本过程——以"净水大作战"为例

（一）提出问题

实践探究类STEM课程中的问题大多来源于实际操作场景，直接源于实践过程，是学生在亲身体验中察觉到的实际困难或现象。与理论学科基于抽象概念推导不同，实践探究类STEM课程更注重基于真实的、可触摸的操作环节，与具体的材料、工具和操作手法紧密相关，具有很强的情境性和实用性。学生需要考虑如何根据资源和自身技能来解决问题，使得问题的解决具有直接的现实价值，而不仅停留在理论探讨层面。以下是小学第二学段STEM课程"净水大作战"的问题提出：

案例 5-9

水是我们的生命之源也与我们的生活息息相关，小朋友们有没有想过，水从哪里来，又去哪里了呢？为什么河里的水一直不会干枯呢？本环节通过问题引导，让学生思考水在地球是怎么从一个地方到另一个地方的，从而引出水循环的概念。

地球上的水从哪里来？又到哪里去了呢？

A. 自然界的水是否都可以直接饮用？通过提出问题，激发学生的思考和好奇心，为后续学习打下基础。

B. 自然界的水是否都可以直接饮用？为什么？

自然界的水并不都可以直接饮用，因为其中可能含有细菌、病毒、重金属等有害物质，需要进行处理或者过滤才能饮用。

C. 如何判断自然界的水是否适合直接饮用呢？

实验探究：老师提前准备三杯水，一杯清水、一杯洗衣粉水、一杯色素水，洗衣粉水静置后去掉泡沫。然后让每组学生观察并判断这三杯水是否适合饮用，并说明他们是如何进行判断的。最后，老师总结通常可以通过哪些方式进行判断。

观察水源：如果水源来自山泉或清澈的河流，通常是安全的。但是，如果水源来自污染的地区或接近动物粪便等污染源，就不应该直接饮用。

水的味道：如果水有异味或味道异常，可能是因为其中含有有害物质，应避免饮用。

水的颜色：如果水呈现浑浊或不透明的颜色，可能是因为其中含有沉淀物或细菌

等有害物质,应避免饮用。

使用过滤器或净化片:在野外旅行时,可以使用过滤器或净化片来去除水中的细菌和病毒等有害物质,使其更适合饮用。

(二) 认知探索

教师在引导的时候要注意其中的知识不是孤立的理论,而是直接服务于实践操作,使学生能够清楚地看到所学知识在实际中的应用价值,注重技能和方法的学习。以下是小学第二学段 STEM 课程"净水大作战"的认知探索:

案例 5-10

通过视频让学生理解水循环的概念:水循环是指水在地球上的循环过程。它包括蒸发、降水、地表径流和地下水。那水是怎么实现循环的呢?引导学生讨论并展示他们对水循环的理解,鼓励他们互相分享观点。

提出问题:

A. 你们能想象一下水循环是怎样的吗?请用自己的话描述一下。

老师总结:水循环对地球和我们的生活至关重要。水循环维持了地球上的水资源平衡,使水能够被循环再利用,滋养植物、支持动物生活,并供给我们日常用水。如果水循环中某一项不循环了,比如不会降雨了,地球会怎么样呢?这对人们的生活会有什么影响呢?

B. 如果水循环中某一项不循环了,会出现什么后果呢?

老师总结:既然水在地球上可以一直循环下去,那是不是就不用保护水资源了呢?引导学生思考,可以饮用的水与不可饮用的水的区别,以及水在循环过程中,哪些部分会变为无法饮用的水。进而引导学生思考如何保护水循环。

C. 你们认为我们应该怎样保护水循环呢?

老师总结:保护水循环可以通过节约用水、减少污染、退耕还林、保护水源地等方式实现。节约用水包括关掉水龙头、使用水杯等。减少污染可以避免将垃圾和污水倒入水体。退耕还林是指不再为了耕种粮食而过度砍伐树木,保护水源地包括禁止乱扔垃圾、植树造林等措施。

自然界中水在循环过程中,会出现分布不均的情况,比如有些地方河流多,容易出现洪涝灾害,有些地方河流少,会出现干旱缺水的情况。有哪些好的办法解决某些地方缺水的问题呢?

D. 有哪些好的办法可以解决某些地方缺水的问题呢?

老师总结:可以设计出一个人工调节水循环的系统辅助自然界的水循环,比如我国北方和西部较南方更为缺水,因此国家开展了南水北调的工程极大缓解了北方很多地区缺水的问题,同时在缺水地区积极植树造林,增加水资源的留存能力。

介绍自然界的水源,如河流、湖泊、海洋等,让学生了解水的来源。图片展示一些自然界的水样品,如湖水、河水,并让学生观察水样品的颜色、透明度等特征。引导学生思考和探索生活中的常见水污染类型。

提问:

A. 生活中常见的水污染有哪些?

老师总结:常见的水污染类型包括但不限于以下内容。

油污:工厂排放废油、船只漏油等导致水体受到油污染。

废水:家庭、工厂、农田等排放的未经处理的废水中含有污染物质,会污染水体。

垃圾和塑料污染:人们乱丢垃圾、塑料袋等进入水体,对水生生物和生态环境造成威胁。

农药和化肥污染:农田使用的农药和化肥,通过雨水流入河流和湖泊,会对水质产生影响。

造成水污染的原因有哪些?

工业排放:工厂生产过程中的废水和废气未经适当处理,排放到水体中导致污染。

农业活动:过量使用农药和化肥,使得这些化学物质通过地表径流或地下渗流进入水体,引发水质问题。

不当废弃物处理:垃圾乱倒、污水未经处理等不当的废弃物处理方式导致水污染。

漏油和泄漏:船只漏油、车辆泄漏机油等意外事件导致油污染水体。

引导学生思考这些污染对水和生态系统的影响,并讨论可能的解决办法。强调保护水资源的重要性,鼓励学生在日常生活中采取节约用水、垃圾分类和环保意识等行动来减少水污染的发生。

B. 针对这些污染,有哪些检测手段呢?

老师总结:污水中大概包含几类污染物,应分别进行针对性的检测。

首先是观察或过滤沉淀,检测其中不能溶解的大颗粒污染物,如各种垃圾漂浮物等。如水中的各种塑料垃圾还有小石块、小树枝等。

接着检测水中的生物污染物,如有机物和细菌等微生物。如可以通过显微镜观察污水,在其中发现一些有害的微生物。

最后测试溶液中的各种无机离子,如各种重金属离子等。

(三) 绘图设计

与科学探知类不同,实践探究类 STEM 课程的绘图设计内容是需要在后续的实践操作中实现的,是指向产品产出的直接路标,因此具备很强的规划性,在绘制图案前要考虑课程的结果产出类型,如果是产品,要综合考虑自身技术水平、资源条件、规划操作时长等内容绘图,避免后期无法根据绘制的图纸完成产品制作。以下是小学第二学段 STEM 课程"净水大作战"的绘图设计:

案例 5-11

通过绘图,加深学生对水循环的理解,并激发他们的创造力。

将学生分成小组,每组准备一张大纸和绘图工具。让学生合作绘制一幅水循环的图画。他们可以使用彩色笔、颜色纸和标签等来表示不同的过程和元素。

A. 你们的图画中应该包括哪些元素,可以表示水循环的不同过程?

图 5-13 STEM课程"净水大作战"水循环图画

每个学生选择一种常见的水污染方式,画出水污染的过程示意图,展示可能导致水源污染的来源,如工厂废水、农药、家庭污水等。通过图示,学生可以直观地了解不同污染源对水质的影响。

A. 你画的是哪种水污染方式呢?进行简单介绍。

(四)实践操作

实践操作是实践探究类STEM课程的核心环节,科学探知类课程的实践操作主要是为了验证或学习科学理论,而实践探究类课程则侧重于通过完成作品来培养学生的创新和动手能力,学生通过亲自动手操作工具、材料,将设计方案转化为实际成果。在实践过程中,注重对实际问题的解决和技能的提升,通过不断尝试和改进,提高学生的实践动手能力和解决复杂问题的能力。因此在进行实践操作的过程中教师应当强调作品的现实性、实用性,避免脱离实际生活。以下是小学第二学段STEM课程"净水大作战"的实践操作:

案例 5-12

通过制作水循环模型,让学生更加直观地体验水循环的过程。让学生继续保持小组合作,并提供一些材料,如塑料瓶、纸杯、棉球、色素等。引导学生使用提供的材料制作一个简单的水循环模型。他们可以将色素加入水中,用棉球代表云,利用纸杯模拟降水。

参考方案:

准备材料:每个小组分配一个塑料瓶、纸杯、棉球、色素、塑封袋、沙子。

在纸杯里面铺一些沙子,模拟地表。

在纸杯的杯口处,用胶带交叉粘在一起,然后把棉球铺在胶带上,模拟云。

在塑料瓶中倒入一些水,并加入适量的蓝色色素,让水呈现蓝色。

将蓝色的水慢慢倒在棉球上,可以看到随着水量增加,棉球上会开始滴落水滴,模拟下雨。

观察水从棉球流入纸杯底部的过程,模拟地表径流和地下水。

通过这个具体的制作水循环模型的过程,学生可以更加直观地观察和体验水循环的各个环节。他们使用纸杯、棉球、蓝色色素和沙子等材料制作一个简单的模型,模拟水从云朵蒸发、降水到地表径流和地下水的过程。这样的制作过程能够帮助学生加深对水循环的理解,并激发他们的创造力和实践能力。

根据设计的方案制作净水器装置。

注意事项:

1. 在瓶盖处,需要先剪一块泡棉,放在最下层,防止活性炭粉末经过瓶盖的孔直接进入过滤后的水;

2. 制作完成后需要用清水冲洗几次,清洗过滤材料,直到过滤后的水不再发黑发黄,然后才能测试净水效果。

(五) 展示交流

实践探究类 STEM 课程的展示内容以实践成果和过程为主,重点在于实践成果的呈现和实践过程以及经验的分享,具有较高的互动性与借鉴性,能够让其他学生直观地看到实践的成果和了解实践的难度。通过分享自己的真实体验,展示者能从不同的角度审视自己的作品,同时也让其他学生从展示的作品中获取灵感,帮助其他学生更好地掌握实践技能。以下是小学第二学段 STEM 课程"净水大作战"的展示交流:

案例 5-13

每个小组展示他们的图画和水循环模型,并向其他小组介绍制作的水循环模型模拟的哪部分水循环,在你制作的水循环中,水是如何流动的,这样的水循环对地球有什么影响。

每个学生展示他们的净水器装置模型,并简要介绍其设计原理。学生们可以互相提问、分享观点,加深对净水装置的理解。

（六）反思评价

实践探究类 STEM 课程的总结反思主要包含了对实践过程的全面回顾、对自身实践技能的整体评估、实践成果的具体分析以及对实践中合作与沟通的自我反思。其中，实践过程全面回顾即学习过程的全面回顾，自身实践技能的评估有助于操作技能的发展。教师引导学生开展这四个方面的总结反思，一方面促进学生能力提升，另一方面通过提炼和升华，将内容融入课程思政或下一节课。以下是小学第二学段 STEM 课程"净水大作战"的反思评价：

案例 5-14

老师对学生的表现进行点评，总结本节课的学习内容，并引导学生进行反思和思考。

在今天的课程中，学到了哪些新的知识？对保护水循环和解决地方性缺水有什么新的想法或建议？鼓励学生分享自己对如何保护水循环和解决地方性缺水问题的新想法或具体行动计划，例如节约用水、保护水源地、宣传环保知识等。

老师对学生的表现进行点评，总结本节课的学习内容，引导学生进行反思和思考。

鼓励学生思考如何在日常生活中节约用水和减少污染。让学生反思他们的学习收获和团队合作情况，以巩固所学知识。

（七）拓展延伸

实践探究类 STEM 课程的拓展延伸是基于实践技能和成果的进一步发展，是对实践能力的提升，使学生能够在更复杂的实践领域中发挥自己的才能。这一过程注重实践应用场景的拓展，让学生将实践技能与实际生活需求相结合，提高学生解决实际问题的能力；鼓励创新和探索精神，激发学生的创造力，使他们在实践探究领域不断创新。促进跨学科知识的融合。拓宽学生的知识视野，培养他们综合运用知识解决复杂问题的能力。以下是小学第二学段 STEM 课程"净水大作战"的拓展延伸：

案例 5-15

观察和记录日常生活中使用的净水方法，并讨论其效果和改进的可能性。如果条件允许，可以拆开一些废弃的净水装置，查看其内部的结构，记录其中各个部件，并在下节课上进行分享。

你制作的净水器有哪些地方可以优化呢？能否制作成便携式的？（能随身携带，当需要净化水的时候直接拿出来用）思考如何进行优化，有条件的同学可以尝试实施并验证效果。

四、情境创设类 STEM 课程教学基本过程——以"汽车发明家"为例

(一) 情境导入

情境创设类 STEM 课程的发现问题环节紧密围绕特定情境展开。通过构建一个真实或模拟的场景，提出一系列问题。这些问题直接源于设定情境中的矛盾和困境，与学生所扮演的角色任务紧密相连。学生需要深入理解情境背景、角色职责和情境中的各种要素关系，才能敏锐地发现关键问题。这种方式培养了学生在特定情境下分析问题的能力，学会从多个角度审视情境，考虑社会、经济、环境等多方面因素对问题的影响，从而提出更全面、更具针对性的问题，为后续探究明确方向。以下是小学第二学段 STEM 课程"汽车发明家"的情境导入：

案例 5-16

情景导入（出示图片）：该上体育课了，这节课是篮球课，老师会教同学们怎么运球。在上课之前，老师从仓库提了一大网兜篮球，把这些篮球带到操场。操场离仓库还有点远，老师费力地提着篮球，等到了操场时，手都有点酸了。老师放下网兜，轻轻地揉了下手腕。

观察图片回答以下问题：

A. 图片呈现的情景中，哪些人遇到了什么问题？

老师引导学生回答从图片中看到的信息，采用"同理心"的方式，分析从图片情景中能得到哪些信息。

采用"同理心"方式进行分析时，需要带入角色，分别思考该角色可能"看""听""想""说"的内容，再分析该角色的需求，并选择某一需求进行解决。

老师总结：

带入学生的角度

看：老师提着网兜走了很远；老师提篮球网兜很费力；老师揉了手腕……

听：老师脚步声很重；操场比较吵；网兜时不时地擦着地板……

想：老师提着篮球网兜真重；老师应该让我们直接去仓库拿篮球；老师应该用板车拉着……

说：老师，重不重？老师，我帮你吧？老师，能不能做个工具来运输篮球？

(二) 知识探究

在情境创设类 STEM 课程的认知探索阶段，学生围绕情境中的问题进行知识与技能的学习，学习内容高度贴合情境需求。这一过程中，学生带着解决情境问题的迫切需求主动求知，知识的获取渠道多样且具有情境指向性。而且在认知探索时，学生需要将不同学科知识融合到情境中。通过这种跨学科整合，学生学会运用多学科知

识解决情境中的复杂问题,理解知识在实际情境中的综合应用。以下是小学第二学段 STEM 课程"汽车发明家"的知识探究:

案例 5-17

通过展示各种动力小车模型,启发学生观察思考车体、车轮、动力装置等部件的作用,让学生对动力小车有一个初步的认知,为后续的设计制作打下基础。

观察图片,根据图片分析车有哪些共同的结构呢?

不同类型的车在外形和结构上有所差异,但它们都具有一些共同的基本结构,以满足车辆基本的移动需求。这里需要学生仔细观察,并以小组为单位总结出车的共同结构。

老师总结:车要满足行走,需要一些共同的基本结构。

车轮:车要平稳地移动,需要车轮和动力系统。

车体:车轮和动力系统需要安装在车体(车厢)上,车体需要有底座和车厢。

底座:底座用于固定车轮和动力系统。

车厢:车厢用于载人或装载货物。

发动机:给车提供动力。

火箭发动机和燃料发动机成本高昂,结构太复杂;太阳能电池板需要的面积较大,本主题可不做探索。接下来,我们将分别了解风力、弹力、电动机是如何为小车提供动力的,并根据探究的结果,选择合适的小车动力源。本次课,我们先从风力驱动小车进行研究。

1. 认识如何使用风力驱动小车移动。

风力:指通过风产生动力或能量。

B. 生活中有哪些使用风的例子?

老师解答:常见的利用风的例子有,帆船、风力发电、风车等。

C. 那风如何驱动车行走呢?

引导:当风足够大时,能吹动树木、吹动船,同理,风也能吹动小车。为了控制小车自由移动,需要在车上安装产生风力的装置。通过控制风的方向和大小,来控制小车移动。

老师解答:在小车上安装产生风力的装置,如风扇、气球等。

D. 气球推动小车行驶的原理是什么?

引导:当气球里面的气体从气球口出来时,向外会吹动什么呢?气球向外吹风时,为什么会让气球往后跑呢?

老师解答:气球里的气体喷出时,会产生一个与喷出方向相反的推力,这种现象称为反冲力。反冲力推动小车向前运动,而气球本身则由于内部气体的耗尽而停止。

根据牛顿第三定律,物体间力的作用是相互的,即每一个力都有一个大小相等、方向相反的作用力和反作用力。气球内的气体喷出的力与气球受到的反冲力就是一对作用力与反作用力。当气球内的气体完全喷出后,这对作用力与反作用力就消失了。

(三) 绘图设计

绘图设计环节在情境创设类STEM课程中是将情境解决方案可视化的重要手段。这类课程的绘图设计不是单纯的技术描绘，具有很强的情境适应性和功能性，要充分考虑情境中的各种限制和需求，随着对情境问题的深入理解和解决方案的完善，从而及时修改图纸，使设计更符合情境实际，有效解决问题。以下是小学第二学段STEM课程"汽车发明家"的绘图设计：

案例 5－18

根据前面的学习，现在同学们对动力小车的基本结构有了清晰的认识。请同学们在课题报告上，设计出自己要制作的动力小车的结构。

设计的时候，考虑自己的小车各部分结构选择什么样的材料，要做成什么样的造型。最重要的是，要考虑车厢设计成什么，怎么帮助体育老师搬运篮球。

根据前面的学习，现在同学们对气球驱动小车的方式有了清晰的认识。请同学们在课题报告上，根据提供的材料，设计出自己要制作的气球动力小车的结构。

设计的时候，考虑气球小车的底盘做成什么样子，气球怎么安装，如何装载"篮球"等。

(四) 实践操作

情境创设类STEM课程的实践操作环节，是在模拟情境中执行解决方案，检验其可行性和有效性。在实践操作过程中，学生将面对情境设定的各种条件和限制，强调对情境的遵循和应对。他们需要根据模拟情境灵活调整操作策略，运用所学知识和技能解决问题。这种实践方式培养了学生在复杂情境下的应变能力和问题解决能力，使他们体验到在特定情境中实施解决方案的真实挑战。以下是小学第二学段STEM课程"汽车发明家"的实践操作：

案例 5－19

接下来，按照自己的设计，选择合适的材料，制作能跑动的气球小车。

材料：硬卡纸20 cm×30 cm、木棍15 cm×5 cm×2，木棍8 cm×5 cm×2、粗吸管、细吸管、气球×2、小皮筋×2、车轴11 cm×2、空心管25 cm、轴套×10、轮子×4。

步骤：

选择使用木棍制作车底盘；

把车轴、轴套正确地固定在底盘上，保证车轴能正常旋转；

固定车轮；

固定气球和吸管；

气球和吸管固定在底盘上；

在底盘上设计并安装"气球"的装置。

测试：探究影响气球小车行驶距离的因素有哪些？

同学们完成制作后，首先测试自己的车能否跑起来，然后进行影响气球小车行驶距离的测试探究，做好实验数据记录。

实践操作过程中，教师对已完成实践的小组或同学进行基于情境的产品优化引导。让学生自主探究如何在情境中最大化产品作用。

探究气球吹气量对小车行驶距离的影响。

引导：如何让小车跑得更远？吹气量的多少对小车行驶远近的影响是什么？如何测试并记录数据进行验证？

气球直径	行驶距离
10 cm	
15 cm	
20 cm	

教师总结：吹气量越多，小车行驶越远。[注意气球不能无限吹大，最大吹到直径大概20 cm即可，防止气球吹爆，对学生眼睛、脸部等身体部位造成伤害（建议使用护目镜以确保安全）]。

（1）探究喷嘴粗细对小车行驶距离的影响。

引导：不同粗细出气管对小车行驶距离有影响吗？气球吹得同样大，粗吸管和细吸管哪个让小车跑得更远？为什么呢？

吸管种类	行驶距离
细吸管	
粗吸管	

老师总结：通过提供的两种吸管测试效果来看，粗吸管能让小车跑得更远。但并不是出气的吸管越粗越好，吸管越粗，对外产生的作用力和反作用力越大，但气球放气的速度越快，小车产生动力的时间越短。这是一个动态平衡的结果，所以当出气管大到一定程度后，小车行驶的距离最远，如果出气管进一步增大，小车行驶的距离反而会减小。

（2）除了吹气量和出气管大小，还有哪些因素影响小车行驶的距离呢？

老师总结：还有车体形状、气球安装的位置、车体重量、摩擦力等多方面对小车行驶距离产生影响。所以需要进行综合分析，车体要做得轻，减少气球与地面或轮子的摩擦等。

实践操作全部结束后，教师组织产品应用比赛，引导学生将实践结果与模拟情境中的问题相结合,并通过比赛让学生对自身产品及学习过程有基本认知,为接下来的展示交流和总结反思环节打下基础。

比赛1:看谁跑得远。

寻找合适的场地,每组挑选1人在同一起跑线上进行比赛,看哪个小组的小车跑得最远。

比赛2:看谁装得多。

使用弹珠模拟篮球,每组挑选1人在同一起跑线上进行比赛,看哪个小组的车装的篮球最多,跑得最远。

(五)展示交流

情境创设类STEM课程的展示交流环节具有很强的情境关联性和互动性,为学生提供了分享情境解决方案和交流实践经验的平台。学生不仅要展示成果,还要阐述成果在情境中的应用效果和优势。在交流过程中,其他同学可以从情境中的不同角度提出问题和建议,这种互动交流促使学生从多个视角审视自己的解决方案,发现潜在问题,进一步完善方案。同时,通过倾听他人展示,学生可以学习到不同的解决思路和方法,拓宽在情境中解决问题的视野。以下是小学第二学段STEM课程"汽车发明家"的展示交流:

案例5-20

在展示环节,鼓励学生展示他们绘制的气球动力小车设计图和作品。每个学生或小组可以依次介绍他们设计的气球动力小车包含哪些部分,利用了什么原理,有什么功能和特点等。学生互相分享他们的设计和理解,同时学习他人的长处,用于优化自己的设计。教师可以引导学生对不同设计的创意进行比较和讨论。

(六)总结反思

情境创设类STEM课程的总结反思环节能够帮助学生梳理在情境中解决问题的整个过程,深化对知识、技能和情境应对策略的理解。学生首先回顾在情境中发现问题的过程,反思是否准确把握了情境中的关键问题和矛盾,是否有遗漏重要信息。接着反思认知探索阶段获取的知识和技能在情境中的应用情况,思考在实践操作中是否正确运用,哪些地方理解不够深入,需要进一步学习。然后,对实践操作过程进行反思,总结在情境中执行解决方案时遇到的困难及解决方法,反思操作是否合理、高效,面对突发状况的应对是否得当。最后,思考在展示交流环节中从他人那里获得的启示,并探讨如何将这些经验融入今后类似情境的应对中。通过全面总结反思,学生能够不断提升在情境中解决问题的能力,为未来应对真实复杂情境积累经验。以下是小学第二学段STEM课程"汽车发明家"的总结反思:

案例 5-21

回顾学生的学习成果,通过问题互动的形式,引导学生总结以下问题:
1. "同理心地图"需要感受人物的哪些感受?
2. 动力小车的动力源有哪些?
3. 你在设计动力小车时有哪些创意点?

回顾学生的学习成果,通过问题互动的形式,引导学生总结以下问题:
1. 气球动力小车的原理是什么?
2. 影响气球动力小车的因素有哪些? 分别有什么影响?
3. 你在设计气球动力小车时有哪些创意点?

(七) 拓展延伸

拓展延伸环节是将情境创设类课程的学习成果向更广泛的情境和领域拓展。一方面,学生可以基于已有的情境解决方案,探索更复杂的情境变化。另一方面,拓展延伸可以将情境中的解决方案应用到其他类似现实场景中。以下是小学第二学段STEM课程"汽车发明家"的拓展延伸:

案例 5-22

结合自己玩过或者见过的玩具小车,思考:除了使用发动机,还有哪些方式能让小车跑起来呢?〔气球动力、皮筋动力、弹力、惯性(回力小车)、推力等〕选择其中一种,简单描述其是如何产生动力,并让小车移动起来的。

在家中找一找,还有哪些物品使用马达,并查找资料,分享它在这个物品上的工作流程是什么。

第三节　STEM 课程教学方法与实践

学习目标

1. 知道 STEM 教学中常用的教学方法。
2. 能阐述各类教学法在 STEM 教学中的作用。

问题思考

1. 如何根据不同的 STEM 课程选择最优教学法?
2. 在 STEM 课程的实际教学中你还能想到哪些教学法的应用?

知识聚焦

在任何教学活动中,教学方法都起着举足轻重的作用。合适且有效的教学方法直接决定了知识传递的效率与质量,若采用错误的方法,可能导致学习者难以深度理解复杂的知识体系。而契合学生特点的教学方法能极大地调动学习积极性,使课堂氛围从沉闷变得活跃,让学生由抵触学习转为主动探索,为教学活动的顺利推进和教学目标的达成奠定坚实基础,是提升教学成效不可或缺的关键要素。根据 STEM 教学实施的特点,常见的有以下几种教学方法。

一、问题驱动式教学法的教学实践

问题驱动式教学法的项目设计需要按照不同课程特点进行具体实施,但根据陈丽虹等学者的实践探究,问题驱动式教学法活动设计主要包括设计问题、组建学习小组、确定学习目标、学生自主探究学习、小组交流汇报和评价与反思六个环节[①]。

(一) 问题驱动式教学法在 STEM 教育中的优势

以上六个环节在 STEM 教学中表现出高契合度,且与实践教学活动有高重合性,在实际 STEM 教育过程中问题驱动式教学法在以下几个方面体现出显著优势:

1. 知识整合与深化

打破学科壁垒是问题驱动式教学法在 STEM 教育应用中的首要功绩。传统教学模式下,学生难以把握各学科之间的内在联系。而问题驱动式教学法通过复杂的真实问题作为纽带,将这些分散的学科知识紧密串联起来。学生在探寻问题答案的过程中,不知不觉地将多学科知识融会贯通,构建一个立体、多元且深入的知识体系。他们对每个学科知识的理解不再停留在表面,而是深入到具体的应用场景,挖掘背后的原理与逻辑。

2. 能力进阶培养

批判性思维塑造:在问题驱动式教学法学习环境里,学生面临的问题通常没有标准答案。面对海量信息,他们必须练就一双"火眼金睛",批判性地筛选、分析与评估,不随波逐流,培养出严谨、理性的批判性思维习惯。

---

① 陈丽虹,周莉,吴清泉,等.PBL 教学模式效果评价及思考[J].中国远程教育,2013(1):70-73.

创新创造能力激发：问题驱动式教学法鼓励学生突破传统思维定式，大胆探索未知。学生不应仅依赖现有的成熟产品模式，而要发挥创造力，思考如何利用有限资源、结合当地特殊需求，从全新的视角运用 STEM 知识。或许是采用新颖的传感器技术、简易却高效的机械结构，或是开发独具创意的诊断算法，在不断尝试与创新中，从而在解决实际问题中开辟新路径，使创新思维逐渐成为一种本能。

协作沟通能力提升：复杂的问题驱动式教学法项目大多依靠团队协作完成。小组成员各司其职，借助频繁且高效的沟通，清晰表达自己的想法，理解他人需求，并协商解决分歧，从而让项目顺利推进。在此过程中，学生的团队协作与沟通交流能力得到显著锻炼。

3. 学习动力与自主意识唤醒

与传统枯燥的知识讲授模式形成鲜明对比，问题驱动式教学法将学生从被动听讲者转变为主动探索者。面对贴近实际生活的问题时，学生能够真切感受到所学知识的实用价值。他们不再把学习视为一项任务，而是怀揣着强烈的好奇心与解决问题的渴望，主动投身于资料查阅、实地调研、实验探究等学习活动中。每一次问题的逐步解决都像是一场胜利，为他们带来满满的成就感，进而形成正向激励循环，不断强化自主学习意识，让学习动力源源不断，彻底摆脱"要我学"的困境，进阶到"我要学"的新境界。

4. 教学评价体系优化

传统 STEM 教育侧重于终结性评价，以考试成绩论英雄，难以全面反映学生的学习过程与成长轨迹。问题驱动式教学法的应用促使教学评价发生根本性变革，转向以形成性评价为主导。教师不再只关注项目最终的成果呈现，而是全程跟踪观察学生在问题驱动式教学法过程中的表现。从问题定义的精准度，能否敏锐捕捉到关键问题；到资源利用的合理性，是否善于整合各类知识、信息与工具；再到方案调整的灵活性，面对困难与新情况能否及时优化解决方案等多个维度，为学生提供即时、精准且具有建设性的反馈。这种动态的评价方式如同指南针，引导学生随时调整学习策略，不断提升学习效果，更契合以学生发展为中心的现代教育理念，让教育评价真正成为促进学生成长的有力助推器。

5. 真实情境体验与知识迁移

问题驱动式教学法为学生营造出逼真的现实情境，使其仿佛置身于专业的科研、工程或社会实践场景之中。以"模拟应对突发自然灾害的应急救援方案设计"为例，学生要像专业救援人员一样，考虑地形地貌、气象条件、受灾人群分布等诸多现实因素，运用 STEM 知识制订救援路线规划、搭建临时避难所、调配救援物资等方案。在此过程中，他们能够深刻领悟到知识在实际运用中的复杂性与灵活性，积累宝贵的实践经验。一旦日后遇到类似真实场景，便能迅速调动所学知识，实现知识从课堂到生活、从理论到实践的无缝迁移，极大提高学生应对复杂现实问题的能力，真正成为适应社会发展需求的复合型人才。

(二) 问题驱动式教学法在 STEM 教学中的应用体现

1. 呈现问题情境，提出问题

问题是问题驱动式教学法学习的起点，也是实施问题驱动式教学法教学的关键。在设计问题时，教师应充分考虑课程特点，同时注意问题的开放性和真实性，激发学生的动机，并确保难易程度适中。

STEM 课程对应问题发现案例：

图 5-14 STEM 课程"汽车发明家"的问题提出相关图片

提问：

观察图片，根据图片分析车有哪些共同的结构呢？

怎么让车移动起来呢？

制作电动小车需要哪些材料呢？

老师总结：

车轮：车要平稳地移动，需要车轮和动力系统；可以使用瓶盖、圆木片制作，或者使用硬纸板裁成圆形制作车轮；车轮用吸管或者木棍连接，木棍作为车轴。

车体：车轮和动力系统需要安装在车体（车厢）上，车体需要有底座和车厢；使用硬纸板或者木板。

底座：底座用于固定车轮和动力系统。

车厢：车厢用于坐人或者拉货物；使用硬纸板或者木板；使用电机加齿轮或者皮带带动车轮，使用电池供电。

发动机：为小车提供动力。

2. 组建学习小组

由3—6人组成学习小组，确定组长，按照小组成员的兴趣爱好、认知能力和学习风格等分配各自的任务，并建立小组群，搭建组内交流平台。

STEM课程对应小组合作案例：

学生以小组为单位进行讨论，并记录每个人的想法和问题，最后总结并向其他小组介绍本组的结果，老师鼓励学生分享自己的观点，促进思维交流。

3. 确定学习目标

在教师指导下，根据课程的大纲要求及特点，制订小组总体学习目标及个人学习计划。

STEM课程对应项目目标案例：

学习动力小车的结构、原理和制作过程，对于学生而言有着诸多重要意义。在实践能力培养上，学生需要亲自动手操作，从零件的识别、挑选，到按照设计方案进行组装，每一个环节都锻炼了他们的动手能力和手眼协调能力。在创造力激发方面，学生可以根据自己的想法对动力小车的外观、动力系统等进行创新设计，探索不同的材料和技术应用，充分发挥自己的想象力和创新思维。

以上材料中的关键性问题是什么？

学习动力小车的结构、原理和制作过程可以更有效地培养学生的实践能力、创造力和团队合作能力，并提升他们对科技的认知与理解。

4. 自主探究、合作交流学习

这是问题驱动式教学法的核心环节。在这一阶段，各小组通过教师提供的文献资料和网络平台上的各种资源，按照各自的任务查找信息、传递信息、加工信息、讨论问题、实验探究并定时或不定时地进行小组交流。最后，小组成员将各自所找到的资料进行加工整合，在小组讨论时分享和交流，最终形成探究成果。

STEM课程对应认知探索案例：

通过问题互动引导学生思考生活中有哪些净化水的方法，如煮沸水、紫外线消毒、过滤器等。通过讨论总结后，总结比较常见且重要的净水设施是自来水厂和饮水机等，并引导学生学习这两种净化水的过程和原理。通过这些互动，学生将提升对水净化的认知水平，并理解不同净水装置的原理和使用方法。

生活中常见的净水方法有哪些？

学生根据自己的认知情况进行回答，老师最后进行总结。

老师总结：常见的净水方法有煮沸水、紫外线消毒、过滤器、活性炭吸附、饮水机等。

人们应用最广泛的净水方式是哪些？

老师总结：日常生活中人们应用最广泛的净化方式是自来水厂提供的净化水和通过饮水机净化的水。其中自来水厂为家家户户提供日常用水，饮水机为人们提供直饮水。自来水厂净化后的自来水可以用来洗漱和做饭，想要饮用还需要烧开或者经过过滤式净水器的再次净化处理。

自来水厂和净水器净化水的过程是怎样呢？

老师总结：

自来水水厂会经过水源采集—絮凝—混凝—沉淀—过滤—消毒—分配等过程。首先从可靠的水源中采集水，如湖泊、河流、地下水等。然后会向水中加入水处理剂，如聚合氯化铝、硫酸铝、三氯化铁等。这些化学物质会与水中的悬浮物和颗粒结合形成较大的颗粒物，然后通过沉淀使这些物质沉淀在底部，剩下的水流向下一级的过滤区。接着用多层过滤介质如砂、活性炭、石英砂等材料过滤掉更小的杂质如细小的悬浮物等，最后加入氯气进行消毒。处理后的水将被储存在清洁的水库或水塔中，通过管道系统分配到用户家中。

5. 小组交流汇报

小组交流汇报的形式是多种多样的，各小组可将学习成果制作成PPT文档，形象直观地展示并交流自己的探究结果。

STEM课程对应成果展示案例：

在展示环节，每个小组展示他们的图画和水循环模型，并向其他小组介绍制作的水循环模型模拟的哪部分水循环，在你制作的水循环模型中，水是如何流动的，这样的水循环对地球有什么影响。

6. 评价与反思

这是问题驱动式教学法的最后阶段。在这个环节，教师一方面要引导学生总结在整个解决问题过程中的体会或收获，同时要对整个教学活动的内容进行点评与总结，并引导学生反思在解决问题过程中存在的不足。

STEM课程对应总结反思案例：

教师对学生的表现进行点评，总结本节课的学习内容，引导学生进行反思和思考。

在今天的课程中，学生学到了哪些新的知识？对保护水循环和解决地方性缺水有什么新的想法或建议？鼓励学生分享自己对如何保护水循环和解决地方性缺水的新想法或具体的行动计划，例如节约用水、保护水源地、宣传环保意识等。

二、任务驱动式教学法的教学实践

（一）任务驱动式教学法的特点

1. 任务导向性突出

在任务驱动式教学中，任务是整个教学活动的核心与主线。教师依据课程标准、教学大纲以及学生的实际知识水平精心设计任务,这些任务都带有明确的指向性,一切学习行动都围绕任务展开,让学生清楚知道自己努力的方向。此外,任务导向性还体现在它对学生主动整合知识的促进。由于任务往往具有综合性,学生在完成任务过程中,不再是孤立地记忆知识点,而是将不同章节、不同学科领域的知识串联起来,任务像磁石一样把碎片化知识凝聚成解决实际问题的有力工具。

2. 以教师为主导,以学生为主体

教师的主导作用贯穿任务驱动式教学全程。在任务设计阶段,教师要充分考量学生的认知起点、兴趣点,挖掘教学内容的重难点,巧妙地将知识技能融入一个个富有吸引力的任务中。当学生着手执行任务时,教师充当适时的引导者。观察学生在资料收集、小组讨论、实践操作等环节出现的问题,及时给予启发,而非直接告知答案,让学生自主发现问题、纠正错误,充分发挥学生作为学习主体的主观能动性,使其在自主探索、尝试错误、反思改进中深化对知识的理解与掌握。

3. 学生参与度高

相较于传统枯燥的理论讲授,任务驱动式教学所呈现的任务多取材于现实生活,任务的趣味性与实用性有助于激发学生参与热情。学习者通常会兴致勃勃地投入任务中,主动查阅资料、构思创意并动手绘制草图。

(二) 任务驱动式教学法在 STEM 教学中的应用体现

任务驱动式教学包括创设情境、确定任务、展开学习和效果评价四个基本环节,能为学生提供体验实践的情境和感悟问题的情境。通过围绕任务展开学习,以任务的完成结果检验和总结学习过程,改变学生的学习状态,使学生主动建构探究、实践、思考、运用、解决问题等高智慧的学习体系。下面以 STEM 课程为案例,解释任务驱动式教学法在 STEM 教学中的应用体现:

1. 创设情境

为使学生的学习能在与现实情况基本一致或相似的情境中发生,需要创设与当前学习主题相关的、尽可能真实的学习情境,引导学习者带着真实的"任务"进入学习情境,使学习更加直观和形象化。生动直观的形象能有效地激发学生联想,唤起学生原有认知结构中有关的知识、经验及表象,从而使学生利用有关知识与经验去"同化"或"顺应"所学的新知识,发展能力。

STEM 课程对应情境创设案例:

情境导入(图片):校园里的小花园迎来了一群不速之客——害虫。这些害虫一个个行动敏捷、身体小巧,很难用手抓到,把花园里漂亮的花朵和嫩绿的叶子咬得千疮百孔,学校的园丁爷爷看了直发愁。

图 5-15　STEM 课程对应情境创设案例导入图片

观察图片回答以下问题：

图片呈现的情景中，哪些人遇到了什么问题？

引导学生回答从图片中看到的信息，采用"同理心"的方式，分析从图片情景中能得到哪些信息。

采用"同理心"方式分析，需要代入角色，分别思考该角色可能"看""听""想""说"哪些内容，再分析出该角色的需求，选择某一需求进行解决。

老师总结：

带入学生的角度。

看：害虫把花朵和绿叶咬的千疮百孔。

听：害虫飞走的声音、园丁爷爷跑着追赶害虫。

想：害虫真难清理；怎么才能赶走害虫保护植物呢？

说：我们一起设计一个驱除害虫的装置。

2. 确定问题（任务）

在创设的情境下，选择与当前学习主题密切相关的真实性事件或问题（任务）作为学习的中心内容，让学生面临一个需要立即去解决的现实问题，这个问题（任务）基于现实的需求而产生，具有明确的指向性。问题（任务）的解决有可能使学生更主动、更广泛地激活原有知识和经验，来理解、分析并解决当前问题，问题的解决为新旧知识的衔接、拓展提供了理想的平台。通过问题的解决来建构知识，正是探索性学习的主要特征。

STEM 课程对应确定任务案例：

引导学生分组进行讨论，结合前面得到的信息，总结出学生的主要问题。并设想有哪些方式可以解决学生的问题。在设想方案时，需要考虑实现的难易程度。

老师总结：学生看到花园里的植物被害虫咬的千疮百孔。针对学生这个问题，可以设计消灭害虫的装置。比如制作捕虫网帮助园丁爷爷抓虫子；调试驱虫剂在小花园喷洒；使用驱虫灯。

3. 展开学习

任务驱动式学习主要以自主学习或协作学习的形式开展，通常不是由教师直接告诉学生应当如何去解决面临的问题，而是由教师向学生提供解决该问题的有关线索，如需要搜集哪一类资料、从何处获取有关的信息等。强调发展学生的"自主学习"能力，同时倡导学生之间的讨论和交流，通过不同观点的交锋，补充、修正和加深每个学生对当前问题的解决方案。

STEM课程对应展开学习案例：

老师给同学们讲解害虫的生活习性、趋避原理，比如光的波长对害虫的影响、气味分子如何刺激害虫的感官等知识，还展示了一些利用物理和化学原理驱赶害虫的小视频，让同学们对驱赶害虫的方法有更直观的认识。

在学习后，同学们分成小组，讨论对害虫的认识以及应当采取的处理方法，组员分工合作，分别负责在线资料查找、解决方案设计、实地考察取证等，再经过小组讨论，汇总观点，最终得出结果。

A. 花园中的害虫是什么种类？

让学生通过实地观察，了解相关的自然知识，增加对害虫外形、活动特点和对植物的影响等方面的了解。

B. 面对这样的害虫，应当采取怎样的处理方式？

结合所学知识及小组学习内容，确定害虫种类以及如何驱赶此类害虫。

C. 制作驱虫器需要使用到哪些材料？

引导学生根据驱虫器的结构和功能，结合平时上课常用的材料和加工难度，思考可以使用哪些材料？

4. 效果评价

对学习效果的评价主要包括两部分内容，一方面是对学生是否完成当前问题的解决方案的过程和结果的评价，即所学知识的意义建构的评价，而更重要的一方面是对学生自主学习及协作学习能力的评价。

STEM课程对应效果评价案例：

通过问题互动的形式，引导学生总结以下问题：

1. 害虫有哪些危害以及可以怎么解决。
2. 在解决害虫问题的时候有哪些创意。

第四节　STEM课程课堂管理

学习目标

1. 了解STEM课堂教学管理的特点。
2. 掌握STEM教学课堂管理方法。

问题思考

1. 如何高效管理STEM课堂？
2. 如何实现STEM课程的课堂管理目标？

知识聚焦

一、STEM课程课堂管理的特点

课堂管理是教师为了完成教学任务，调控人际关系，和谐教学环境，引导学生学习的一系列教学行为方式。其目的一是监督和控制学生，让学生遵守规范；二是引导和激励学生，让他们主动参与[1]。管理好课堂是开展教学活动的基石，与其他课程性质不同，STEM课程实施环境，具备以下几个特点：

（一）空间利用的多样性

1. 突破传统教室限制

与传统单一学科课堂局限于教室座位排列不同，STEM课程的课堂管理需要考虑多种空间利用方式。由于课程可能涉及实验操作、实地考察等活动，教室空间不再仅仅是桌椅的整齐摆放。例如，在进行物理实验时，需要将教室布置成实验台形式，方便学生进行实验操作；在开展地理野外考察课程时，课堂空间延伸到户外自然环境，教师要在不同的空间环境中管理学生的学习活动，确保学生的安全和学习效果。

2. 灵活的空间布局

为了满足小组合作、讨论交流等学习需求，STEM课堂的空间布局需要更加灵活。可以根据教学活动的需要，随时调整桌椅的摆放方式，形成小组讨论区、作品展

---

[1] 陈时见.课堂管理:意义与变革[J].教育科学研究,2003(6):5-8.

示区等不同功能区域。比如,在进行项目式学习时,将学生分成若干小组,每组学生围坐在一起,便于他们进行讨论和协作。这种灵活的空间布局要求教师在课堂管理中具备更强的组织协调能力,能够根据教学进程及时调整空间设置。

(二) 时间把控的复杂性

1. 项目周期跨度时间长

STEM课程是项目驱动,一个完整的STEM项目可能包括问题提出、方案设计、实验实施、数据分析和成果展示等多个阶段,每个阶段都需要合理分配时间。例如,在一个为期一个月的环保项目中,教师需要规划好每周的课堂时间用于项目的不同环节,既要保证学生有足够的时间进行深入研究,又要确保项目能够按时完成。

2. 阶段时间弹性大

在项目实施过程中,由于学生的学习进度和遇到的问题各不相同,课堂时间需要具有一定的弹性。例如,在小组实验阶段,如果某个小组在实验过程中遇到了技术难题,需要更多时间解决,教师需要根据实际情况灵活调整时间安排,确保该小组能够顺利完成实验,同时又不影响其他小组的进度。这对教师的课堂整体时间把控能力提出了更高要求。

(三) 学生互动形式多样性

1. 小组合作频繁

小组合作是STEM课程中最常见的学习方式,学生需要在小组内共同完成项目任务。课堂管理要关注小组合作的过程,确保每个学生都能积极参与。教师要引导小组建立有效的合作机制,如定期召开小组会议、明确成员职责等。例如,在设计一款智能机器人的项目中,小组成员需要分别负责创意设计、电路连接、编程控制等工作,课堂管理要促进小组内部的沟通与协作,及时解决小组合作中出现的矛盾和问题。

2. 师生、生生互动形式多样

除了小组合作中的生生互动,STEM课堂中师生互动也非常频繁。教师不仅要在知识讲解时与学生互动,还要在学生项目实施过程中提供指导和反馈。同时,学生之间的交流和分享也贯穿于整个课程。在项目成果展示环节,学生需要向全班同学介绍自己小组的项目成果,其他同学可以提问和提出建议,教师要引导这种互动朝着积极、有建设性的方向发展,促进学生之间的学习和共同进步。

综上所述,STEM课堂管理模式是项目学习的生动体现,项目实施的复杂性决定了需要多样的空间、弹性的时间以及丰富的互动形式来支撑。从项目的提出到成果展示,每一步都离不开有效的课堂管理。同时也将学生主体地位彰显无遗。在灵活的空间布局和丰富的互动中,学生不再是被动接受知识,而是主动参与项目,在小组合作、师生交流中不断探索、解决问题。教师通过合理的课堂管理,引导学生在自主学习中成长,让学生在 STEM 课程里充分发挥主观能动性,真正实现以学生为中心的教育理念。

二、STEM 课程课堂管理的目标

(一) 保障课堂教学顺利实施

保障课堂教学的顺利实施是课堂管理的出发点和归宿,由于 STEM 课堂教学不同于常规课堂,是开放性的、学生学为中心的课堂,首先课 STEM 课堂管理要为学生创建良好的课堂学习环境,能够营造安全、愉悦的学习氛围,激发学生的学习动机和兴趣。其次,课堂管理要建立有效的课堂行为规则,能够维持课堂秩序,帮助学生养成良好的学习习惯。最后,课堂管理通过及时处理和解决课堂问题行为,能够减少或避免学习过程中的矛盾和冲突的发生,保证课堂教学活动的有序开展。这些都为课堂教学的顺利进行和课堂教学活动的有效开展提供了保障。

(二) 搭建合作学习互动平台

合作学习是 STEM 课堂学习的典型特征和主要学习形式,学习过程中的生生交流、师生交流是必然行为。教师在这方面的任务是为学生的合作学习搭建平台,为学生的互动提供支持,真正意义上的课堂管理就是一种不断激发课堂交流、保持课堂互动的历程。STEM 教育的核心是追求创新和实践,STEM 课堂的管理应致力于营造一个让学生敢想、敢说、敢做的异想天开的学习氛围,让学生敢于突破常规思维,大胆提出新颖的想法和解决方案。在课堂上,教师要通过管理手段,如提供宽松的讨论环境、保护学生的奇思妙想等,引导学生积极思考,且应确保学生有足够的时间和空间去实践这些想法,即使失败也能从中吸取经验,不断激发他们的创新潜能和实践能力。

(三) 促进学生能力发展

课堂是学生学习和成长的场所,课堂教学的最终目的就是促进学生能力发展。课堂管理有助于课堂教学充满生机与活力,使学生保持高度的注意力与活力,为学生的持续发展创造条件。STEM 课程项目需要学生以团队形式完成,课堂管理首先要着重培养学生的团队协作和沟通能力。在小组合作中,教师要引导学生学会分工协作,根据每个成员的优势合理分配任务,同时学会倾听他人意见,有效地表达自己的观点。课堂管理要确保小组内部沟通顺畅,成员之间能够相互支持、共同推进项目进展,培养学生在团队环境中的合作与沟通能力。

(四) 注重学生个性化发展

STEM 课堂管理要充分尊重每个学生其独特的学习风格和兴趣点。教师要通过观察和了解,发现学生在不同学科领域的优势和潜力,为他们提供个性化的学习指导和支持。在实践教学中,有的学生可能对实验操作有较强的动手能力,而有的学生则更擅长数据分析和理论总结,良好的课堂管理要确保每个学生都能在自己擅长的领域得到充分发展,鼓励他们根据自身兴趣和特长选择项目任务,实现个性化成长。

三、STEM 课程课堂管理方案

(一)学生分组问题

分组的方法一般有两种方式:组内分层和组间分层。前者分组后组内成员有差异而组间无差异,后者组间有差异而组内无差异。后者实际上就是我们通常所说的按能力分组[①]。而按能力分组这种方式是不科学、不合理的[②],会进一步加剧学生间的学习水平分层,在分组设置上,应当在前者组内分层的基础上,考虑到学生的现有知识水平、学科能力、性格兴趣特点、小组规模结构几个方面进行均衡分组,确保每个小组间不存在显著能力差别,且都具备完成任务所需的综合能力。

其一,知识水平上,可以通过前测的方式来确保组内成员现有知识水平能力,将学生按照知识水平划分为高、中、低三个层次,在每个小组中合理搭配不同层次的学生。比如,每组安排一名高层次学生作为知识引领者,负责解决较难的问题;一名低层次学生,在其他成员帮助下提升知识水平;若干名中等层次学生,起到衔接和辅助的作用。这样既保证小组内有足够的知识资源,又能促进不同层次学生共同进步。

其二,学科能力上,应当充分考量学生们各学科的知识掌握程度与应用能力。可以通过制作能力表格或自我六芒星能力图的方式,明确各学生能力特点,把具备不同实践技能的学生组合在一起,确保小组成员能力互补,发挥各自优势,实现理论与实践的有效结合,提升小组整体解决问题的能力。

其三,性格兴趣特点上,通过组织自我介绍会以及教师对学生性格特点的关注了解,将性格开朗、善于表达沟通的学生与性格沉稳、善于思考钻研的学生安排在同一组。这样在小组讨论和交流中,性格开朗的学生能积极发言,活跃气氛;性格沉稳的学生则能深入分析问题,提出有深度的见解,促进小组全面发展。此外,尊重学生的兴趣爱好,对于有共同兴趣方向的学生,在分组时适当考虑将他们分在一组。

其四,小组规模不宜过大或过小,一般以3—6人为宜。人数过少可能导致任务分配不均衡,学生承担压力过大,且在讨论时思维碰撞不够充分;人数过多则容易导致部分学生参与度低、沟通成本增加、责任不明确等问题。在小组划分后,组织各小组选举组长,明确组长职责,如组织讨论、协调分工等。设立小组沟通规范,要求小组成员定期进行面对面交流,分享各自的工作进展和遇到的问题。在课程开始前,明确课堂纪律,如轮流发言、尊重他人观点等。教师定期参与小组讨论,监督小组协作情况,及时解决小组内部的矛盾和冲突。在学生设计和搭建过程中,教师巡回指导,及时纠正学生的错误操作,引导学生将数学、物理、工程知识进行融合。

---

① 毛景焕.谈针对学生个体差异的班内分组分层教学的优化策略[J].教育理论与实践,2000(9):40-45.
② 佐藤正夫.教学论原理[M].钟启泉,译.北京:人民教育出版社,1996:333.

此外，在学习活动进行过程中，定期对小组的合作情况进行评估。可以通过观察小组讨论的氛围、任务完成进度、成员之间的互动等方面，判断小组是否存在合作问题。并根据评估结果，对于合作效果不佳的小组，适时进行人员调整。例如，如果发现某个小组内部矛盾频发，沟通不畅，教师可以重新调配成员，优化小组组合，保证课程顺利推进。

通过学生分组管理活动，学生们能够学会倾听他人意见，明确自己在团队中的角色，有效提升团队沟通与协作能力。有效的课堂管理促进小组协作的顺利开展，提高团队任务的完成质量。此外，学生们还能够掌握多学科知识，将其应用于实际问题解决，深刻理解STEM教育跨学科融合的理念。

（二）空间利用问题

在STEM课程中，空间布局需根据教学活动灵活调整，比如从常规的教室座位排列转换为实验台布局或小组讨论区布局。但这一过程容易引发秩序混乱，学生在布置场地时，常出现相互打闹、拖延时间的情况，导致不能按时完成场地布置，影响后续教学活动的开展。

教师应提前规划好空间转换流程，在每次调整前向学生明确时间限制，例如规定在5分钟内完成桌椅的重新摆放；进行人员分工，让学生明确自身任务，如有的学生负责搬运桌椅，有的学生负责整理场地；制订奖惩规则，若违反保持安静有序的要求，给予相应惩罚，如减少其下次参与活动的时间或让其在课后进行场地清理。

（三）学生注意力问题

在STEM课堂上，教学活动丰富多样，实验操作、小组讨论等环节容易引发学生的好奇心，导致部分学生注意力不集中。例如，在讲解理论知识时，学生可能会因为旁边小组讨论的声音而分心；进行实验操作时，有的学生被实验器材的新奇功能吸引，忽略实验步骤的讲解。

教师可以采用多样化的教学方法来吸引学生注意力，如利用多媒体展示生动的案例，结合实际生活场景讲解抽象知识。在课堂上，教师要及时提醒注意力不集中的学生，采用眼神交流、提问等方式，将学生的注意力拉回到教学内容上。此外，合理安排教学环节，避免长时间的单一教学活动，根据学生的注意力集中时间，适时调整教学节奏，如每隔20分钟左右安排一次互动环节，让学生参与讨论或操作，保持他们的学习积极性。

（四）学生互动问题

小组合作时，可能出现部分能力较强或性格外向的学生主导讨论，部分学生则消极怠工，参与度极低的现象，这不仅影响小组合作效果，也不利于全体学生的成长。此外，在师生、生生互动中，讨论话题容易偏离核心内容，学生可能因为某个有趣的相关话题而展开无意义的讨论，浪费课堂时间，无法达成教学目标。

小组合作参与度不均问题发生时,作为教师首先要反思在分组过程中是否全面考量了学生的学习能力、性格特点等因素,如存在问题,可及时调整学生分组。除此之外,定期轮换小组角色,如组长、记录员、汇报员等,让每个学生都有机会承担不同职责,提升参与度。在小组讨论过程中,教师加强巡视,一旦发现有学生消极怠工,及时引导其参与讨论,如提问该学生相关问题,鼓励其发表意见。

教师要时刻关注讨论动态,发现学生讨论偏离主题及时介入。通过提出关键问题,引导学生重新聚焦核心内容,如"我们讨论的核心是如何优化这个实验方案,那刚刚说的内容和这个有什么关联呢?",帮助学生回到正轨,保证课堂讨论的有效性。

(五)教学节奏失序问题

在课堂进行过程中,可能会因为某个知识点讲解时间过长、学生提问过多或者实验环节出现讨论时间远超预期、实验环节占用整体课程比例过高等意外情况,导致教学节奏失序,后续环节只能仓促进行,草草收尾或无法按时完成教学任务。

教师要具备较强的课堂应变能力,在遇到教学节奏失控的情况时,及时调整教学计划。如果某个知识点讲解时间过长,可以将剩余部分留到课后让学生自主学习或下节课再深入讲解;对于学生的提问,合理筛选,优先解答与当前教学内容紧密相关的问题,其他问题可以记录下来,在课后专门安排时间解答。在实验环节出现意外情况时,如实验器材损坏,教师要迅速采取备用方案,如更换实验器材或调整实验步骤,确保教学活动能够继续进行,同时灵活调整后续教学环节的时间分配,保证教学任务的顺利完成。

此外,教师在 STEM 教学活动实施过程中,应当时刻了解当前教学进度,确保教学活动能够按期按时、按质按量完成。为避免质量未达标的提前结束课程,留有多余时间而学习不充分,或课程预期时间已经结束但学生仍未完成学习任务,教师应提前制订项目进度表,让学生明确每个阶段的任务和时间节点。

通过上述合理的课堂管理,能够保证教学活动有序进行,使得学生在自由探索的同时也能保持高效的学习节奏,使每个学生在自己感兴趣的领域深入探索,充分发挥自身优势,为学生的个性化学习提供了保障,让学生在自主探索中不断成长。

探究与实践

1. 结合实际,谈谈 STEM 课程实施特点与传统课程实施有何不同?

2. 对比问题驱动式教学法和任务驱动式教学法的教学实践,它们分别在何种情况下更具优势。

3. 阐述 STEM 课程课堂管理的目标如何在实际课堂中实现,结合课堂管理案例分析说明。

4. 试着在科学探知类、情境创设类或者实践探究类中选择一个主题,结合所学内容,设计一个 STEM 课程项目实施详案,阐述如何在项目中体现 STEM 课程实施原则,以及可能遇到的问题和解决方案。

第六章　STEM 教学评价

本章概要

本章节将深入且系统地剖析 STEM 教学评价的各个维度。从设计原则出发,明确构建科学评价体系的基石;再到探究评价要素,精准把握评价的核心要点;再到梳理多样的评价方式,探索契合不同教学场景的有效手段;最后通过对具体案例的深度解析,将理论与实践紧密结合,为教育工作者提供一套全面且极具实操性的STEM教学评价指南,助力他们在教学实践中更好地发挥评价的功能,推动 STEM 教育迈向更高质量的发展阶段。

思维导图

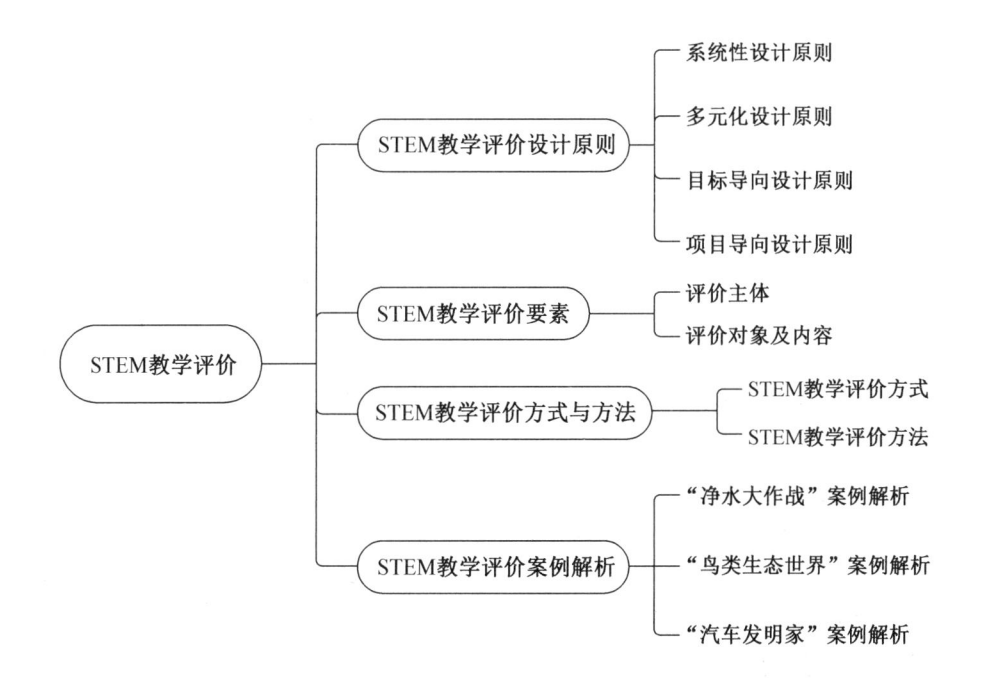

- STEM教学评价
  - STEM教学评价设计原则
    - 系统性设计原则
    - 多元化设计原则
    - 目标导向设计原则
    - 项目导向设计原则
  - STEM教学评价要素
    - 评价主体
    - 评价对象及内容
  - STEM教学评价方式与方法
    - STEM教学评价方式
    - STEM教学评价方法
  - STEM教学评价案例解析
    - "净水大作战"案例解析
    - "鸟类生态世界"案例解析
    - "汽车发明家"案例解析

STEM教学评价 知识图谱

STEM教学评价包含以下内容：

评价要素

多元化评价主体
- **教师**（主导评价）
- **学生家长**（辅助评价）
- **学生**（既是评价主体又是评价对象）

多维度评价内容（针对性评价对象）
- **项目任务**：整体完成度
- **方法策略**：科学、有效、创新、适应性强
- **学习方式**：合作化学习方式
- **高阶思维**：问题解决能力、创新能力等
- **成果作品**：创意、美观、实用

评价方式与方法

评价方式
- 基于素养导向的过程性评价
- 基于真实情境的表现性评价
- 基于跨学科的综合性评价

评价方法
- 作品展示评价法
- 课堂观察评价法
- 量表评价法
- 档案袋评价法

设计原则
- **系统性**（内涵）：STEM教学评价是有机整体，贯穿教学评价
- **多元化**：评价主体、评价内容、评价方式多元
- **项目导向**：完成项目任务，进行知识迁移与整合（目标）
- **目标导向**：教学目标是评价的出发点和归宿（地位）

案例解析
- "净水大作战"——分析流程
- "鸟类生态世界"——分析流程
- "汽车发明家"——分析流程

明确案例的背景，对应契合的评价类型，选择合适的评价方式，设计评价的指标

- 6 -

· 158 ·

第一节 STEM教学评价设计原则

学习目标

1. 理解STEM教学评价设计的四大原则及其内涵,并掌握如何将评价原则应用于实际教学评价设计中。
2. 根据不同的STEM教学场景,灵活运用评价设计原则和多元评价工具,制订科学合理的评价方案。
3. 理解评价对学生学习和教师教学的重要性,形成严谨、科学、客观、公平的评价态度。

问题思考

1. 在实际教学评价中为什么要遵循STEM教学评价设计原则?
2. 明确项目导向设计原则的核心要义并思考如何设计项目导向的教学评价?

知识聚焦

一、系统性设计原则

系统性设计原则强调将STEM教学评价视为一个有机整体,它贯穿教学活动的始终,涵盖教学前、教学中以及教学后的各个阶段。在教学前,教师可通过诊断性评价,如问卷调查、知识小测验等方式,深入了解学生在相关学科领域的已有知识基础、技能水平以及学习风格。例如,在开展"净水大作战"项目前,教师通过问卷了解学生对水资源净化原理、常见化学物质特性等方面的知识储备,为后续教学内容的设计和教学方法的选择提供重要依据。

在教学过程中,形成性评价发挥着关键作用。教师通过课堂观察、小组讨论、作业批改等多种方式,实时监测学生的学习进展情况,及时发现学生在学习过程中遇到的问题和困难,并给予针对性的指导和反馈。以"鸟类生态世界"项目为例,教师在学生进行实地观察和小组讨论时,密切关注学生的观察方法是否科学、团队协作是否顺畅、对鸟类生态知识的理解是否准确等,及时纠正学生的错误,引导学生深入思考,促进学生的学习和成长。

教学结束后,总结性评价对学生的学习成果全面评估。在"汽车发明家"项目中,通过项目成果展示、理论知识考试、实际操作考核等方式,综合考查学生对速度、加速度、力学原理等物理知识的掌握程度，以及在工程设计、数学计算、技术应用等方面的综合能力。总结性评价不仅是对学生学习结果的检验，更是对整个教学过程的反思和总结，为后续教学提供宝贵的经验参考。

二、多元化设计原则

多元化设计原则体现在评价主体、评价方式和评价内容的多样性上。

在评价主体方面，打破传统的教师单一评价模式，鼓励学生自评、互评以及家长参与评价。学生自评能够培养学生的自我反思能力和自主学习能力，在"净水大作战"项目中，学生通过自评，回顾自己在实验设计、操作过程、数据分析等方面的表现，总结经验教训，明确自己的优点和不足，从而有针对性地进行改进。互评促进学生之间的相互学习和交流，在"鸟类生态世界"项目的小组互评中，学生能够从他人的角度看待自己的学习成果，学习他人的长处，发现自己的问题，同时也能提高自己的批判性思维和评价能力。家长参与评价则能从家庭学习环境、学生在家中的学习态度和习惯等方面提供独特的视角和信息，为教师全面了解学生的学习情况提供帮助。

评价方式应丰富多样，包括考试、实验报告、作品展示、口头汇报、项目答辩、实地考察等。不同的评价方式能够从不同角度考查学生的知识、技能和能力。例如，在"汽车发明家"项目中，通过理论考试考查学生对物理原理和数学公式的掌握程度，通过作品展示考查学生的工程设计和制作能力，通过项目答辩考查学生的逻辑思维和表达能力。

评价内容不仅关注学生对知识与技能的掌握，还应涵盖过程与方法、情感态度与价值观等方面。这与《关于全面深化课程改革落实立德树人根本任务的意见》中对学生综合素养评价的要求相契合。在"鸟类生态世界"项目中，评价内容不仅包括学生对鸟类生态知识的了解和掌握，还包括学生在观察过程中所运用的科学方法、团队协作能力、对生态环境保护的责任感以及在面对困难时的坚持和创新精神等。

三、目标导向设计原则

目标导向设计原则要求教学评价紧密围绕教学目标展开，教学目标是教学活动的出发点和归宿，也是评价学生学习成果的重要依据。在 STEM 教学中，教学目标具有跨学科性和综合性的特点。如"汽车发明家"项目的教学目标包括学生能够运用物理知识设计车辆的动力系统，运用数学方法优化车辆的速度和能耗，运用工程技术制作车辆模型，并在项目过程中培养团队协作能力、创新思维能力和解决实际问题的能力。

为了实现教学目标与评价目标的精准匹配，教师在设计评价方案时，应根据教学目标确定具体的评价指标。例如，针对"汽车发明家"项目中"运用物理知识设计车辆动力系统"这一教学目标，可设计以下评价指标：学生对动力系统原理的理解是否准确、设计方案是否合理、能否根据实际情况选择合适的动力设备等，并制订相应的评价标准,如优秀、良好、合格、不合格等。通过这样的评价设计,教师能够准确判断学生是否达到了教学目标的要求,为教学改进和学生学习提供明确的方向。

四、项目导向设计原则

项目导向设计原则强调以项目为核心进行评价,注重学生在项目实施过程中的表现和成果。在STEM项目式学习中,学生通过完成项目任务,综合运用多学科知识解决实际问题,这一过程不仅考查学生的知识掌握程度,更能锻炼学生的综合能力。在"净水大作战"项目中,学生需要设计并制作净水装置,这涉及化学、物理、生物等多学科知识的综合运用。评价时,不仅要关注最终的净水效果,还要重视学生在项目实施过程中的表现,如问题解决能力、团队协作能力、创新思维能力等。

学生在项目实施过程中,可能会遇到各种问题,如净水材料的选择、净化工艺的设计、实验数据的分析等。评价学生在解决这些问题时的表现,能够考查学生的思维能力和实践能力。例如,学生在面对净化后的水质不达标问题时,能否通过分析实验数据、查阅相关资料、与团队成员讨论等方式,找出问题的根源,并提出有效的解决方案,这是评价学生问题解决能力的重要方面。同时,学生在项目中的团队协作能力也是评价的重点,包括团队成员之间的沟通是否顺畅、分工是否合理、能否相互支持和配合等。

第二节　STEM教学评价要素

学习目标

1. 了解STEM教学评价的主体对象及内容。
2. 掌握STEM教学评价内容,并运用多元评价工具制订切实可行的评价指标体系。
3. 形成多元评价的意识,根据评价内容设计评价方案,实施多元评价。

问题思考

1. 如何对待并协调不同评价主体的评价结果?
2. 如何设计评价学生高阶思维的标准?

> 知识聚焦

一、评价主体

(一)教师

1. 教师在 STEM 教学评价中的角色定位

教师作为教学活动的组织者、引导者和知识传授者,在 STEM 教学评价中起着主导作用。教师凭借其深厚的专业知识、丰富的教学经验和对学生的深入了解,能够从宏观和微观多个层面评估学生的学习过程和成果,从而进行全面、专业的评价。教师不仅是知识的传授者,更是学生学习过程的观察者、指导者和学习成果的评判者。其评价具有权威性和专业性,能够为学生提供准确、全面且具有建设性的反馈。

如在"净水大作战"项目中,教师在实验教学环节,能够准确判断学生实验操作的规范性,如仪器的使用方法、实验步骤的正确性、实验数据的记录和分析等。同时,教师通过观察学生在小组讨论中的表现,评价学生的沟通能力、团队协作能力、问题解决能力以及对知识的理解和应用能力。教师还能够根据评价结果,调整教学策略和方法,优化教学内容,以满足学生的学习需求。

2. 评价的具体方式与实践

(1) 课堂表现观察

在日常教学中,教师密切关注学生在课堂上的表现,包括参与度、提问质量以及解决问题的思路等。例如,在"电路搭建"的 STEM 课程中,教师观察学生是否积极动手操作,能否准确理解电路原理并正确连接电路元件,在遇到电路故障时如何分析和解决问题等。通过这些观察,教师可以了解学生对知识的掌握程度以及实践操作能力。

(2) 作业与项目评估

教师对学生的作业和完成的项目进行详细批改和评价。以"设计环保型交通工具"项目为例,教师从项目方案的科学性、创新性,到设计图纸的规范性、合理性,再到最终模型的制作工艺和功能实现等方面进行全面评估。同时,教师会指出学生在项目过程中的优点和不足,并提出具体的改进建议。

(3) 形成性评价与终结性评价结合

教师在教学过程中进行阶段性的形成性评价,如单元测验、课堂小作业等,及时了解学生的学习进展,发现问题并给予针对性指导。在课程结束时,进行终结性评价,如期末考试、综合性项目成果展示等,对学生的整体学习成果进行全面评估。这种将形成性评价与终结性评价相结合的方式,能够更全面地反映学生的学习过程和学习效果。

(二) 学生

1. 学生自评与互评的意义

学生作为学习的主体,参与自评和互评能够极大地促进其自我认知和学习能力的提升。自评有助于学生反思自己的学习过程,发现自己的优势和不足,从而调整学习策略,培养自主学习能力。互评则为学生提供了从他人视角看待问题的机会,促进学生之间的交流与合作,培养批判性思维和团队协作精神。

如在"鸟类生态世界"项目中,学生自评可以让学生回顾自己在项目中的学习过程,包括观察鸟类的方法、数据收集和整理的过程、对鸟类生态知识的学习和理解、在团队中的表现等,从而发现自己的优点和不足,明确自己的学习目标和改进方向。学生互评则能让学生从他人的角度看待自己的学习成果,学习他人的长处,同时也能锻炼自己的批判性思维和评价能力。在互评过程中,学生可以对其他同学的鸟类生态报告的科学性、创新性、逻辑性,以及展示效果等进行评价,提出自己的意见和建议。通过自评和互评,学生能够积极参与到评价过程中,提高自己的学习积极性和主动性,培养自主学习能力和合作精神。

2. 学生自评与互评的实施方法

自评量表的设计与使用:教师设计科学合理的自评量表,涵盖知识掌握、技能应用、学习态度、团队协作等多个维度。例如,在完成"鸟类生态世界"项目后,学生根据自评量表,对自己在项目中的表现进行打分和评价。量表中可以设置具体问题,如"你是否能够准确理解生态系统的组成和相互关系?""在团队讨论中,你是否积极发表自己的观点?"等。学生通过回答这些问题,对自己的学习过程进行全面反思。

小组互评活动组织:在小组合作学习中,教师组织学生进行互评。每个小组的成员相互评价对方在团队中的贡献、合作能力、沟通技巧等方面的表现。例如,在"净水大作战"项目中,小组互评时,学生可以从"团队成员是否按时完成自己负责的任务?""在讨论过程中,是否能够倾听他人意见并提出有价值的建议?"等方面进行评价。互评结束后,学生可以进行小组讨论,分享评价结果和感受,共同促进团队的进步。

(三) 家长

1. 家长在评价中的独特价值

学生家长是学生成长过程中的重要陪伴者,他们能够从家庭环境和日常生活的角度为学生的学习评价提供独特的信息。家长对学生的兴趣爱好、学习习惯和个性特点有着深入了解,其评价能够反映学生在家庭环境中的学习表现和态度,为教师提供更全面的评价视角,促进家校共育的有效实施。

学生家长作为学生学习的重要支持者和陪伴者,在STEM教学评价中能提供独特的视角和信息。家长可以观察学生在家中的学习态度、学习习惯、学习兴趣以及对项目的投入程度等。如在"汽车发明家"项目中,家长可以反馈学生是否主动查阅资料、是否积极与家庭成员讨论项目进展、是否认真完成项目任务等情况。此外,家长还可以利用自己的职业背景或社会资源,为学生的项目学习提供支持和帮助,如为学生提供参观相关企业或实验室的机会,邀请专业人士进行指导等。家长的评价能够让教师更全面、深入了解学生的学习情况,实现家校共育的良好效果。同时,家长参与评价也能让学生感受到家庭对其学习的重视和支持,增强学生的学习动力和自信心。

2. 家长参与评价的途径与方法

家庭学习记录与反馈:家长可以记录学生在家中参与 STEM 学习活动的情况,如自主进行科学实验、完成科技小制作等。同时,家长观察学生在学习过程中的态度、毅力和遇到困难时的应对方式,并及时反馈给教师。例如,家长发现学生在完成一个关于"物体运动规律"的实验时,反复尝试不同方法,最终成功得出结论,这种坚持和探索精神可以反馈给教师,作为评价学生学习态度的重要依据。

参与学校活动与评价:家长积极参与学校组织的家长会、亲子活动以及学生成果展示活动等。在这些活动中,家长与教师进行沟通交流,了解学生在学校的学习情况,并对学生的作品和表现进行评价。在亲子活动中,家长和学生共同完成一个 STEM 项目,家长可以更直观地感受学生的学习能力和水平,同时也为教师提供了关于学生在家庭合作学习中的表现信息。

二、评价对象及内容

(一) 评价对象

教学评价是依据教学目标对教学过程及结果进行价值判断并为教学决策服务的活动,是对教学活动现实的或潜在的价值做出判断的过程。STEM 教学评价对提升 STEM 教育质量具有重要作用,是推动 STEM 教学持续健康发展的指向标。STEM 教学评价对象主要围绕学生展开,评价学生个体或团体在 STEM 教学过程中和完成后的多项表现,尤其是 STEM 素养的提升。国内外学者结合多项政策文件提炼了 STEM 综合素养,欧盟更是于 2020 年开展了名为"STEM 横向技能评估"(Assessment of Transversal Skills in STEM,简称 ATS STEM)的创新政策实验,提出了 STEM 核心能力这一框架(见表 6-1)[①],可以对评价学生的 STEM 能力提供参考。

---

① 袁磊,张淑鑫,张瑾. 欧盟 STEM 横向技能评估研究进展及其启示[J]. 电化教育研究,2021,42(9):122-128.

表 6-1　STEM 核心能力

STEM 核心能力	元认知技能 问题解决 创新和创造力 协作 沟通 自我调节 批判性思维 学科能力

STEM 教学是一种跨学科的解决真实问题的实践活动,不仅要考查学生个体的问题解决、创新能力等,也要评价学生团体的协作沟通等能力,因此将现有理论研究进行结合,通过将 STEM 综合素养内涵层次、STEM 核心能力等要求落实到 STEM 教育教学中,接下来将从 STEM 项目任务完成度如何、学生是否有效沟通合作等方面评价学生个体及团体的 STEM 学习效果。

(二) 评价内容

1. 项目任务

在 STEM 教育中,项目任务的完成度是评价学生学习成果的重要维度之一,它犹如一面镜子,清晰地反映出学生在知识掌握、技能运用以及综合能力等方面的实际水平。

(1) 项目任务完成度的内涵与重要性

项目任务的完成度不仅仅是指学生是否达成了项目预设的目标,还涵盖了完成任务过程中的诸多要素。它是一个综合性的概念,包括任务目标的明确性、任务执行的完整性、任务成果的质量以及完成任务的效率等方面。

从知识层面来看,项目任务的完成度体现了学生对相关学科知识的理解和运用程度。从技能层面而言,项目任务的完成度反映了学生实践操作技能的熟练程度。此外,项目任务的完成度也体现了学生的问题解决能力和自主学习能力。在项目实施过程中,学生难免会遇到各种问题,如材料短缺、设计不合理、技术难题等。完成度高的学生能够积极主动地寻找解决方案,通过查阅资料、请教他人、反复试验等方式克服困难,这体现了他们较强的问题解决能力和自主学习能力;相反,完成度低的学生可能在遇到问题时束手无策,缺乏主动探索和解决问题的意识与能力。

如在"净水大作战"项目中,项目任务涵盖从对水质问题的研究到设计并制作出有效的净水装置,再到准确检测净化后水质等一系列环节。学生不仅要明确各个环节的具体要求,也要对项目进行整体把控,做到有的放矢。在结构设计上,要保证水流能充分经过净化材料,以实现最佳净化效果。对于水质检测,需掌握诸如酸碱度测试、浊度检测等方法及相应标准。若学生能成功完成这些任务，制作出符合要求的净水装置，并准确检测出净化后的水质指标，说明其在项目任务完成度方面表现良好。反之，若学生未能按时完成装置制作，或制作出的装置无法达到预期的净水效果，这就需要深入分析原因。有可能是对任务要求理解不清晰，如未准确把握水质检测的具体参数标准；也可能是在知识运用方面存在不足，像对某些化学物质去除污染物的原理理解有误；或者在实践操作上出现问题，如装置组装过程中出现密封不严等问题。

项目任务完成度的重要性不言而喻。它是衡量STEM教育教学效果的直接指标，能够让教师和学生清晰地了解学习目标的达成情况，为后续的教学和学习提供反馈和改进方向。对于学生来说，高完成度的项目任务能够增强他们的自信心和成就感，激发他们对STEM学习的兴趣和热情；对于教师而言，通过评估项目任务的完成度，教师可以发现教学过程中存在的问题，及时调整教学策略和方法，以提高教学质量。

(2) 评估项目任务完成度的方法与要点

① 明确任务目标与标准。

在项目开始之前，教师必须与学生共同明确项目的任务目标和评价标准。任务目标应该具体、清晰、可衡量。

② 过程性检查与指导。

项目任务的完成是一个动态的过程，教师不能仅仅关注最终的成果，而应加强过程性检查与指导。在项目实施过程中，教师可以定期组织学生进行阶段性汇报，让学生展示他们在每个阶段的工作进展和成果，如设计草图、初步模型、实验数据等。通过这种方式，教师可以及时发现学生在项目执行过程中存在的问题，如设计不合理、技术路线错误、进度滞后等，并给予针对性的指导和建议。同时，教师还可以鼓励学生之间相互交流和学习，分享各自在设计过程中的经验和教训，促进学生共同进步。

③ 最终成果评估。

当项目任务完成后，教师需要对学生的最终成果进行全面、细致的评估。评估可以采用多种方式相结合的方法，以确保评估结果的客观性和准确性。

现场演示与测试：要求学生现场演示他们的项目成果，并进行相关的测试。通过现场演示和测试，能够直观地了解项目成果的实际性能和效果。

作品展示与评价：组织学生进行作品展示活动，邀请其他教师、学生甚至家长参与评价。评价者可以从不同的角度对作品进行评价，如功能实用性、技术创新性、外观美观性、制作工艺等。可以采用评分表的形式，让评价者根据各项指标对作品进行打分，并给出具体的评价意见和建议。这种多元化的评价方式能够提供更全面的反馈信息，帮助学生了解自己作品的优点和不足。

学生自评与互评：除了教师和外部评价者的评价外，学生的自评和互评也是评估项目任务完成度的重要环节。学生可以根据项目开始时制订的任务目标和评价标准，对自己的作品进行自我评价，反思自己在项目过程中的收获和不足之处。同时，组织学生进行小组内或小组间的互评，让学生从同伴的角度看待问题，学习他人的优点,发现自己的差距。学生自评和互评的结果可以作为教师评价的参考,也有助于培养学生的自我反思能力和批判性思维。

④ 考虑个体差异与特殊情况。

在评估项目任务完成度时,教师要充分考虑学生的个体差异和特殊情况。每个学生的学习基础、能力水平和兴趣爱好都不尽相同,因此不能用单一的标准去衡量所有学生的表现。对于一些学习困难的学生,教师要关注他们在项目过程中的努力和进步,即使他们的最终成果没有达到预期的水平,但只要他们在知识和技能方面有所收获,并且在态度上积极认真,就应该给予肯定和鼓励。

此外,还可能会出现一些特殊情况影响学生的项目任务完成度,如学生生病、家庭变故等不可抗力因素导致项目进度延误或质量下降。在这种情况下,教师要与学生进行沟通,了解具体情况,根据实际情况适当调整评价标准或给予学生额外的时间和支持,以确保评价的公平性和合理性。

2. 方法策略

在 STEM 教育的实践中,学生所采用的方法策略的合理性是评价其学习过程和能力发展的关键要素之一,它如同导航仪,指引着学生在解决问题和完成项目的道路上前行,直接影响着学习效果和最终成果的质量。

(1) 方法策略合理性的考量维度

① 科学性。

科学性是方法策略合理性的首要考量维度。它要求学生所采用的方法和策略必须基于科学原理和知识,符合客观规律。

② 有效性。

有效性是指学生所选择的方法策略能够高效地解决问题或完成任务,达到预期的目标。

③ 创新性。

创新性是方法策略合理性的重要补充维度,它鼓励学生突破传统思维的束缚,提出新颖独特的解决问题的思路和方法。在 STEM 教学中,培养学生的创新能力是重要目标之一。因此,学生在项目中所采用的方法策略的创新性也应纳入评价范畴。创新性的方法策略不仅能够提高项目成果的质量和价值,还能激发学生的创造力和探索精神,为未来的学习和发展奠定良好的基础。

④ 适应性。

适应性是指学生所选择的方法策略能够根据实际情况的变化进行灵活调整和优化。在 STEM 项目的实施过程中,往往会遇到各种意想不到的问题和挑战,学生需要具备根据实际情况及时调整方法策略的能力。具有良好适应性的方法策略能够使学生在面对复杂多变的实际情境时,保持灵活应变的能力,确保项目的顺利进行和目标的达成。

（2）方法策略的多样性与选择依据

以"鸟类生态世界"项目为例，为了深入研究鸟类栖息地，学生面前呈现出多条探索路径，每一种方法策略都有其独特的优势和适用场景。

① 实地观察法。

这是一种直接与自然对话的方法。学生在选择观察地点时，需如同一位精准的地理探险家，挑选在候鸟迁徙路线上具有代表性的湿地、森林等区域。例如，对于研究某种特定候鸟的栖息地，选择其在迁徙途中重要的停歇地或繁殖地进行观察，能获取最直接、最真实的一手资料。观察时间的选择也至关重要，要紧密契合候鸟的迁徙季节和日常活动规律。清晨和傍晚，往往是鸟类活动的高峰期，此时进行观察，能更全面地了解鸟类的觅食、栖息、求偶等行为。同时，为保证观察的准确性和客观性，学生要学会借助专业工具，如高倍望远镜用于远距离观察鸟类的形态特征、摄像机记录鸟类的行为过程，以便后续详细分析。

② 文献法。

此方法如同开启知识宝库的钥匙，学生要像一位严谨的学者，学会筛选可靠的资料来源。学术期刊、专业书籍等是获取权威信息的重要渠道，这些资料经过专家审核，内容准确、翔实。而对于网络信息，学生需要具备敏锐的辨别能力，避免使用未经证实的内容。例如，在查阅关于鸟类栖息地变迁的资料时，优先选择知名科研机构发布的研究报告，确保所获取信息的科学性和可靠性。同时，学生要对收集到的文献资料进行整理和分析，提取有用信息，为自己的研究提供理论支持。

（3）方法策略的优化与创新

在"汽车发明家"项目中，学生在设计动力小车时，面对动力来源的选择，犹如站在科技十字路口的决策者，需要综合考量多种因素，展现创新思维和优化能力。

动力来源选择与优化：若选择橡皮筋动力，这种传统动力方式虽结构简单、成本低廉，但动力持续时间较短，难以满足长距离行驶的需求。此时，学生要像一位聪明的发明家，通过优化小车的传动比，合理调整齿轮大小和齿数，使动力输出更加高效；同时，减轻车身重量，采用轻质材料制作车身，减少动力损耗，从而提高动力利用效率。若选择电动力，虽动力强劲，但随之而来的电池续航和电机控制问题需要学生巧妙解决。学生可以研究不同类型电池的性能特点，选择高能量密度的电池，延长续航时间；在电机控制方面，学习使用电子调速器，精确控制电机转速，实现小车速度的灵活调节。

创新方法策略的探索：部分学生不满足于传统的动力来源，尝试探索创新的动力方式，如利用太阳能、风能等可再生能源为小车提供动力。这不仅需要学生具备扎实的物理知识，了解能量转换原理，还需要创新思维和实践能力。例如，设计太阳能充电系统，将太阳能转化为电能储存起来，为小车提供动力；或者设计风力发电装置，使小车在行驶过程中利用风能发电，实现能源的可持续利用。这种创新方法策略的探索，不仅提升了学生的项目成果质量，更培养了学生的创新精神和解决实际问题的能力。

3. 学习方式

在STEM教育的广阔天地中,学习方式的合作化犹如一座桥梁,连接着个体与团队,将学生们的智慧和力量汇聚在一起,共同探索知识的奥秘,解决复杂的问题。合作化学习不仅能够培养学生的团队协作能力和沟通交流技巧,还能促进知识的共享和创新思维的碰撞,对于学生的全面发展具有深远而重要的意义。

(1) 合作学习在STEM教育中的重要性

① 知识互补与共享。

STEM教育涉及科学、技术、工程、数学等多个学科领域,知识体系庞大且复杂。每个学生由于兴趣爱好、学习经历和知识储备的不同,在不同学科领域可能具有各自的优势和特长。通过合作学习,学生可以将这些个体的知识优势整合起来,实现知识的互补与共享。知识的互补与共享不仅拓宽了每个学生的知识面,还让他们学会从不同角度看待问题,培养了跨学科思维能力。

② 技能协同与提升。

STEM项目往往需要学生运用多种技能,如实验操作技能、计算机编程技能、手工制作技能、数据分析技能等。在合作学习中,学生们可以根据各自的技能特长进行分工协作,发挥团队的最大效能。

③ 培养团队协作能力与沟通交流技巧。

在当今社会,团队协作能力和沟通交流技巧是至关重要的软实力,而合作学习为学生提供了锻炼这些能力的绝佳机会。在STEM合作项目中,学生需要共同制订项目计划、分配任务、协调工作进度、解决团队内部的分歧和冲突等。通过不断地参与合作学习,学生能够逐渐掌握团队协作的技巧和方法,提高自己的沟通交流能力,为将来步入社会、融入团队打下坚实的基础。

④ 激发创新思维与创造力。

合作学习能够营造一个开放、包容的学习氛围,不同思维方式和观点的碰撞往往能够激发创新的火花。当学生们在团队中共同探讨问题、寻找解决方案时,他们会受到来自同伴的启发,从而突破自己的思维局限,产生新的创意和想法。

(2) 评估学习方式合作化的指标与方法

① 团队协作能力评估。

第一,角色分工与责任履行:观察学生在团队中是否能够明确自己的角色和职责,并积极履行。如果每个学生都能清楚自己的任务并认真完成,说明团队在角色分工方面做得较好;反之,如果出现角色混乱、职责不清或部分学生推诿责任的情况,则表明团队协作存在问题。

第二,团队凝聚力与合作氛围:评估团队的凝聚力和合作氛围可以通过观察学生之间的互动和关系来进行。一个具有良好合作氛围的团队,成员之间应该相互信任、相互支持、相互尊重。例如,在团队讨论过程中,学生是否能够积极参与,发表自己的观点,同时认真倾听他人的意见,而不是互相指责或嘲笑。在遇到困难和挑战时,团队成员是否能够齐心协力,共同寻找解决方案,而不是各自为政或轻易放弃。可以通过教师的日常观察、学生的自我报告以及团队成员之间的互评等方式来收集相关信息，综合判断团队的凝聚力和合作氛围。

第三，冲突解决与协调能力：在团队合作过程中，难免会出现意见分歧和冲突，因此学生的冲突解决与协调能力是评估团队协作能力的重要指标之一。观察学生在面对冲突时的表现，当团队成员对设计方案产生分歧时，学生是否能够冷静地分析各方观点的利弊，提出合理的折中方案或通过协商达成共识；还是会固执己见，导致冲突升级，影响团队的正常工作。这是衡量学生冲突解决与协调能力的重要标准之一。可以通过设置一些模拟冲突场景，让学生进行角色扮演，观察他们的应对方式和处理结果，或者根据学生在实际项目中处理冲突的情况来评估他们的冲突解决与协调能力。

② 沟通交流能力评估。

第一，表达能力：评估学生的表达能力可以从口头表达和书面表达两个方面入手。在口头表达方面，观察学生在团队讨论、项目汇报等场合是否能够清晰、准确、流畅地表达自己的想法和观点，语言是否简洁明了、逻辑是否严密。可以通过教师对学生的口头和书面表达进行直接评价，也可以让学生进行同伴互评，相互指出表达方面的优点和不足。

第二，倾听能力：良好的倾听能力是有效沟通的基础。评估学生的倾听能力可以看他们在团队交流中是否能够专注地倾听他人的发言，不打断他人，并且能够准确理解他人的意思。可以通过教师观察学生在课堂讨论和小组活动中的表现，或者让学生进行自我反思和互评，来了解他们的倾听能力。

第三，反馈能力：学生的反馈能力包括对他人观点的反馈和对自己观点的反馈。在对他人观点的反馈方面，观察学生是否能够及时、恰当地对同伴的发言进行回应，如表示赞同、提出疑问、给出补充意见等，并且反馈的内容是否具有建设性。在对自己观点的反馈方面，看学生是否能够根据他人的意见和建议，对自己的观点进行反思和调整，体现出一定的灵活性和开放性。可以通过教师在课堂上组织学生进行互动交流活动，观察学生的反馈表现，或者让学生在项目结束后撰写关于沟通交流的反思报告，来评估他们的反馈能力。

③ 合作学习成果评估。

第一，项目成果质量：合作学习的最终目的是完成高质量的项目成果，因此项目成果的质量是评估合作学习效果的重要方面。对于不同的 STEM 项目，项目成果质量的评估标准会有所不同。通过对项目成果进行全面、细致的评估，可以反映出团队合作在知识运用、技能发挥、创新思维等方面的综合效果。

第二，个体贡献与成长：虽然合作学习强调团队的整体成果，但也不能忽视个体学生在团队中的贡献和成长。评估个体贡献可以通过教师观察、学生自评、同伴互评等方式进行。教师可以根据学生在项目过程中的表现，如参与度、工作质量、对团队的贡献等方面进行评价；学生可以自我评估自己在团队中所承担的任务、遇到的困难、解决问题的方法以及自己在知识、技能、态度等方面的收获和成长；同伴互评可以让学生从不同的角度评价团队成员的贡献,如谁在技术方面提供了关键支持,谁在团队协调方面发挥了重要作用等。通过综合考虑个体贡献与成长,可以更全面地了解合作学习对每个学生的影响,为后续的教学和学习提供有针对性的反馈和建议。

4. 高阶思维

在 STEM 教育的深邃海洋中,高阶思维犹如璀璨的明珠,闪耀着智慧的光芒,引领学生探索未知、突破常规,迈向更高层次的认知与创造。高阶思维的提升是 STEM 教育的核心目标之一,它不仅关乎学生当下的学习成效,更对其未来的发展和创新能力的培养具有深远影响。

(1) 高阶思维在 STEM 学习中的意义

高阶思维能力犹如学生学习旅程中的璀璨星辰,涵盖分析、综合、评价和创造等多个维度,在 STEM 教学的浩瀚星空中占据着重要地位,是培养学生综合素质的关键目标之一。对学生高阶思维提升值的评价,旨在精准衡量学生在项目学习过程中,相较于自身初始水平,在这些思维能力方面实现的跨越与成长。

(2) 评估高阶思维提升值的方法与工具

① 问题解决过程分析。

任务设计与实施:教师可以精心设计一系列具有挑战性的 STEM 任务,这些任务需要学生运用高阶思维才能完成。例如,在"设计一个能够自动避障的机器人"任务中,学生需要分析机器人的工作环境,综合运用传感器技术、控制算法、机械结构等知识来设计机器人的系统架构,然后通过不断地调试和改进,评价不同方案的优劣,最终创造出一个能够有效避障的机器人。在学生完成任务的过程中,教师可以观察学生的思维过程,包括他们如何分析问题、提出假设、设计实验、收集和分析数据、得出结论以及如何对自己的解决方案进行反思和改进等。通过对学生在任务解决过程中的表现进行详细记录和分析,教师可以了解学生高阶思维的发展水平和提升情况。

思维可视化工具的应用:为了更清晰地了解学生的思维过程,教师可以引导学生使用思维可视化工具,如思维导图、概念图、流程图等。例如,在"探究植物生长与环境因素的关系"项目中,学生可以使用思维导图来梳理影响植物生长的各种环境因素(如光照、温度、水分、土壤等)以及它们之间的相互关系,然后运用概念图来构建植物生长与环境因素之间的概念模型,最后通过流程图来展示实验设计和数据分析的步骤。通过这些思维可视化工具,学生能够将自己的思维过程外显化,教师也可以更直观地观察学生的思维路径和逻辑结构,从而评估学生在分析、综合、评价和创造等方面的高阶思维能力。同时,这些工具也有助于学生自我反思和整理思路,进一步促进高阶思维的发展。

② 作品创新性评估。

其一,创新性指标的确定:对于学生的 STEM 作品,如实验报告、模型、设计方案、软件程序等,可以从多个维度来确定创新性指标。例如,在评估学生设计的"智能交通信号灯控制系统"作品时,可以考虑以下创新性指标:

第一,功能创新:系统是否具有新的功能或对现有功能进行了改进,如是否能够根据实时交通流量自动调整信号灯时长和相位，是否具备与其他交通管理系统的联动功能等。

第二，技术创新：作品中是否采用了新的技术或技术组合，如是否运用了先进的传感器技术、人工智能算法、无线通信技术等，以及这些技术的应用是否具有独特性和先进性。

第三，设计创新：作品的外观设计、结构设计、用户界面设计等方面是否具有新颖性和独特性，是否考虑了人体工程学、美学等因素，是否能够给人带来耳目一新的感觉。

第四，应用创新：作品是否能够解决实际生活中的问题或满足特定的应用需求，并且在应用场景、应用方式等方面具有创新性，如是否能够应用于特殊的交通环境（如学校周边、医院附近等），是否能够为不同类型的用户（如行人、驾驶员、交通管理人员等）提供个性化的服务。

其二，评估方法与流程：评估学生作品的创新性可以采用教师评价、学生自评、同伴互评相结合的方式。教师可以根据预先确定的创新性指标，对学生的作品进行全面、细致的评估，给出具体的评价意见和分数。学生自评可以让学生反思自己在作品创作过程中的创新点和不足之处，以及自己在高阶思维方面的收获和成长。同伴互评可以让学生从不同的视角看待作品，学习他人的创新思路和方法，同时也能够锻炼学生的评价思维能力。在评估过程中，可以组织作品展示和交流活动，让学生对自己的作品进行介绍和演示，然后进行互动讨论和评价。通过这种方式，不仅能够全面评估学生作品的创新性，还能够营造一个良好的创新氛围，激发学生的创新热情和积极性。

③ 思维能力测试与量表。

标准化测试工具的选择与应用：目前，有一些专门用于评估高阶思维能力的标准化测试工具，如托伦斯创造性思维测验（TTCT）、加利福尼亚批判性思维倾向问卷等。这些测试工具经过了严格的信度和效度检验，可以在一定程度上客观地评估学生的高阶思维能力。教师可以根据学生的年龄、年级和学习内容，选择合适的测试工具对学生进行测试。例如，对于中学生，可以选择 TTCT 中的图形测试部分来评估学生的创造性思维能力，通过让学生根据给定的图形进行创造性的联想和扩展，来考查学生的思维流畅性、灵活性、独创性等方面的表现。在使用标准化测试工具时，教师要严格按照测试的要求和流程进行操作，确保测试结果的准确性和可靠性。

5. 成果作品

（1）成果作品表现力的构成要素

成果作品的表现力涵盖创意、美观、实用性等多个方面。一个具有良好表现力的成果作品，不仅能够展示学生对知识和技能的掌握，还能体现学生的审美情趣和创新精神，具有较高的价值。

(2)评估成果作品表现力的标准与要点

评估成果作品的表现力标准涵盖多个层面,包括作品的外观呈现、质量水准、所蕴含的设计理念以及展示效果等。

① 外观与质量。

在"汽车发明家"项目中,学生制作的动力小车作为成果作品,其外观设计犹如一件精心打造的艺术品,不仅要具备良好的视觉效果,还要符合空气动力学原理,以减少行驶过程中的阻力。例如,学生可以从自然界中汲取灵感,模仿猎豹的流线型身体设计小车外观,使小车在高速行驶时能够更加稳定和高效。同时,外观的材质选择和工艺处理也至关重要,如有条件的前提下可以采用轻质且坚固的碳纤维材料制作车身,既减轻了重量,又保证了车身的强度;在表面处理上,运用精细的喷漆工艺,使小车外观更加美观耐用。

而在质量方面,动力小车需要具备可靠的性能。这包括动力系统的稳定性,确保在行驶过程中动力输出持续且稳定,不会出现突然断电或动力中断的情况;传动系统的精准性,保证动力能够高效地传递到车轮,使小车的速度和转向能够被准确控制;以及整体结构的坚固性,在各种路况和行驶条件下,小车都能保持良好的运行状态,不会出现零部件松动或损坏的问题。例如,学生通过多次测试和优化,调整动力装置的参数,选择合适的齿轮和链条,确保传动系统的高效运行;在结构设计上,采用合理的框架结构,增加支撑部件,提高小车的整体强度。

② 思想与理念传达。

成果作品不仅仅是一个实物,更应该传达出学生对项目的深入理解和独特的思想理念。在"净水大作战"项目中,学生制作的净水装置不仅仅是一个能够净化水的工具,更应体现出对水资源保护和可持续发展的关注。例如,学生在设计装置时,要注意材料的环保性和可回收性,选择可降解的过滤材料或废旧材料进行再利用,以减少对环境的影响。同时,在装置的设计理念上,学生可能强调高效、节能的原则,通过优化水流路径和净化工艺,提高净水效率的同时降低能耗。这种对环保和可持续发展理念的融入,使净水装置不仅仅是一个功能性的作品,更成了学生思想理念的载体。

在"鸟类生态世界"项目中,学生展示的成果作品,如鸟类栖息地模型或宣传海报,应传达出对鸟类保护和生态平衡的深刻认识。例如,鸟类栖息地模型可以通过精心设计的地形、植被和鸟类模型,展示不同鸟类在其栖息地中的生存状态,以及栖息地与鸟类之间的相互依存关系。宣传海报则可以通过生动的图片和简洁明了的文字,向观众传达保护鸟类栖息地的重要性,以及每个人在保护行动中可以采取的具体措施。通过这些作品,学生将自己对鸟类生态的理解和对生态保护的责任感传递给他人,引发观众的共鸣。

③ 展示与诠释效果。

成果作品的展示与诠释是其表现力的重要组成部分。在展示环节,学生需要像一位专业的讲解员,清晰、准确地向观众介绍作品的设计思路、所运用的科学原理以及实现的过程。在"汽车发明家"项目成果展示中,学生要详细阐述动力小车的动力来源选择依据,如为什么选择电动动力而不是其他动力方式,以及如何通过优化电路设计和电机控制来提高小车的速度和稳定性。同时,学生还要展示在制作过程中遇到的问题以及解决方法,让观众了解到项目的实际难度和学生的应对能力。

在"净水大作战"项目中,学生在展示净水装置时,不仅要演示装置的净化过程,展示净化前后水质的对比数据,还要解释装置中各个部件的工作原理,如活性炭是如何吸附杂质的,离子交换树脂是如何去除重金属离子的。通过这种详细的展示和诠释,观众能够更好地理解学生的作品,同时也能看到学生对知识的掌握程度和运用能力。此外,学生还可以通过制作宣传视频、撰写项目报告等方式,进一步丰富成果作品的展示形式,提高其表现力和影响力。

通过对学生在项目任务完成度、方法策略合理性、学习方式合作化、高阶思维提升值以及成果作品表现力等多个维度的全面评价,我们能够构建一个科学、全面、深入的STEM教学评价体系。这个评价体系不仅能够准确衡量学生在STEM学习过程中的综合素质发展,还能为教师调整教学策略、优化教学方法提供有力依据,从而更好地促进学生在STEM教育领域的成长与发展,培养出具有创新精神、实践能力和综合素养的新时代人才。同时,各评价要素之间相互关联、相互影响,共同构成了一个有机的整体,全面推动着STEM教学的进步与发展。例如,学生在项目任务完成过程中所采用的方法策略,会直接影响到项目任务的完成度和成果作品的质量;而团队协作的学习方式,不仅有助于提高项目任务的执行效率,还能为学生高阶思维能力的提升提供良好的环境和契机。因此,在实际教学中,教师应充分认识到各评价要素的重要性,注重各要素之间的协同作用,全面、客观地评价学生的学习成果,为学生的成长和发展提供精准的指导和支持。

在未来的STEM教学实践中,随着教育理念的不断更新和科技的飞速发展,我们还需要不断探索和完善这一评价体系。例如,随着人工智能、虚拟现实等新技术在教育领域的应用,我们可以利用这些技术手段更加精准地监测学生的学习过程和思维发展,为评价提供更丰富、更准确的数据支持。同时,我们还可以进一步拓展评价主体的范围,引入行业专家、社区志愿者等参与到教学评价中来,从不同视角为学生的学习提供反馈和建议。此外,随着全球化的发展,我们还可以借鉴国际先进的STEM教学评价经验,结合我国教育实际情况,不断优化评价指标和方法,使我们的STEM教学评价体系更加科学、合理,具有国际竞争力,为培养具有全球视野和创新能力的高素质人才奠定坚实基础。

第三节　STEM 教学评价方式与方法

学习目标

1. 掌握档案袋评价法、量表评价法、课堂观察评价法和作品展示法评价法的操作步骤。
2. 根据项目特点选择合适的评价方式并设计评价工具,熟练运用评价方式对学生的学习过程与成果进行评价。
3. 反思评价结果,优化评价方案,形成教学反思能力。

问题思考

1. 如何设计 STEM 教学过程评价方式?
2. 如何设计 STEM 教学效果的评价方案?

知识聚焦

一、STEM 教学评价方式

(一)基于素养导向的过程性评价

1. 内涵与意义

(1)素养导向

强调评价关注学生在 STEM 学习中核心素养的形成与发展,如科学探究能力、技术应用能力、工程设计思维、数学建模素养以及团队协作、创新创造等综合素养,而非仅仅局限于知识的记忆与技能的掌握。

(2)过程性

注重对学生学习过程的跟踪与评价,包括学习态度、学习方法、学习进度、遇到的问题及解决过程等,及时反馈学生的学习状态,为教学调整提供依据,促进学生持续发展。例如,在"设计并制作太阳能小车"项目中,教师关注学生从提出设计方案、选择材料、制作模型到测试改进的全过程,观察学生在每个环节中是否积极参与、是否运用科学方法解决问题、是否不断优化设计等,以此评估学生素养的发展。

2. 实施要点

（1）明确素养目标

依据 STEM 课程标准和教学内容，细化各阶段学生应达成的素养目标，使评价有明确的指向性。如在"生态系统模拟"项目中，确定学生应具备的生态知识素养、数据分析素养、模型构建素养等具体目标。

（2）制订评价标准

根据素养目标，制订具体、可操作的评价标准，涵盖学习过程的各个方面。例如，对于学习态度，可从参与度、主动性、专注度等维度制订标准；对于问题解决能力，可从问题识别、方案设计、方法选择、结果反思等方面设定标准。

（3）多样化评价方法

综合运用课堂提问、作业分析、小组讨论观察、学习日志检查等多种方法收集学生学习过程的信息。如通过课堂提问了解学生对知识的理解和思维的敏捷性；通过分析学生的项目作业，评估其技术应用和工程设计能力；通过观察小组讨论，评估学生的团队协作和沟通能力。

（4）及时反馈与指导

定期向学生反馈评价结果，肯定优点，指出不足，提供改进建议。例如，教师每周与学生进行一次简短的交流，针对学生在太阳能小车制作过程中的表现给予反馈，引导学生调整学习策略和方法。

（二）基于真实情境的表现性评价

1. 内涵与特点

（1）真实情景

将评价置于与现实生活或实际工作相关的真实情境中，让学生运用所学的 STEM 知识和技能解决实际问题，如设计校园垃圾分类系统、规划城市交通等，使评价更具真实性和实用性。

（2）表现性

重点关注学生在真实情境中表现出的实际能力和素养，包括知识的运用、技能的操作、问题的解决、创新思维的展现等，通过学生的行为表现、作品成果等进行评价。例如，在"设计校园垃圾分类系统"项目中，评价学生对垃圾分类知识的掌握程度、系统设计的合理性、模型制作的工艺水平以及向学校相关部门汇报方案的沟通能力等。

2. 实施策略

（1）创设真实情境

根据教学内容和学生实际，精心设计贴近生活、具有挑战性和趣味性的真实情境任务。例如，在"水资源保护"主题教学中，创设"为社区设计节水方案"的情境，要求学生考虑社区的用水情况、居民的生活习惯、现有设施等因素，制订可行的节水措施。

(2) 明确表现任务

将真实情境转化为具体的表现任务,明确学生需要完成的具体工作和达到的标准。如在上述节水方案设计任务中,明确学生要进行社区用水调查、分析用水浪费原因、提出至少三种节水措施、制作节水宣传海报等任务,并规定调查数据的准确性、措施的可行性、海报的创意性等标准。

(3) 观察与记录表现

教师在学生完成任务的过程中,仔细观察学生的表现,包括行为、言语、作品等,及时记录关键信息。可以采用录像、拍照、笔记等方式,确保评价依据的完整性和客观性。例如,记录学生在社区调查中与居民交流的情况、在设计节水措施时的思考过程、制作海报时的创意灵感等。

(4) 多主体评价

除了教师评价外,引入学生自评、同伴互评和社区相关人员评价等多主体评价方式,从不同角度全面评价学生的表现。如学生自评在节水方案设计中的贡献和不足;同伴互评方案的创新性和可行性;社区工作人员评价方案在实际社区中的可操作性和推广价值。

(三) 基于跨学科化的综合性评价

1. 内涵与价值

(1) 跨学科化

STEM 教育本身强调科学、技术、工程和数学等多学科的融合,综合性评价则要打破学科界限,综合考量学生在跨学科学习中的知识整合、技能迁移、思维转换等能力。例如,在"制作智能温室"项目中,涉及物理的温度控制、化学的肥料成分、植物的生长环境、数学的空间计算和工程的结构设计等多学科知识与技能,评价需全面涵盖这些方面。

(2) 综合性

不仅评价学生对各学科知识的掌握,还包括学生在跨学科项目中综合运用知识解决复杂问题的能力、团队协作能力、创新能力、沟通交流能力等综合素质,全面反映学生的学习成果和发展水平。

2. 实施路径

(1) 设计跨学科评价指标体系

整合各学科的核心素养和关键能力,构建涵盖知识、技能、态度、素养等多维度的跨学科评价指标体系。例如,在"智能温室"项目评价中,知识维度包括物理、化学、生物、数学等学科的相关知识;技能维度涵盖实验操作、模型制作、编程控制等技能;态度维度涉及学习兴趣、责任心、毅力等;素养维度则包括科学探究、工程设计、创新思维等方面。

(2) 跨学科团队协作评价

由于跨学科评价涉及多个学科领域,组建由不同学科教师组成的评价团队,共同参与评价过程。各学科教师从自身专业角度出发,对学生在项目中涉及本学科的表现进行评价,然后通过团队讨论和协商,综合得出对学生的整体评价。例如,物理教师评价温度控制系统的设计与实现,生物教师评价植物生长环境的营造,工程教师评价温室结构的稳定性,最后团队共同确定学生在跨学科项目中的综合表现。

(3) 项目式综合评价

以跨学科项目为载体,将评价贯穿于项目的全过程,包括项目启动、计划、实施、展示与反思等阶段。在每个阶段设置相应的评价点,如项目启动阶段评价学生对跨学科问题的理解和团队组建情况;计划阶段评价项目方案的科学性和可行性;实施阶段评价学生在知识运用、技能操作、团队协作等方面的表现;展示与反思阶段评价学生的成果展示能力和对项目的反思总结能力。通过项目式综合评价,全面、系统地评价学生的跨学科学习效果。

二、STEM 教学评价方法

(一) 档案袋评价法

1. 概念与特点

档案袋评价法是一种收集学生在学习过程中各种作品、作业、反思、测试等资料,以展示学生学习进步和成就的评价方法。其特点是全面性、过程性和个性化,能够反映学生在一段时间内的学习轨迹和成长历程。例如,学生的 STEM 档案袋可以包含科学实验报告、技术设计图纸、工程模型照片、数学计算过程、项目学习日志、自我评价与反思等内容,每个学生的档案袋都具有独特性,体现了他们在 STEM 学习中的个性化发展。

2. 实施步骤

(1) 确定档案袋内容

与学生共同商讨确定档案袋中应包含的内容,如课堂作业、项目成果、学习笔记、测试试卷、自我评价、教师评语等,确保内容能够全面反映学生的学习情况。例如,在"桥梁设计"项目中,档案袋可以包括桥梁设计草图、结构计算过程、材料选择依据、制作过程照片、测试数据记录、团队合作评价、学生对设计的反思等。

(2) 建立档案袋

为每个学生建立一个实体或电子档案袋,方便资料的收集、整理和保存。实体档案袋可以使用文件夹、文件盒等,电子档案袋可以利用在线平台或学习管理系统。

(3) 定期收集与整理

教师定期要求学生将相关资料放入档案袋,并指导学生对资料进行分类、整理和标注,如按照时间顺序、项目阶段、学科领域等方式整理,使档案袋内容清晰有序。

（4）评价与反馈

教师定期对学生的档案袋进行评价，关注学生的学习进步、优势与不足，并及时给予反馈。评价可以采用等级制、描述性评语等方式，同时鼓励学生自我反思和同伴互评。例如，教师可以在学期末对学生的档案袋进行全面评价，指出学生在桥梁设计项目中从最初的简单设计到最终复杂结构设计的进步，以及在计算和测试过程中存在的问题，并提出改进建议。

（二）量表评价法

1. 概念与类型

量表评价法是通过设计一系列具体的评价指标和等级标准，对学生的学习表现进行量化评价的方法。常见的量表类型有数值量表、等级量表、描述性量表等。数值量表如1—5分，等级量表如优秀、良好、中等、及格、不及格，描述性量表则用具体的语言描述不同等级的表现。例如，在评价学生的科学实验操作技能时，可以使用数值量表，1分表示操作不规范、错误较多，5分表示操作熟练、准确无误；在评价学生的团队协作能力时，可以使用等级量表，优秀表示积极参与且协作默契，良好表示能够参与协作但存在一些小问题等。

2. 设计与应用

（1）确定评价指标

根据教学目标和评价内容，确定具体、可测量的评价指标。例如，在评价学生的STEM项目成果时，评价指标可以包括创新性、实用性、技术含量、美观性、完成度等。

（2）制订等级标准

为每个评价指标制订详细的等级标准，明确每个等级的具体表现特征。如对于创新性指标，优秀等级的标准可以是提出了独特的设计理念或解决方案，具有较高的创新性和前瞻性；良好等级的标准是在现有基础上有一定的创新，但创新性不够突出等。

（3）实施评价

教师、学生或其他评价者根据量表的指标和标准，对学生的学习表现进行评价打分或等级评定。可以在课堂活动后、项目结束、学期末等时间节点进行评价。例如，在学生完成"机器人编程"项目后，教师根据量表对学生的编程创新性、程序运行稳定性、功能实现程度等方面进行评价。

（4）数据分析与反馈

对量表评价的数据进行统计分析，了解学生在各个指标上的表现情况和整体水平，为教学改进和学生发展提供依据。同时，将评价结果及时反馈给学生，让学生清楚自己的优势和不足，以便调整学习策略。

(三) 课堂观察评价法

1. 概念与优势

课堂观察评价法是教师在课堂教学过程中,通过直接观察学生的行为、表现、互动等,对学生的学习状态、参与度、思维过程等进行评价的方法。其优势在于能够实时、动态地获取学生的学习信息,及时发现学生的问题和需求,为教学调整提供即时反馈。例如,教师在"电路实验"课堂上,观察学生连接电路的操作是否规范、对实验现象的观察是否仔细、与小组成员的交流是否积极等,从而了解学生对电路知识的掌握和实验技能的运用情况。

2. 实施要点

(1) 明确观察目的与内容

在进行课堂观察前,教师要明确观察的目的,是了解学生的知识理解情况、技能掌握程度还是学习态度等,然后确定具体的观察内容。例如,观察学生在"生态系统"课堂讨论中的表现,内容可以包括学生是否积极发言、观点是否准确、能否倾听他人意见、是否能运用所学知识进行分析等。

(2) 制订观察量表或记录表格

为了使课堂观察更有针对性和系统性,教师可以制订观察量表或记录表格,将观察内容细化为具体的指标和行为表现,并预留记录空间。如在观察学生小组合作学习时,可以制订包括合作积极性、任务分工合理性、沟通有效性、问题解决能力等指标的量表,每个指标下设置具体的行为表现描述,如积极参与讨论、主动承担任务、清晰表达观点、提出建设性意见等,教师在观察过程中根据学生的表现进行记录。

(3) 选择观察方法

可以采用参与式观察和非参与式观察相结合的方法。参与式观察是教师作为课堂活动的参与者,深入到学生中间,近距离观察学生的表现;非参与式观察则是教师站在一旁,以旁观者的角度进行观察。例如,在学生进行小组实验时,教师可以先参与到某个小组中,观察学生的实验操作和互动情况,然后再站在教室的不同位置,观察其他小组的整体情况。

(4) 及时记录与分析

在课堂观察过程中,教师要及时、准确地记录学生的表现,避免遗漏重要信息。观察结束后,对记录的信息进行分析,总结学生的优点和不足,为后续的教学决策提供依据。例如,通过对课堂观察记录的分析,教师发现学生在电路实验中对电流表的使用普遍存在问题,于是在后续的教学中安排专门的练习和指导,加强学生对电流表使用方法的掌握。

(四) 作品展示评价法

1. 概念与形式

作品展示评价法是让学生将自己在 STEM 学习过程中创作的作品,如模型、设计方案、实验报告、软件程序等进行展示,然后由教师、学生、家长或其他相关人员对作品进行评价的方法。作品展示的形式可以多种多样,如课堂展示、展览、竞赛、线上平台展示等。例如,在"环保创意设计"项目中,学生可以将自己设计的环保产品模型在课堂上进行展示,介绍设计理念、功能特点和制作过程;也可以将作品参加学校组织的环保创意展览,接受更多人的评价。

2. 实施流程

(1) 作品准备与展示

学生在完成作品后,进行必要的整理和完善,为展示做好准备。教师组织作品展示活动,可以安排专门的展示时间和场地,如课堂上留出一定时间让学生轮流展示,或者在学校的展览厅举办作品展览。在展示过程中,学生要清晰地介绍自己的作品,包括创作背景、设计思路、技术应用、遇到的问题及解决方法等,以便评价者能够全面了解作品。

(2) 制订评价标准

根据作品的类型和特点,制订相应的评价标准。评价标准可以包括作品的创新性、科学性、实用性、工艺性、美观性等方面。例如,对于学生制作的机器人模型,创新性体现在设计是否独特新颖;科学性在于是否符合机器人的工作原理;实用性在于功能是否实用;工艺性在于其制作是否精细;美观性在于外观是否吸引人。

(3) 组织评价活动

邀请教师、学生、家长或相关专业人士作为评价者,按照评价标准对学生的作品进行评价。可以采用打分、投票、撰写评语等方式进行评价。例如,在学校的科技节作品展示活动中,设置评委打分环节,同时让参观的学生和家长进行投票,选出最受欢迎的作品。

(4) 反馈与交流

将评价结果及时反馈给学生,让学生了解自己作品的优点和需要改进的地方。同时,组织学生之间的交流活动,让学生分享创作经验和心得,互相学习和借鉴。例如,在作品展示结束后,教师可以组织学生进行小组讨论,交流在作品创作过程中的收获和体会,以及从他人作品中获得的启发,促进学生的共同成长。

第四节　STEM 教学评价案例解析

学习目标

1. 了解"净水大作战""鸟类生态世界""汽车发明家"三个案例的评价设计思路和实施过程。

2. 能够将案例中的评价方法迁移到自己的教学实践中,设计合适的评价方案。

3. 初步形成教学反思习惯，能够将评价结果应用于教学的持续改进。

问题思考

1. 反思"净水大作战"案例，并思考如何设计优化的评价方案。
2. 反思"鸟类生态世界"案例，并思考如何设计优化的评价方案。

知识聚焦

一、"净水大作战"案例解析

（一）基于素养导向的过程性评价概述

基于素养导向的过程性评价是一种以学生核心素养发展为目标，关注学生学习过程的评价方式。它不再仅仅聚焦于学生的学习结果，而是着重考查学生在学习过程中所展现的思维能力、合作能力、实践能力等综合素养。这种评价方式认为，学生的学习是一个动态的、持续发展的过程，在过程中学生不断积累知识、提升技能、塑造态度和价值观。通常这种评价具有如下特点：

1. 全程性

从教学活动开始到结束，持续收集学生的学习信息，对学生的整个学习过程进行跟踪评价。

2. 多元性

评价主体多元化，包括教师评价、学生自评、学生互评等；评价内容多元化，涵盖知识、技能、情感态度、价值观等多个方面；评价方法多元化，如观察法、记录法、作品分析法等。

3. 发展性

强调评价的目的是促进学生的发展，通过评价为学生提供反馈，帮助学生认识自己的优势与不足，从而调整学习策略，实现自我提升。

（二）档案袋评价法在"净水大作战"中的应用

1. 档案袋评价的概念

档案袋评价是基于素养导向的过程性评价的一种重要方法，它是指通过收集学生在学习过程中的各种作品、记录、反思等资料，以全面、真实地反映学生的学习过程和成长轨迹。这些资料可以包括学生的实验报告、设计方案、小组讨论记录、反思日记等。

2. "净水大作战"案例背景

在"净水大作战"教学活动中,学生需要运用科学知识(如化学中的沉淀、过滤原理,生物学中的微生物知识等)、技术手段(如使用净水设备模型)、工程思维(设计净水方案)和数学方法(计算水质指标),来解决净化污水的实际问题。

3. 档案袋评价的具体流程

(1) 确定档案袋内容

学习目标与计划:学生在活动开始前,明确自己在"净水大作战"中的学习目标,如掌握哪些净水知识和技能,以及如何制订相应的学习计划。

实验记录与数据:在实验过程中,记录实验步骤、实验现象、收集的数据等。例如,记录不同净水方法下污水的各项指标变化数据。

设计方案与修改:展示自己设计的净水方案初稿,以及在小组讨论和教师指导下进行的修改过程和思路。

小组合作记录:记录小组讨论的过程、成员分工、遇到的问题及解决方法等。

反思与总结:定期撰写反思日记,总结自己在活动中的收获、遇到的困难以及解决问题的经验。

(2) 收集资料

学生自主收集:学生根据档案袋内容要求,主动收集自己在学习过程中的相关资料,并整理放入档案袋中。

教师协助收集:教师在教学过程中,通过观察、与学生交流等方式,收集学生的表现信息,如学生在实验操作中的规范性、在小组讨论中的参与度等,并反馈给学生,最终补充到档案袋中。

(3) 定期评价与反馈

教师评价:教师定期对学生的档案袋进行评价。评价时关注学生在各个学习环节中的表现,如知识掌握程度、技能运用能力、合作能力等。采用定性与定量相结合的方式,给出评价意见和建议。例如,教师可以在学生的实验报告上写下评语,指出实验设计的优点和不足,以及数据处理中存在的问题。

学生自评与互评:学生定期进行自我评价,反思自己在学习过程中的进步与不足。同时,开展小组互评,学生之间相互学习、相互启发。例如,在小组互评中,学生可以对其他人的净水方案提出改进建议。

(4) 展示与交流

在教学活动结束后,组织学生进行档案袋展示与交流。学生可以展示自己在"净水大作战"中的学习成果和成长历程,分享自己的经验和收获。通过展示与交流,学生不仅可以提高表达能力和自信心,还能从其他同学那里获得更多的启发。

(三)"净水大作战"评价维度与标准

档案袋评价可适用于"净水大作战"这一案例的过程性评价,在明确了档案袋评价的具体流程后,可从知识与技能、思维能力、合作能力以及学习态度和反思能力对学生进行评价,评价具体维度及标准见表6-2。

表6-2 "净水大作战"评价维度与标准

评价维度	具体内容	评价标准
知识与技能	化学沉淀、过滤原理,微生物知识等的掌握程度;使用仪器设备进行水质检测等实验操作技能	优秀:能准确阐述知识原理,熟练规范操作实验 良好:基本掌握知识,操作无重大失误 合格:掌握部分知识,操作存在一些小问题 不合格:知识掌握不熟练,实验操作错误较多
思维能力	设计净水方案、分析实验数据时展现的逻辑思维、创新思维能力	优秀:方案设计新颖独特,数据分析合理深入,能提出创新性见解 良好:方案合理,数据分析准确,有一定思考 合格:方案可行,数据分析基本正确 不合格:方案不合理,数据分析混乱
合作能力	小组讨论参与度、沟通能力、团队协作能力	优秀:积极主动参与,沟通顺畅,善于协调团队 良好:能较好参与,沟通基本顺畅合格:参与度一般,沟通存在一定问题 不合格:很少参与,沟通不畅,影响团队
学习态度与反思能力	对待学习的态度是否积极主动,反思总结能力	优秀:学习态度积极,定期反思且反思深刻 良好:态度较积极,能进行反思 合格:态度一般,偶尔反思 不合格:态度消极,很少反思

二、"鸟类生态世界"案例解析

(一) 基于真实情境的表现性评价概述

基于真实情境的表现性评价是指在真实或模拟的现实情境中,通过观察学生完成特定任务的表现,来评价学生的知识、技能和综合素养。这种评价方式强调评价情境的真实性,让学生在实际问题解决中展示自己的能力,这更能反映学生在真实世界中的应用能力和创新能力。

(二) 量表评价法在"鸟类生态世界"中的应用

1. 量表评价的概念

量表评价是基于真实情境的表现性评价的一种常用方法,它是通过制订一系列评价指标和相应的评分标准,对学生在完成任务过程中的表现进行量化评价。量表可以清晰地呈现评价的维度和标准,使评价更加客观、准确。

2. "鸟类生态世界"案例背景

在"鸟类生态世界"教学活动中,学生需要走进自然或通过模拟自然环境,观察鸟类的生活习性、生态环境对鸟类的影响等。学生要运用科学知识(生物学中的生态系统知识、动物行为学知识等)、技术手段(如使用望远镜、相机进行观察记录)、工程思维(设计鸟类观察方案和保护措施)和数学方法(统计鸟类数量、分析数据等),来完成对鸟类生态世界的研究。

3. "鸟类生态世界"评价量表设计

评价量表相较于其他评价方法可以对被评价内容做出全局性、整体性的评价,"鸟类生态世界"这一项目要将其放置在真实情境中提升学生的问题解决能力,量表这一评价方法可设计全方位的评价维度去评价学生的表现。具体评价维度见表6-3所示。

表6-3 "鸟类生态世界"评价量表

评价维度一:观察能力		
评价指标	评价标准	得分
能够准确识别并记录至少5种本地鸟类特征	1分:未能识别或记录任何鸟类特征 2分:识别并记录1—2种鸟类特征 3分:识别并记录3—4种鸟类特征 4分:识别并记录5种及以上鸟类特征,且描述详细	
观察方法的科学性	1分:观察方法随意,缺乏系统性 2分:观察方法基本合理,但不够系统 3分:观察方法科学,记录较完整 4分:观察方法科学系统,记录完整且有条理	
观察记录的详细程度	1分:记录简单,缺乏细节 2分:记录较详细,但缺少关键信息 3分:记录详细,包含关键信息 4分:记录非常详细,包含鸟类行为、栖息地等多维度信息	
评价维度二:数据分析能力		
评价指标	评价标准	得分
1. 数据收集的完整性和准确性	1分:数据收集不完整,误差较大 2分:数据基本完整,但存在少量误差 3分:数据完整且准确 4分:数据非常完整,且经过多次验证	
2. 数据整理和呈现的清晰度	1分:数据整理混乱,难以理解 2分:数据整理基本清晰,但不够直观 3分:数据整理清晰,图表使用合理 4分:数据整理非常清晰,图表设计美观且信息丰富	
3. 数据分析的深度和逻辑性	1分:数据分析简单,缺乏逻辑 2分:数据分析较浅,逻辑性一般 3分:数据分析较深入,逻辑清晰 4分:数据分析非常深入,逻辑严谨且结论有说服力	

(续表)

评价维度三:科学推理能力		
评价指标	评价标准	得分
1. 对鸟类行为与生态环境关系的推理	1分:推理简单,缺乏依据 2分:推理较合理,但依据不足 3分:推理合理,依据充分 4分:推理非常合理,依据充分且逻辑严密	
2. 对数据背后科学原理的解释	1分:解释模糊,缺乏科学性 2分:解释基本合理,但不够深入 3分:解释科学且较深入 4分:解释非常科学且深入,结合多学科知识	
3. 对观察结果的预测和验证能力	1分:预测随意,未进行验证 2分:预测较合理,但验证不充分 3分:预测合理,验证较充分 4分:预测非常合理,验证充分且结果可靠	

评价维度四:团队合作能力		
评价指标	评价标准	得分
1. 在小组中的角色分工和贡献	1分:角色分工不明确,贡献较少 2分:角色分工较明确,但贡献一般 3分:角色分工明确,贡献较大 4分:角色分工非常明确,贡献突出且主动承担责任	
2. 与同伴的沟通和协作能力	1分:沟通不畅,协作困难 2分:沟通基本顺畅,但协作一般 3分:沟通顺畅,协作较好 4分:沟通非常顺畅,协作高效且默契	
3. 对小组整体成果的贡献	1分:贡献较少,成果主要依赖他人 2分:有一定贡献,但不够突出 3分:贡献较大,成果显著 4分:贡献非常突出,成果优异	

评价维度五:创新与反思能力		
评价指标	评价标准	得分
1. 在观察和分析中的创新性	1分:缺乏创新,方法常规 2分:有一定创新,但不够突出 3分:创新较明显,方法新颖 4分:创新非常突出,方法独特且有效	
2. 对学习过程的反思和改进能力	1分:缺乏反思,未提出改进措施 2分:反思较浅,改进措施一般 3分:反思较深入,改进措施合理 4分:反思非常深入,改进措施具体且可行	

(续表)

评价指标	评价标准	得分
3. 对鸟类生态保护的建议和思考	1分：建议简单，缺乏深度 2分：建议较合理，但不够具体 3分：建议合理且具体 4分：建议非常合理，具体且具有实践意义	

总分计算与等级划分
  总分：将各维度得分相加，满分为60分。
  等级划分：
  54—60分：优秀
  48—53分：良好
  42—47分：合格
  31—41分：需改进
  35分以下：不合格

量表使用说明
  1. 评价主体：教师、助教、同伴及学生自评均可使用该量表。
  2. 评价时机：在项目进行过程中分阶段使用（如观察阶段、数据分析阶段、总结阶段），并在项目结束时进行综合评价。
  3. 评价反馈：根据量表结果，教师应及时给予学生反馈，指出优点和不足，并提供改进建议。
  4. 呈现方式：量表结果可以通过文字、图表（如雷达图、柱状图）等形式呈现，帮助学生直观了解自己的表现。

示例：某学生的评价结果

维度	得分	雷达图表现
观察能力	12/12	★★★★
数据分析能力	12/12	★★★★
科学推理能力	9/12	★★★☆
团队合作能力	12/12	★★★★
创新与反思能力	9/12	★★★☆
总分	**54/60**	**良好**

4. 评价实施过程

（1）明确任务与评价标准

在教学活动开始前，教师向学生明确"鸟类生态世界"的研究任务，如观察某一区域内鸟类的种类、数量、生活习性等，并详细介绍评价量表的各项评价指标和评分标准，让学生清楚了解评价的要求和方向。

（2）学生完成任务

学生以小组为单位，按照任务要求进行实地观察、资料收集、数据分析等工作，并制订鸟类保护措施。在这个过程中，学生运用所学知识和技能，积极参与各项活动。

（3）观察与记录

教师在学生完成任务的过程中，进行观察和记录。观察学生在小组讨论中的表现、实地观察的操作过程、数据处理的方法等，并根据评价量表的指标进行初步评价。

(4) 学生自评与互评

学生完成任务后,先进行自我评价,对照评价量表反思自己在各个方面的表现。然后进行小组互评,小组成员之间相互评价,交流意见和建议。

(5) 教师评价

教师综合学生的自评、互评结果,以及自己在观察过程中的记录,对学生进行最终评价。教师根据评价量表,给出每个学生在各个评价维度上的具体分数,并撰写评价评语,指出学生的优点和不足,提出改进建议。

三、"汽车发明家"案例解析

(一) 基于跨学科化的综合性评价概述

基于跨学科的综合性评价是一种打破学科界限,从多个学科角度对学生在学习过程中的综合表现进行评价的方式。它强调学生在解决实际问题时,能够综合运用科学、技术、工程、数学等多学科知识和技能,培养学生的跨学科思维和综合应用能力。具有如下特点:

1. 跨学科性

评价内容涉及多个学科领域,关注学生在不同学科知识之间的融合与应用。

2. 综合性

不仅评价学生的知识掌握情况,还评价学生的技能、思维、情感态度等多方面的综合素养。

3. 开放性

评价方式和标准具有一定的开放性,鼓励学生发挥创新思维,从不同角度解决问题。

(二) 作品展示评价法在"汽车发明家"中的应用

1. 作品展示评价的概念

作品展示评价是基于跨学科的综合性评价的一种重要方式,它是指学生通过展示自己的作品(如设计的赛车模型、编写的速度相关程序、撰写的研究报告等),来展示自己在学习过程中的成果和能力。评价者通过评价作品,了解学生的跨学科知识掌握程度和综合应用能力。

2. "汽车发明家"案例背景

在"汽车发明家"教学活动中,学生需要运用科学知识(物理学中的运动学知识、力学知识等)、技术手段(如计算机辅助设计软件、3D打印技术等)、工程思维(设计赛车结构、优化性能等)和数学方法(计算速度、加速度、功率等物理量),来完成与速度相关的项目,如设计并制作一辆高性能的赛车模型。

3. 作品评价的标准和维度

关于作品展示评价法的实际应用针对不同的项目有不同的评价标准与维度。而在"汽车发明家"中的评价维度与要点可见表6-4。

表6-4 "汽车发明家"评价维度与要点

评价维度	具体内容	评价要点
科学性	科学知识运用、原理阐述	知识运用:赛车模型设计中,力学原理等科学知识运用准确、合理 原理阐述:能清晰阐述作品涉及的科学原理,如材料力学性能优势解释
技术性	技术应用、创新技术	技术应用:使用3D打印等技术手段时,熟练操作设备,打印零部件符合设计要求 创新技术:尝试应用新型动力系统、智能控制系统等创新技术或方法改进作品
工程性	设计合理性、制作工艺	设计合理性:赛车车架结构、车轮布局、动力传输系统等设计合理,考虑速度、稳定性、操控性等因素 制作工艺:零部件加工精度、装配质量达到标准,车轮安装牢固,传动系统运转顺畅
数学性	数据计算、数据分析	数据计算:计算赛车理论最高速度、加速度等物理量时,数学公式和方法运用正确 数据分析:能有效分析赛车性能数据,依据分析结果优化赛车
创新性	设计理念、功能创新	设计理念:提出全新赛车设计概念或大胆改进传统设计,理念新颖独特 功能创新:赛车模型具备自动避障、智能调速等独特功能,有效提升性能和竞争力

4. 评价实施过程

(1) 作品准备阶段

学生根据"汽车发明家"的项目要求,进行赛车模型的设计、制作和调试。在这个过程中,学生综合运用多学科知识和技能,不断完善自己的作品。

(2) 作品展示阶段

学生在课堂上展示自己的赛车模型并进行讲解,介绍作品的设计思路、运用的科学原理、技术手段以及创新点等。学生可以通过实物展示、PPT演示、视频展示等多种方式进行展示。

5. 评价阶段

(1) 教师评价阶段

教师从科学性、技术性、工程性、数学性、创新性等多个维度对学生的作品进行评价。教师根据评价标准,对学生的作品进行打分,并给出详细的评价意见和建议。

(2) 学生互评阶段

学生之间相互评价对方的作品,从自己的角度提出对作品的看法和建议。通过互评，学生可以学习其他同学的优点，发现自己的不足。

(3) 综合评价阶段

综合教师评价和学生互评的结果，得出每个学生的最终评价成绩。评价成绩可以采用等级制，如优秀、良好、合格、不合格等，也可以采用百分制进行量化评价。

通过对"净水大作战""鸟类生态世界"和"汽车发明家"三个案例的分析，我们可以看到不同的STEM教学评价方式各有特色，但都强调评价的过程性、真实性和综合性。基于素养导向的过程性评价通过档案袋记录学生的学习轨迹，促进其核心素养的发展；基于真实情境的表现性评价通过量表评估学生在实际情境中的表现，培养其解决实际问题的能力；基于跨学科的综合性评价通过作品展示全面评估学生的综合能力，激发其创新思维。

这三种评价方式相互补充，共同构成了一个多元化的STEM教学评价体系。它们不仅能够全面、客观地评估学生的学习成果，还能有效促进学生的全面发展。在未来的STEM教育实践中，我们应当根据具体教学目标和学生特点，灵活运用这些评价方式，不断创新评价方法，以更好地推动STEM教育的发展，培养适应未来社会需求的创新型人才。

探究与实践

1. 请设计一份促进教师、学生与家长在评价过程中有效协作的方案，阐述各方角色与协作流程，重点说明如何通过这种协作提升评价的全面性与准确性。

2. 针对评价内容的某一维度（如高阶思维提升值），设计一系列学习活动，帮助学生在该维度实现显著提升，描述活动内容、实施步骤及预期效果。

3. 思考如何创新团队学习方式以提高合作化程度，提出至少一种新颖的合作模式，分析每种模式的优劣势及可能面临的挑战，并给出应对挑战的策略。

第七章　STEM课程资源开发与应用

本章概要

本章基于STEM课程的概念与理论基础,进一步阐述了STEM教育资源的重要性、开发原则和开发步骤。在STEM开发工具的部分,厘清了目标设计工具、内容设计工具和AIGC工具高效开发STEM教育资源的实践操作。最后,呈现相关STEM课例供学生参考与学习。

思维导图

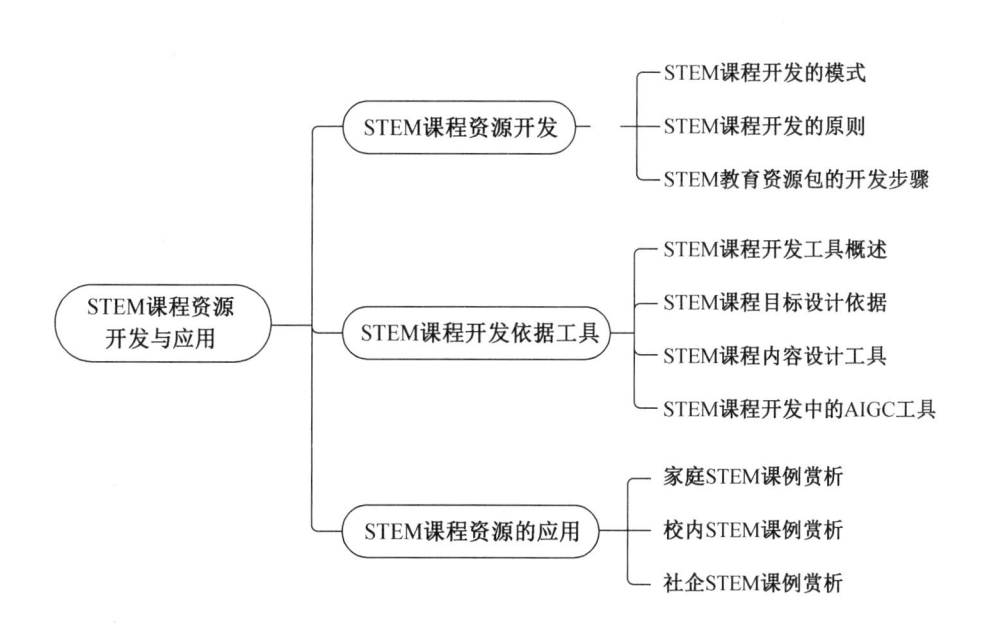

STEM课程资源开发与应用
- STEM课程资源开发
  - STEM课程开发的模式
  - STEM课程开发的原则
  - STEM教育资源包的开发步骤
- STEM课程开发依据工具
  - STEM课程开发工具概述
  - STEM课程目标设计依据
  - STEM课程内容设计工具
  - STEM课程开发中的AIGC工具
- STEM课程资源的应用
  - 家庭STEM课例赏析
  - 校内STEM课例赏析
  - 社企STEM课例赏析

STEM教学设计与实施

知识图谱

```
STEM课程资源开发与应用
├── STEM课程应用
│   ├── 校内STEM — 校园气象站
│   ├── 家庭STEM — 自动饮水机
│   ├── 社企STEM — 火星生存
├── STEM课程开发工具
│   ├── AIGC工具
│   │   └── AIGC（关键要素：文本、图像）
│   │       └── 人机协同（包含：AI跨学科知识获取、AI驱动型问题、AI内容迭代）
│   ├── 内容设计工具
│   │   ├── 项目活动设计（关键要素：展示活动设计、方案设计、任务清单、项目手册）
│   │   │   └── 展示活动设计（包含：模拟招商引资、科技节、项目管理、模型制作）
│   │   └── 驱动性问题设计（包含：权衡表、POV（观点陈述）、建立团队、同理心地图、AEIOU思维工具）
├── STEM课程开发
│   ├── STEM课程开发模式
│   │   ├── 实践模式
│   │   ├── 过程模式
│   │   ├── 情境模式
│   ├── STEM课程开发原则
│   │   ├── 目标导向原则
│   │   ├── 实践性原则
│   │   ├── 本土多元化原则
│   │   ├── 体系化原则
│   │   ├── 适度性原则
│   ├── STEM课程开发步骤
│   │   ├── 教育资源包 — 开发步骤
│   │   │   1. 确定教育目标
│   │   │   2. 确定内容
│   │   │   3. 设计项目活动
│   │   │   4. 整理STEM资源
│   │   │   5. 评价与迭代
│   │   └── 目标设计依据
│   │       ├── 美国21世纪学习框架
│   │       ├── 中国学生发展核心素养
│   │       ├── 学科核心素养
│   │       └── 综合性目标设计（包含：多维度课程目标）
```

192

第一节　STEM 课程资源开发

学习目标

1. 理解 STEM 课程开发的模式。
2. 阐释 STEM 课程开发的原则。
3. 列举 STEM 课程开发的步骤。

问题思考

1. STEM 课程开发的价值是什么？
2. STEM 课程开发需要遵循哪些原则？

知识聚焦

一、STEM 课程开发的模式

（一）泰勒模式

1. 泰勒模式介绍

泰勒模式是由美国教育学家泰勒提出的特别强调目标确定的课程开发模式，又称为目标模式，是课程开发的主流模式之一。他强调经验的组织要系统化、结构化，评价要丰富多样化。如果要进行课程与资源的开发，要确定所编制课程与资源的教育目标、教育经验、经验的组织方式以及评价设计，即确定目标、选择内容、组织经验、评价结果。这对于 STEM 教育资源的内容体系开发具有借鉴意义，如确定 STEM 教育的目标、设计 STEM 教育资源开发模式、组织 STEM 教育教学相关经验、评价资源等。

泰勒点明课程研发实践中必须探求的四个问题：学校应该达到哪些教育目标、提供哪些教育经验才能实现这些目标、怎样才能有效组织这些教育经验和我们怎样才能确定这些目标正在得到实现。这四个问题的先后顺序代表课程开发的顺序，也对应着课程开发的四大步骤，即确定课程目标、选择课程经验、组织课程经验和评价课程结果。泰勒模式具有逻辑性、条理性、目的性以及可控制性。以课程目标为起点，线性开发流程简单易懂，课程实施步骤清晰明确，不仅方便课程开发也有利于教师操作。但该模式的局限性也较为明显，目标模式的本质上具有管理控制的意图，过分受到教师的制约，课程开发的整个流程都由教师主导，这不利于学生创造性思维和主观能动性的发挥。因此，目标模式更适用于侧重基础知识、技能的学科或内容。

2. 案例分析

以"岭南沙子的世界"文化传承STEM课程为例，"岭南沙子的世界"是一门结合文化情境、跨学科融合的课程。本课程内容包括"了解沙面近代史""赏析沙面建筑群""复现中西文化瑰宝——满洲窗"三个方面。其中了解沙面近代史与赏析沙面建筑群作为校本课程的文化情境导入单元，并以复现满洲窗为核心主题，从而在课程中实现不屈精神、开放包容和创新精神的内化。课程的总目标是滋养学生的人文素养和提升学生运用信息技术创新创造能力。

在进行"岭南沙子的世界"课程开发时，通过对面向岭南文化传承的STEM课程核心概念的梳理，可知文化传承素养的培养是课程的核心目标。第一阶段，课程开发小组基于对岭南地方文化情境剖析和学情分析，在充分考虑学校现有的教育教学资源后，确定教学目标为：通过对沙面建筑群知识的学习，促进学生对岭南文化的理解与认同，保持学生对岭南文化的好奇心与探究热情，培养学生的文化理解与传承素养，推进岭南文化的传承与保护，培养学生珍视多元文化的意识与观念，最终形成不屈精神、开放包容和创新精神。第二阶段，课程开发小组结合岭南文化情境自下而上地挖掘与阐发，选择课程经验。"岭南沙子的世界"课程所依托的文化精神是不屈精神、开放包容和创新精神这三种岭南文化精髓。第三阶段，课程开发小组通过进一步地实地调研与专家访谈，确定课程主题内容的逻辑顺序。第四阶段，课程开发小组对课程进行评价，包括文化传承的课程内容是否具有跨学科性，学生的文化传承素养是否得到提升。为后续的课程改善、调整或放弃提供信息支持。

（二）实践模式

1. 实践模式介绍

美国教育家施瓦布提出了实践课程模式，注重在实践的过程中提高学生的能力素养，强调课程资源的开发需要同时考虑到学生和教师，两者都是资源的直接使用者与受益者。施瓦布指出，通过集体审议的课程资源，更能针对问题的解决，可以使课程资源更具有普适性与使用价值。因此从STEM教育资源的开发来看，资源开发者要直接参与STEM教育资源的设计与实施的项目中去，获得STEM教育有益经验，并通过集体审议发现资源的问题并不断进行改进，进而达到所期望的效果。

施瓦布提出的"实践模式"使课程开发领域对课程范式有了全新的探索方向。实践模式主要包含以下四个观点：以"实践兴趣"作为课程研发的最终目标；教师和学生均是课程开发的主体；强调课程开发的过程与结果以及目标与手段的连续统一；提倡由学校校长、师生、课程专家、社区代表等课程开发成员组成一个专门的课程集体，每当遇到开发问题时，召集各成员进行审议并制订具体的解决方案。

2. 案例分析

以"火星生存"为例，本课程有助于提高公众对太空探索的关注度和科学素养，激发社会对科技创新的热情。学生在项目中所展现的创造力和探索精神,将激励更多的人关注太空探索,支持相关科研活动,为人类的太空梦想贡献力量。同时,课程中对火星环境改造的探讨,也提醒人们关注地球生态环境的保护,增强可持续发展的意识,具有重要的现实意义。

"火星生存"课程的开发中,开发人员在第一阶段,确定目标,以"实践兴趣"作为课程研发的重要目标,学生能够积极主动地参与合作,培养团队协作精神和沟通能力。学生通过了解火星环境改造和温室技术对人类未来生存的意义,增强对环境保护和可持续发展的意识,培养社会责任感。第二阶段,开发人员邀请教师和学生参与课程开发,进行调研与访谈,将学生的学习兴趣与社会企业的需求和目标紧密联系起来,进行学生活动设计、教师活动设计、活动内容开发。第三阶段,开发人员在具体活动开发的过程中注重过程与结果和目标与手段的连续统一。如"火星生存"课程的"入项活动"为:通过观看电影片段,引入火星生存主题,提出驱动性问题:探究改造火星环境,以适合种植植物,为人提供食物来源?激发学生的好奇心和探索欲。为了保证过程与结果以及目标与手段的连续统一,需要开发者设计一系列学生活动:观看电影片段,了解宇航员在火星上的生存挑战;分组讨论,提出自己对火星生存的理解和想法;记录讨论结果,准备在全班分享;基于核心任务填写项目里程碑。第四阶段,开发人员召集各成员进行审议并制订最终的方案,如"火星生存"课程最终确定六大活动:活动1植物需要什么、活动2火星的环境、活动3温室及火星生态的改造、活动4制作火星植物温室、活动5火星温室的升级优化、活动6成果展示与评价。第五阶段,资源开发人员,亲身参与课程教学的过程并不断实践,在课程开发共同体共同研讨下,不断完善"火星生存"课程。

(三)过程模式

1. 过程模式介绍

斯滕豪斯考虑到课程开发过程中的生成性因素,提出了过程模式,该模式在一定程度上有效弥补了泰勒的工具主义价值观所带来的不利影响,主要包括以下几个观点。首先,斯滕豪斯强调学习知识过程的重要性,知识不应成为教育中必须达到的目标束缚学生的发展。其次,教师是课程开发的主要参与者,需要不断提升自身的教学和课程开发能力,促进专业素养发展。最后,斯滕豪斯强调在教学实践中进行动态的评价,以促进学习者的发展为核心目标,而非只诊断其知识与技能掌握情况。

2. 案例分析

以"校园气象站"为例,课程将教材中的理论知识与学生的实际生活相结合,通过一系列的实践与评价活动,让学生在探索和实践中学习气象学知识。整个项目分为多个阶段,包括气象学基础知识的学习、气象仪器的制作、气象站的选址与布局设计、观测计划的制订与实施等。在项目中,学生将模拟建立校园气象站,实时监测校园的天气情况,为学校的户外活动提供科学依据。例如,学生可以预测即将到来的降雨,提前做好防雨准备；或者根据风向和风速，调整户外活动的地点和方式。此外，项目还鼓励学生进一步探索气象现象背后的科学原理，如湿度对身体的舒适度、风向对空气质量的影响等，从而将理论知识应用于实际生活中，解决实际问题。

"校园气象站"课程的开发，强调在教学实践中进行动态的评价，以促进学习者的发展为核心目标，而非只诊断其知识与技能掌握情况。在项目实施过程中，学生制作了多种气象仪器，包括简易温度计、湿度计、风向仪和雨量计等。每个小组都根据自己的设计图，精心制作了气象仪器，并在展示环节中向其他小组介绍了制作的原理、结构和使用方法。此外，学生还绘制了详细的观测量表，记录了观测日期、时间、天气、气温、风向、雨量等信息，为校园气象站的运营提供了数据支持。

"校园气象站"课程的开发中，资源开发者还配套开发了自评、小组评价、作品评价等量表。在作品展示结束后，学生使用老师提供的自评、小组评价、作品评价等量表进行了多维度评价。评价内容包括对知识技能的评价以及对核心素养的评价，不仅关注学生知识技能的掌握，更注重学生在学习活动中的种种表现，如在小组合作中的参与和解决问题的态度等，以此来激发学生的学习积极性和主动性。

（四）情境模式

1. 情境模式介绍

斯基尔贝克关注到不同学校情境的特殊性，构建了"情境模式"（或环境模式），这一模式包括五大阶段：第一阶段，情境分析，立足于具体的学校情境进行内外部环境分析。第二阶段，目标确定，根据分析结果拟定课程目标。第三阶段，计划制订，基于情境分析结果与拟定的课程目标，构建可行的课程设计方案。第四阶段，解释与实施，对课程设计方案进行解释与实验，将开发内容付诸实际。第五阶段，追踪与重建，对课程进行检查与反馈，分析问题并进一步完善课程开发。此外，这五个阶段构成一个有机整体，它们相互作用、相互关联，但并没有固定的先后顺序。在课程开发过程中，依据实际情况，可以从任意一个阶段展开，也可以从多个阶段同时开始。情境模式深受文化分析的影响，是课程开发中比较常用的模式，相比其他模式更具灵活性。

2. 案例分析

以"自动饮水机"课程为例，本项目聚焦于一个核心驱动性问题："如何让饮水机更智能、更方便，以适应现代人对于健康饮水和资源高效利用的需求？"。课程内容将围绕这一驱动性问题展开，通过一系列的实践活动，让学生在探索和实践中学习饮水机的设计、制作和原理。

"自动饮水机"课程开发过程中，开发人员第一阶段进行课程的情境分析，以常见的饮水机为主题，紧密围绕学生的日常生活情境展开。从学生熟悉的饮水需求出发，引导学生关注饮水机的功能和使用体验，使学生深刻感受到科技与生活的紧密联系，激发他们的学习兴趣和探究欲望。第二阶段，确定"自动饮水机"课程的目标，使学生能够主动发现问题、提出解决方案，并在制作过程中不断尝试和改进。第三阶段，制订"自动饮水机"课程的计划,分为多个阶段,包括:饮水机的演变历程、理解其基本构造与功能、饮水机的工作原理、大气压强和液体压强、常见传感器的使用以及如何利用磁控开关设计自动感应饮水机。第四阶段,对《自动饮水机》课程解释与实施,在探索实践过程中,学生不仅能够提升对饮水机设计与制作的兴趣和理解,对课程进行检查与反馈,分析问题并进一步完善课程开发。

二、STEM 课程开发的原则

从本质上讲,STEM 课程开发是在特定的指导原则之下所进行的文化知识选择与重构的实践活动。加拿大不列颠哥伦比亚大学教育学院著名 STEM 教育研究与实践专家玛丽娜(Marina)教授阐述了 STEM 教育在教育教学中的作用及该课程的开发理念。具体而言:一是有助于开发智力。通过跨领域、跨学科解决问题或在现实生活中通过 STEM 解决问题,能够给参与者带来智力挑战,从而激发其好奇心、创造力和自信心。二是有利于未来就业,即未来可以增强学习者从事有趣的职业、有益的事业并提高跨专业就业的能力和机会。三是符合 21 世纪对人才技能的要求,如提升协作沟通能力和解决问题的能力。基于以上 STEM 教育在教育教学中的作用及该课程的开发理念,在课程开发过程中应注意以下五大原则。

(一)目标导向原则

课程开发的目标模式强调,在开发 STEM 课程时,首先要确定目标。课程开发应从明确的目标出发,确保课程内容和教学方法能够有效地支持这些目标,从而提高教育的质量和效果。

因此,中小学 STEM 课程的目标,要以国家教育部门颁发的文件作为参考依据进行开发。要确定目标在体现 STEM 课程特色的同时符合国家政策文件的宏观方向。这样才能把控后续课程整体的发展脉络。课程标准是教学的出发点,对于 STEM 课程开发有提纲挈领的作用。2022 年 4 月,教育部颁布《义务教育科学课程标准(2022 年版)》相较于 2017 年版的小学科学课程标准,其适用对象由 1 至 6 年级拓展到 1 至 9 年级,并对当前 STEM 教育存在的小学与初中之间课程衔接的断层问题做了补充,更加有利于对科学课程进行整体规划。《义务教育科学课程标准(2022 年版)》中,"物质科学""生命科学""地球宇宙科学""技术工程"四大领域被弱化,十三个学科核心概念被凸显,为 STEM 课程开发提供了基础。

例如,"小小农业家"以小学第三学段(5—6 年级)学生为开发对象,旨在研究"如何成为一个合格的现代农业生产者"。依据对《义务教育科学课程标准(2022 年版)》的分析,我们可以判断小学第三学段学生在生命科学领域已经能明确植物是有生命的,知道植物的特征与结构;能对植物进行简单的分类;对植物各生长阶段的条件还不明确,在物质科学领域已经具备认识各种电器元件和连接简单电路的能力,"小小农业家"的目标制订要基于此知识结构的基础。进一步调研小学 STEM 课程开发需求,以课程价值取向、农村小学高年级学生学习特点以及课程标准为主要依据开发

"小小农业家"课程目标。课程目标可以设置为:学生可以从日常生活、生产实践和相关职业体验中获得初步的 STEM 实践经验,认识人类的真实生活,感受人们的真实需要,从个人生活和学习中发现并形成感兴趣的、有一定价值的研究性问题。"小小农业家"课程开发,就是以此为出发点和目标,致力于结合学生生活实际,将农村特色 STEM 教育与本地文化相结合,培养社会主义的建设者和接班人。

(二) 实践性原则

课程开发的实践模式强调理论与实践的统一,STEM 课程的开发要保证课程内容是该学段学生可实践、可实现的,学生可以在"动手做""探究""创作"和"反思"的过程中发现、分析和解决问题,体验并感受生活的。以小学阶段为例,学生主要以具体思维为主,而动手实践能让他们从形象思维有效地上升到逻辑思维层面。学生在动手实践 STEM 项目的过程中,一是能激发学生的学习兴趣。学生通过动手实践,积累到活动探索的经验,享受到成功的愉悦,从而激励学生主动探究的学习兴趣;二是让学生亲身体验能够帮助学生经历基本概念、原理的形成过程,利于促进学生知识生成。

因此,开发 STEM 课程,首先,要注意学生实践的难易程度,若是一味追求高科技、高端化的项目,会让学生陷入进退两难的境地。其次,在 STEM 课程开发过程中,要控制开发成本,确保学生能够轻松获取资源并参与课程实践。最后,在 STEM 课程开发过程中还应注意学生高阶思维的发展。通过项目式学习,促使学生在项目探究、作品制作、成果展示及评价反思过程中,培养其分析思维能力、创新思维、综合应用以及合作交流能力等,拓展学生在 STEM 课程学习中思维的发展空间,从而不断提升其高阶思维发展能力。因此开发 STEM 课程应注意遵循"实践性"的原则。

例如,以"信息与智能"STEM 跨学科课程为例。"信息与智能"旨在培养学生的协作、沟通、创造、批判性思维,提升学生动手能力、问题解决能力、设计思维以及创新能力。在课程任务中,围绕生活的物品进行智能和创意改造,中短期项目有智能台灯、智能椅子、智能垃圾桶、智能红绿灯、机房耳机架等。课程鼓励学生关注生活并动手实践,从生活中发现问题,并尝试运用科学、劳技、建模和信息技术等知识,采用 3D 打印、激光切割、Arduino 模块、乐高 EV3 模块等多种工具,动手解决问题,将想象和概念转化为实体,解决生活和学习中的问题,进而提升学习能力。

(三) 体系化原则

STEM 教育资源的开发过程是系统的、完整的。在 STEM 课程开发中,需要考虑课程与其他课程的关系,避免重复和矛盾,确保课程内部各知识间的协调和互补。资源的内容体系既是系统又科学的,紧密结合国家课程标准对 STEM 教学的要求,基于学习者需求及项目需要,设计多元化的资源类型,使其成为系统的完整的资源,以便于教师和学生使用。在进行 STEM 教育资源建设时,从资源的整体设计出发,全方位考虑资源建设目的和需求对资源进行整体规划和设计,以保证资源的体系化,同时避免资源的重复建设。

因此,在开发STEM课程时,需要依据国家新课程标准,系统科学地确立课程目标,为学生构建科学规范的STEM课程体系。

例如,基于《天工开物》农业活动资源的STEM课程。"天工开物"是面向九年级学生的STEM课程,包含天工造物类、借古观今类、创新开物类三大模块,旨在提升学生科技文化、科学精神、实践创新、学会学习、健康生活、民族认同六大素养。为了各部分之间的协调互补,最大化还原《天工开物》一书,需要课程开发者系统阅读原书。《天工开物》原书中按照生产项目流程对农业活动进行细致分类,章节条目按照实际生产步骤先后顺序编排。资源筛选初期,按照原书编写逻辑,先对各章节中科学原理丰富、农业活动普遍常见的三大类资源进行整理,呈现《天工开物》一至六章正文描述的农业活动。其中的三个资源包为:《耕田》,课程主题"昼出耘田我当家"——古人用什么耕田;"去皮",课程主题"舂谷持作饭"——从军归来先找它;"磨粉",课程主题"鲁滨逊的磨坊"——小麦加工的最强王者。对相应主题的名称结合古典诗词、文言名句、俗语谚语、文学名著等进行艺术化体系化处理,使成体系的《天工开物》农业活动STEM课程更具人文气息。

(四)适度性原则

STEM教育资源的难易程度要适中,过于难不仅无法激发学习者的兴趣与探索欲望,还可能导致学生对STEM教育产生排斥心理。适度性原则是指在STEM课程开发过程中要充分了解学生的实际需要,同时考虑学生的年龄特点和身心发育水平,分阶段、循序渐进地开展学生STEM教育,防止学生兴趣降低的情况发生。

因此,在进行STEM课程开发时,需要抓住学习者的身心发展特点,依据国家新课程标准,科学地确立探究项目学习主题,分阶段、循序渐进地促进学生个性发展和综合素养的提升。

例如,J市的"3L—STEM"课程体系。J市STEM人才培养的"3L—STEM"课程体系中,"3L"具体含义为:Level1——"学科普及课程"、Level2——"拓展选修课程"、Level3——"综合实践活动课程"。这种体系是符合适度性原则的、内容复杂程度依次递增的三个阶段的STEM课程。

Level1"学科普及课程":基于J市的家校普遍对传统课程重视程度较高、此前STEM课程较少涉足的情况,STEM课程以国家课程为基础,在每个班级课堂内择期进行,意图使学生参与STEM学习获得跨学科学习的体验,感受到创造性学习的乐趣。这一阶段的STEM课程,从某一学科挖掘可作为项目开展的问题,对各学科相关内容展开分析,找到不同学科之间的"接口",将多学科知识遵循项目主题的逻辑整合重组、融会贯通,教师可以从教材中的问题情境出发展开STEM教学以基于艺术的学科普及课程为例:《义务教育艺术课程标准(2022年版)》的美术板块中,第一学段(1—2年级)有"改进生活用品"的学习任务。该任务中要求学生会从外观使用功能等方面了解物品特点,提出改进意见,进行装饰、美化,初步形成设计意识。由此教师可以设计主题为"做个最棒的运动鞋"的 STEM 课程。再比如《一起来造纸》课程属于"3L——STEM"课程体系中的学科普及课程。该课程以科学课程作为主导学科,结合 J 市特征进行课程内容选择以涉及的科学、艺术、数学学科的《义务教育课程标准(2022 年版)》及《新一代科学教育标准(2013 年)》作为课程目标的确立依据,展开对课程的整体设计。

Level2"拓展选修课程":在学科普及课程实施过程中,部分学生在某些领域的特长及兴趣逐渐显现,拓展选修课程将为这些学生继续培养和深入学习提供平台。以跨学科的大概念为主,打破学科藩篱,基于概念的共通性,结合实际操作所需,在每周一下午拓展课程中,设定"通用技术""写作与表达""编程和机器人"等 STEM 课程,每学期 14 学时,在学校的 STEM 科创空间开展。由于此类课程需要各种操作材料或工具,因此设定学生进行走班学习。例如,以电子器件应用与组装的通用技术大概念为主展开的荆楚 LED 鸟架鼓——点亮 J 市设计。结合初中的电学原理和知识进行电路构造、利用艺术及审美进行鸟架鼓外观的优化设计、运用工程技术操作完成产品制作。该课程区别于前一阶段以某一门基础学科为主展开,它将有助于问题解决的各类知识、技术、方法整合为有机知识体系用以解决现实问题。

Level3"综合实践活动课程":促进学生必备品格的形成和关键能力的发展。"综合实践活动"课程的 STEM 内容综合程度更高,并且可能涉及教室以外的学习空间。该类课程依据自然资源(如草原、山川、河海、能源等)、地域文化(如饮食文化、服饰文化、民族文化等)、传统节日、食品安全等进行主题的确定。例如以自然资源为主题遵循其可持续发展的目标,开展"生态家园"的主题项目,较低学段可进行"海洋生物的迷你共生系统制作";中学段的学生可进行"家庭净水系统的制作";较高学段的学生可进行"农田地膜回收器的制作"。结合实际生活的真实情境聚焦某一主题,将学习深度逐级递进,挖掘学生的研究潜力,提升学生的科创能力和知识、价值观的迁移能力。每学期 12 学时,学习场所不再局限于教室,可以在学校 STEM 科创空间与校外实践(博物馆、社区、科技馆等)进行,服务于学生的个性化发展。

(五)本土多元化原则

STEM 教育要重视中国本土化的 STEM 学科认识与态度,要深入挖掘开发中国本土化的 STEM 教育资源,结合中国 STEM 的发展,面向文化传承的跨学科教育课程。

因此,要创新开发本土化案例与数据资源,开发适合中国学生的 C-STEM 课程。开发新型的多元文化课程,坚持多元视野,将相互作用的各种文化内容整合起来,以帮助学习者适应社会多元文化发展的趋势。

例如,"以筷子为元素的未来家居设计"课程,以传承与创新为主题,体现历史的传承性、文化的创新性和文明的进步性特征。课程的目的是:在 STEM 教育背景的指引下,通过丰富多彩的学习实践活动,运用跨学科融合知识,帮助学生将所学的知识巩固内化迁移,以传统造物思想启迪现代创新设计,运用多学科知识"多元连结"生活常识,学会解决自身生活问题,体验生活的美、创造生活的美、优化生活、热爱生活、"智"生活。课程将STEM融入"未来家居设计"教材,关注文化传统价值与现代科学技术的整合,聚焦工程与艺术本质的传递,为学生创设科学探究、技术与工程问题解决、艺术技能锻炼的情境与机会。

三、STEM教育资源包的开发步骤

STEM教育是培养科技创新人才的重要形式。理解STEM资源包的概念,开发形式多样的STEM资源包,不仅可以丰富我国科技创新教育模式,还可以提升我国中小学生的科技创新能力。

STEM教育资源包(简称资源包)定义为:在符合STEM教育的课程标准和新课改理念的基础上,结合STEM的学科知识和教学方法,从学生的学情和需求出发,以提升中学生STEM素养为目的形成的相对系统的资源集合。其适用对象为中学生,主题为STEM,设计目标为性资源包,作为学校信息技术课程中STEM教育的拓展与补充。它兼具教学与资源双重身份,依据使用者需求灵活设计,不仅可以为一线教师提供丰富的STEM教学资源,方便其进行教学,还可以为STEM学习者提供学习资源与指导。STEM教育资源包是一个具象化的概念,它是按一定标准整合的STEM教育资源动态集合。STEM教育资源包主要包括教学设计说明、完整的STEM讲义、课件、使用的教具(机器人、小程序等)与套件说明、数据素材与工具安装包、教辅资料以及STEM教育教师指南等,能够有效支持一线教师使用该资源包开展STEM教育。资源包相比其他资源形式具有轻量级、质量优、更新快等优势。

STEM教育资源包的开发流程具体包括确定资源包的教育目标、确定资源包的内容与主题、设计主题下的项目活动、整理STEM教育资源包和资源包的评价与迭代五个步骤。

(一)确定资源包的教育目标

课程开发小组只有在充分考虑使用者的需求的基础上,才能开发出适合学生的STEM教育资源包。为保证需求分析的真实性与客观性,建议采用问卷的形式进行需求调查。

依据资源包开发的体系化原则,在参考《义务教育课程标准(2022年版)》和STEM中小学书籍的前提下,按照STEM知识体系、最新技术发展与课程标准来确定STEM教育的总目标,并按照教学目标进行划分。同理,设计分项目与分活动的教育目标。中学阶段的STEM活动是一种普及性教育,活动过程中学生能获得一定的知识和技能,并且能对STEM这一新兴学科产生兴趣。所以中学阶段的STEM活动应该将教育目标重点放置于学生的兴趣培养和STEM素养教育。

(二)确定资源包的内容与主题

教师在需求分析和教育目标的基础上,以STEM的新技术、新应用和社会热点

元素设计代表性的主题和项目案例，激发学生的学习动机，同时归纳STEM知识原理，将STEM内容转化为中学生可以理解的语言内容，以此确定STEM教育内容。教师基于设计思维从感知世界、改善生活、改良社会、文化传承、社会责任五个方面，确定资源包主题，并进入STEM教学案例的设计。主题的选择应注重结合STEM社会性议题、地域发展特色与STEM知识，要具备较强的趣味性与实用性。

（三）设计项目活动

1. 创设情境

资源包的项目主题主要来自学生生活中了解但不熟悉原理的STEM应用、技术热点等，以此调动学生积极性，帮助学生联系STEM产品与知识。强调STEM解决问题，锻炼学生联系生活发现真正的问题并思考应用STEM知识来解决的能力。STEM教育应注重以学生为中心，强调"创设情景""协作"在STEM教育中的作用。教师对STEM项目分工表进行可行性分析以此培养学生合作探究能力。以2—12课时为一个项目周期，也方便教师利用资源包进行社团活动，合理安排时间。

2. 教学设计

进行教学设计将目标、活动与工具联系起来，引导学生基于设计从感知世界、改善生活、改良社会、文化传承、社会责任五个方面，发现问题，完成项目设计案与分工。利用设计思维整合STEM资源，基于真实场景与问题设计项目活动；同时提供脚手架，帮助学生利用设计方法论进行智能产品的设计来加深其对STEM知识的应用。帮助学生掌握STEM技能，更加深入理解STEM的原理与特点，并在此基础上进行STEM产品创新设计，提升自身的STEM素养。基于设计思维进行STEM教育资源包的项目设计和教学设计，以此引导教师开发优秀的STEM教育的教学设计。在设计的同时要考虑到学习者的学习流程与项目活动流程，包括教师教学的活动和学生学习活动。

3. 技术实现

在教学设计的指导下，利用互联网的大数据资源和STEM开源工具进行STEM资源的开发利用，注意标明资源出处且禁止用于商业。资源包开发者要提前训练并发布教学项目，找到不足及时完善。提供完整的学生学习资料，包括安装包、代码、数据和STEM材料箱等。之后对STEM技术模块进行封装，制作如AI-PLAYGROUND的可视化STEM实验演示视频，作为学习的脚手架来帮助学生实现STEM作品。

（四）整理STEM教育资源包

统一资源包编写体例。针对教师与学生，将教育资源进行分类整理，包括教师教学文档和学生文档。将学习帮助文档、微课、课件等分类放入文件夹，用压缩软件打包共享到百度云盘。资源包链接发送至微信公众号平台方便教师免费下载使用，开展STEM教育活动与STEM资源评价。资源包主要提供给教师的活动指南和提供给学生的项目说明,包括学习资料、任务单、工作表单、核心代码、技术手册等。资源包内容详细全面,可以直接上手使用,方便需要STEM教育资源的教师和学生。

1. 配套教学设计

在资源包整体目标下进行详细的教学设计,每一节课包含教师引入、活动与总结反思。结合教学对象的特点和本次教学内容来选择合适的教学方法。

2. 教育课件

每个资源包包含2—12课时的资料。每课时包含1个PPT课件。课件与活动保持一致,包含了主要内容和重点知识,各种图片、音频、动画等。

3. 视频

使用Camtasia Studio、corel video studio、Adobe After Effects等软件进行视频制作,格式统一为MP4,分辨率720P及以上帧率大于30fps,宽高比16∶9音频采样率4410Hz。对视频的脚本进行设计,画面结构符合观赏习惯,视频处理技巧适度,不可喧宾夺主,音视频清晰。包括教学环境配置、数据与代码演示、自学环境安装等方面的视频,以保障STEM教育活动的高效开展。视频用于支持教师开展活动和学生学习探究活动。开发者需要总结分析教育过程中可能出现的问题,将可能出现的问题与解决过程录制视频,供学生回看复习。在每个项目活动实施时,教师会带领学生一起下载与安装开源学习框架以及所需要的开源数据库,以保证STEM开发环境的正常运行。

4. 硬件与程序代码文件

包括环境安装代码、初始代码、调试代码等,先对代码本身核对检验,再修订代码直至功能成功实现。为STEM教育活动开展所需的环境及其他软硬件环境搭建,提供安装说明文档与安装包,方便学生搭建设计STEM作品。提供STEM模型的训练集和测试集,资源开发要提前测试好环境与数据集。

5. 教学工具

在教学工具中,网络资源、课件资源和素材库可为教师提供多种选择,便于教师在进行教学引入与知识讲解时联系生活实际,并趣味化呈现课程内容;学习工具如交互式小程序、微课、AI教学机器人等能够对复杂的过程和原理进行可视化展示,便于学生理解;编程实践工具针对不同层次学生提供Scratch和Python的编程环境,通过对接口的灵活调用实现对知识的迁移应用。交流平台工具如微信群、协同文档、幕布、希沃白板等,为学生提供交流展示的平台,同时方便教师发布资源包和在线答疑。

6. 评价量表

评分方式与标准可直接打印使用,包括评价说明和评价的具体指标。评价量表的指标与权重设计参考国家课程标准、课程教学大纲、教学目标和学生发展的核心素养的基础上,并借鉴杨现民、余胜泉、韩晓玲等专家教师对学习资源的评价指标。结合本地区实地访谈教师与学生,在所在区域 STEM 教师共同体集体审议下确定。

(五)资源包的评价

STEM 教育资源包的评价量表是依据教学资源的开发原则来设计的,结合 STEM 教育的特点和教学内容,并参考了柯清超教授提出的数字教育资源评价指标,设计出的评价量表包括四个评价维度:教学实用性、资源科学性、资源内容和技术的创新性、资源共享性与开放性。见表 7-1。

表 7-1 STEM 教育资源包的评价量表

评价项目	评价指标	评价指标描述	分值
教学实用性(35分)	满足需求	落实 STEM 教育目标,帮助学生培养 STEM 素养,符合 STEM 教育需求。(15分)	
	对项目活动的支持	STEM 教育知识建构合理,为学生提供脚手架,支持学生进行实践活动。(15分)	
	激发学生兴趣动机	内容设计可以调动学生的兴趣,激起学生学习 STEM 知识的潜能,促使学生深入探究。(5分)	
资源科学性(35分)	资源组织合理	符合 STEM 框架,资源组织满足学生 STEM 学习的认知与兴趣,项目体系是一个整体,各部分内容符合 STEM 教育的特点且关联清晰、合理。(15分)	
	内容准确规范	符合 STEM 的科学性,内容格式统一规范,表达准确无误,知识结构科学、清晰,界面美观。(10分)	
	实践可操作性	能够满足教师上手开展 STEM 教学活动,可以直接上手操作代码与模型训练,训练数据格式标准,课件播放流畅,满足学生的重复操作与实践。(10分)	
资源内容和技术的创新性(15分)	内容创新	资源的 STEM 内容为 STEM 教育的前沿技术、新平台开发的资源,包含 STEM 新应用,新的学科发展知识。(5分)	
	支持活动创新	支持教学的组织与开展形式的创新、支持教师教学方法的创新、项目活动新颖。(5分)	
	培养创新能力	提升学生 STEM 教育中的应用的能力,利用 STEM 知识原理,创新解决实际问题的能力,提升创新设计能力与思维。(5分)	
资源开放性与共享性(15分)	灵活、分层次	满足碎片化学习的需要,知识结构模块化,分层次,按照分项目活动整理资源内容,便于灵活使用。(5分)	
	形式多样化	包含知识对应的微视频、文档与拓展链接等满足个性化学习的需要,界面清晰视觉效果好。(5分)	
	开放共享	资源的形式开放共享,可以再次修改迭代与分享。(5分)	

使用资源包开展 STEM 教育后,收集教师、学生、对资源包的建议与反馈,进行资源包的更新迭代。立足教学实际,将 STEM 教学模式与 STEM 内容、STEM 实验环境与工具自主规划再设计,并更新迭代输出成熟的 STEM 教育资源包。

STEM教育资源包的开发与应用,首先,可以使家长、教育管理者更加重视STEM教育,发现学生发展的多样性,并积极参与STEM教育活动,推动地区STEM教育的持续发展。其次,可以激发学生对STEM的兴趣,营造学习STEM、应用STEM的浓厚氛围。最后,通过STEM教育资源包的开发与应用,进一步完善STEM资源与课程建设,培养STEM创新预备人才,形成我国STEM人才高地。最后,促使本地区积极开展STEM的相关活动与竞赛,逐步形成良好的STEM教育氛围。

第二节　STEM课程开发依据与工具

学习目标

1. 掌握不同类型STEM课程开发工具的特点。
2. 应用STEM课程开发工具,进行STEM教育资源的创作、编辑和优化工作。

问题思考

1. 如何开发基于核心素养的STEM课程?
2. AIGC工具如何应用于STEM课程开发?

知识聚焦

一、STEM课程开发工具概述

STEM课程开发是一项系统工程,涉及多个环节,每个环节都至关重要。从明确课程目标到设计丰富的内容,再到组织有效的教学活动,每一步都需要精心策划与实施。在这一过程中,各类工具的运用能够为教师提供有力支持,使课程开发更加高效、科学。例如,在课程目标设定环节,借助学习框架和核心素养相关工具,教师可以精准定位课程所要达成的育人目标,确保课程与教育方针相契合。这些工具贯穿于STEM课程开发的始终,相互配合、协同作用,为教师提供全方位的支持,使其能够更好地整合科学、技术、工程与数学等多学科知识,设计出符合学生发展需求、促进创新能力培养的优质课程。

二、STEM课程目标设计依据

明确的课程目标是STEM课程开发的基石,它为整个课程的实施指明方向。这些素养框架能够从不同维度为教师提供参考和指导,帮助他们综合考虑多方面因素,制订出既符合教育要求又满足学生发展需求的课程目标。

(一) 美国 21 世纪学习框架

21 世纪学习框架是在 2009 年由美国 21 世纪学习合作组织修订的。这一框架旨在帮助教育领导者制订学校教育总体规划,以适应 21 世纪的需求。美国"21 世纪技能联盟"的研究认为,21 世纪的学习正在加速转向一种新平衡,过去的教学难以让学生在 21 世纪获得成功。当前,整个教育发展的趋向是力图满足当今时代所需的最紧迫的技能(如:问题解决、富有创造力和创新性、沟通、合作、灵活性等)。如图 7-1 所示,图中所包含的内容是学生在 21 世纪的学习、工作和生活中取得成功所需的技能、知识和专长。

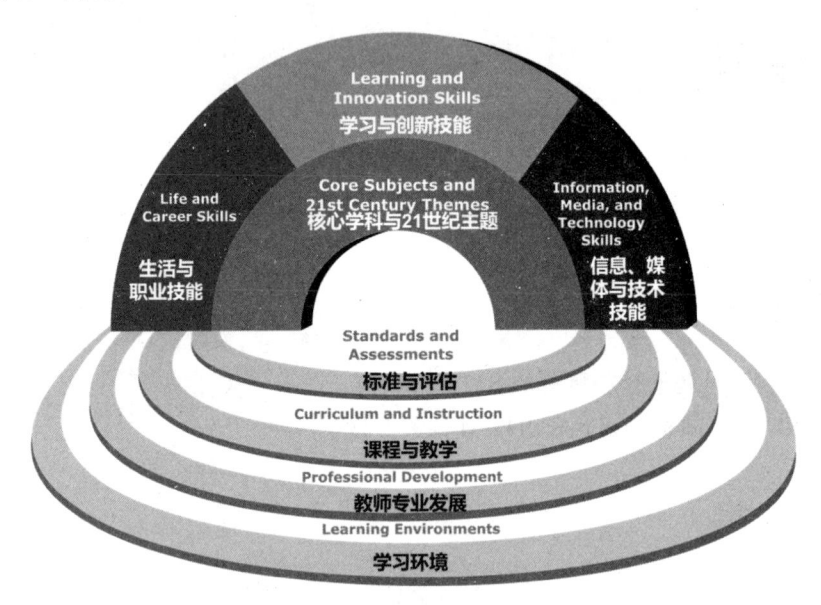

图 7-1 21 世纪学习框架

美国 21 世纪学习框架为学生的发展提供了一个全面的蓝图,强调了学习与创新技能、信息、媒体与技术技能、生活与职业技能等多方面素养的重要性。如表 7-2 所示,在 STEM 课程目标设计中,美国 21 世纪学习框架能够帮助教师将批判性思维、创造力、沟通与协作能力等关键技能融入课程目标,使学生在解决复杂问题的过程中不断提升这些能力。例如,教师可以设计目标,让学生在项目中运用批判性思维分析问题,通过团队合作解决问题,同时利用信息技术收集和处理信息,以培养他们成为适应未来社会的创新型人才。

表 7-2　美国 21 世纪学习框架内容组成

组成部分	详细描述
核心学科与 21 世纪主题	包括英语、数学、科学、艺术、地理、历史、公民等学科,以及全球意识、金融素养、健康素养、环境素养等跨学科主题。这些内容帮助学生掌握知识并适应现代社会的需求。
学习与创新能力	包括批判性思维、问题解决、沟通协作、创造力和创新等技能,是 21 世纪技能的核心部分,旨在培养学生的综合能力。
信息、媒体和技术技能	涉及信息素养、媒体素养和交流技术技能,强调学生在数字时代获取、分析和利用信息的能力。
生活与职业技能	包括灵活性、主动性、社交能力、责任感等,旨在帮助学生在个人发展和社会参与中取得成功。
支持系统	包括标准与评估、课程与教学、专业发展和学习环境,为学生提供全面的学习支持,确保 21 世纪技能的落实。

(二) 中国学生发展核心素养

2013 年 5 月,林崇德专家团队接受教育部关于研究中国学生发展核心素养的任务,历经 3 年多,充分吸收中华优秀传统文化的营养,洋为中用、批判性借鉴了核心素养国际研究的构建方法与合理成分,在 2016 年 9 月正式发表《中国学生发展核心素养》。

此研究成果是中国教育领域的重要文件,为学生发展提供了关键指导。这一框架标志着中国在教育领域对于学生应具备的关键能力和品格的正式定义,旨在适应终身发展和社会发展的需求。中国学生发展核心素养具体细化为国家认同等若干基本要点,各素养之间相互联系、互相补充、相互促进,在不同情境中整体发挥作用。如表 7-3 所示,在 STEM 课程中引入该框架,学生可以在跨学科学习过程中全面提升自身素养,不仅掌握 STEM 领域的知识与技能,还能在人文关怀和社会责任等方面得到培养,为学生的终身发展奠定坚实基础。

表 7-3　中国学生发展核心素养

构成	核心素养	基本要点	主要表现描述
文化基础	人文底蕴	人文积淀	重点是具有古今中外人为领域基本知识和成果的积累;能理解和掌握人为思想中所蕴含的认识方法和实践方法等。
		人文情怀	重点是具有以人为本的意识,尊重、维护人的尊严和价值;能关切人的生存、发展和幸福等。
		审美情趣	重点是具有艺术知识、技能与方法的积累;能理解和尊重文化艺术的多样性,具有发现、感知、欣赏、评价美的意识和基本能力;具有健康的审美价值取向;具有艺术表达和创意表现的兴趣和意识,能在生活中拓展和升华美等。

(续表)

构成	核心素养	基本要点	主要表现描述
文化基础	科学精神	理性思维	重点是崇尚真知,能理解和掌握基本的科学原理和方法;尊重事实和证据,有实证意识和严谨的求知态度;逻辑清晰,能运用科学的思维方式认识事物、解决问题、指导行为等。
		批判质疑	重点是具有问题意识;能独立思考、独立判断;思维缜密,能多角度、辩证地分析问题,做出选择和决定等。
		勇于探究	重点是具有好奇心和想象力;能不畏困难,有坚持不懈的探索精神;能大胆尝试,积极寻求有效解决问题的方法等。
自主发展	学会学习	乐学善学	重点是能正确认识和理解学习的价值,具有积极的学习态度和浓厚的学习兴趣;能培养良好的学习习惯;掌握适合自身的学习方法;能自主学习,具有终身学习的意识和能力等。
		勤于反思	重点是具有对自己的学习状态进行审视的意识和习惯,善于总结经验;能够根据不同的情景和自身实际,选择或调整学习策略和方法等。
		信息意识	重点是能自觉、有效地获取、评估、鉴别、使用信息;具有数字化生存能力,主动适应"互联网+"等社会信息化发展趋势;具有网络伦理道德与信息安全意识等。
	健康生活	珍爱生命	重点是理解生命的意义和人生价值;具有安全意识与自我保护的能力;掌握适合自身的运动方法和技能,养成健康文明的行为习惯和生活方式等。
		健全人格	重点是具有积极的心理品质,自信自爱,坚韧乐观;有自制力,能调节和管理自己的情绪,具有抗挫折能力等。
		自我管理	重点是能正确认识与评估自我;依据自身个性和潜质选择适合的发展方向;合理分配和使用时间与精力;具有达成目标的持续行动力等。
社会参与	责任担当	社会责任	重点是自尊自律、文明礼貌、诚信友善、宽和待人;孝亲敬长,有感恩之心;热心公益和志愿服务,敬业奉献,具有团队意识和互助精神;能主动作为,履职尽责,对自我和他人负责等。
		国家认同	重点是具有国家意识,了解国情历史,认同国民身份,能自觉捍卫国家主权、尊严和利益;具有文化自信,尊重中华民族的传统文化和社会先进文化;了解中国共产党的历史和光荣传统,具有热爱党、拥护党的意识和行动等。
		国际理解	重点是具有全球意识和开放的心态,了解人类文明进程和世界发展动态;能尊重世界多元文化的多样性和差异性,积极参与跨文化交流;关注人类面临的全球性挑战,理解人类命运共同体的内涵与价值等。
	实践创新	劳动意识	重点是尊重劳动,具有积极的劳动态度和良好的劳动习惯;具有动手操作能力,掌握一定的劳动技能等。
		问题解决	重点是善于发现问题和提出问题,有解决问题的兴趣和热情;能依据特定的情境和具体条件,选择制订合适的解决方案;具有在复杂的环境中行动的能力。
		技术应用	重点是理解技术与人类文明的有机联系,具有学习掌握技术的兴趣和意愿;具有工程思维,能将创意和方案转化为有形物品或对已有物品进行改进与优化等。

(三) 义务教育课程标准

作为 STEM 教育的指南性文件——《新课标》(具体见 61 页),强调了课程的性质和理念应符合现代社会发展的需求,注重培养学生的核心素养、各学科核心素养,如表 7-4 所示。

《新课标》中的学科核心素养是对各学科育人价值的凝练,明确了学生在学习某一学科后应具备的关键能力、必备品格与价值观念。如表 7-4。在 STEM 课程目标设计中,依据学科核心素养,教师可以精准把握各学科在 STEM 课程中的定位和贡献,实现学科之间的有机融合。通过深入理解各学科的核心素养要求,教师能够避免学科知识的简单堆砌,让学生在跨学科学习中深入理解学科本质,提升学科素养,从而更好地实现 STEM 课程的跨学科育人目标。

表 7-4 《义务教育课程标准(2022 年版)》小学阶段各学科核心素养

学科	核心素养内涵
道德与法治	政治认同、道德修养、法治观察、健全人格、责任意识
语文	文化自信、语言运用、思维能力、审美创造
数学	会用数学的眼光观察现实世界、会用数学的思维思考现实世界、会用数学的语言表达现实世界
英语	语言能力、文化意识、思维品质、学习能力
科学	科学观念、科学思维、探究实践、态度责任
体育与健康	运动能力、健康行为、体育品德
艺术	审美感知、艺术表现、创意实践、文化理解
劳动	劳动观念、劳动能力、劳动习惯和品质、劳动精神

(四) 基于学习框架和核心素养的目标设计

在设计 STEM 课程目标时,可以参考美国 21 世纪学习框架关键素养、中国学生发展核心素养要点、学科核心素养关键点,再根据具体主题和学生实际情况,在各维度下填写相应目标描述,确保目标全面、具体且可操作。表 7-5 是"智能机器人设计"项目中,教师根据以上学习框架和核心素养内容,整理的课程目标。

表 7-5 "智能机器人设计"项目课程目标

课程单元/项目主题	智能机器人设计
美国 21 世纪学习框架关键素养对应目标	1. 批判性思维:能够分析智能机器人设计中的技术难点,如传感器精度、电机效率等,提出至少两种创新的优化方案。 2. 沟通与协作:能够通过团队合作,完成智能机器人的设计与制作,每个团队成员能够清晰表达自己的想法,并有效分工合作。 3. 信息素养:能够有效获取、评估和利用科学、技术等领域的信息,如查阅相关文献,了解最新技术动态,以支持智能机器人设计。

(续表)

课程单元/项目主题	智能机器人设计
中国学生发展核心素养要点对应目标	1. 人文底蕴:能够了解智能机器人发展历程及其对人类社会的影响,撰写一篇不少于500字的报告,分析其伦理和社会责任。 2. 科学精神:能够掌握智能机器人相关科学原理与技术知识,如机械结构、电子电路、编程控制等,通过实验验证至少一个科学原理。 3. 学会学习:能够激发自主探究欲望,掌握学习方法,能够独立解决设计过程中遇到的问题,如通过在线课程学习新的编程语言。 4. 责任担当:能够关注智能机器人设计对社会、环境的影响,考虑其伦理和社会责任,提出具体的改进措施。
学科核心素养对应目标	1. 科学:能够通过实验、观察等收集智能机器人设计相关证据,验证设计方案的可行性,如通过实验测试不同传感器的性能。 2. 技术:能够掌握智能机器人制作所需技术工具与方法,如3D打印、电子焊接等,制作出一个功能完整的机器人部件。 3. 工程:能够系统分析智能机器人结构与功能,完成设计方案,进行项目管理和实施,如制订详细的项目计划和时间表。 4. 数学:能够运用数学知识解决智能机器人设计中的计算问题,如运动学建模、路径规划等,编写相关的数学模型。
综合目标描述	能够运用多学科知识,通过团队合作设计并制作出具有一定功能的智能机器人。具体目标包括: 1. 技术实现:能够设计并制作一个能够自主导航和避障的智能机器人,使用至少两种传感器(如超声波传感器和红外传感器)和一个微控制器(如Arduino)。 2. 问题解决:能够通过实验和数据分析,优化机器人的性能,如提高导航精度和避障效率。 3. 创新设计:能够提出并实现至少一项创新功能,如语音控制或远程监控。 4. 社会责任:能够撰写一份报告,分析智能机器人对社会和环境的影响,并提出具体的改进建议。 5. 团队合作:能够通过团队合作,完成项目的所有阶段,每个团队成员能够清晰表达自己的想法,并有效分工合作。 6. 信息素养:能够有效获取、评估和利用科学、技术等领域的信息,支持智能机器人设计,如查阅相关文献,了解最新技术动态。

依据美国21世纪学习框架关键素养、中国学生发展核心素养、学科核心素养关键点,教师可以快速生成契合多维度素养要求的STEM课程目标,并且该工具可以反复应用于不同课程主题的目标设计,提高目标设计的规范性与科学性,为课程的顺利实施奠定坚实基础。

三、STEM课程内容设计工具

课程内容是实现STEM课程目标的重要载体,精心设计的课程内容能够激发学生的学习兴趣,引导他们深入探究,培养综合素养。在STEM课程内容设计中,教师可以借助一系列工具,从发现问题、定义问题到设计驱动性问题,再到组织项目活动和成果展示,层层递进,逐步构建起丰富、有趣且富有挑战性的课程内容体系,让学生在参与过程中获得知识、提升技能、培养创新思维。

(一) 驱动性问题设计工具

驱动性问题是 STEM 课程内容设计的核心,它能够激发学生的探究兴趣,引导他们主动学习和解决问题。为了设计出高质量的驱动性问题,教师可以运用多种工具,帮助学生从不同角度发现问题、定义问题,并最终形成具有探究价值的驱动性问题。

1. 问题发现工具

发现问题是驱动性问题设计的起点,有效的工具能够引导学生从日常生活中挖掘有价值的问题。常见的发现问题的方法有观察、对比、实验、调研等学习方法,以及 AEIOU 法、同理心地图等思维工具。

观察:引导学生深入生活、自然或科技场景,细致观察现象,记录观察细节。

对比:让学生对不同事物、现象或方法进行对比分析,发现差异与矛盾点。

实验:通过设计简单实验,让学生在实验过程中发现意外结果或新现象。

调研:组织学生开展问卷调查、访谈等调研活动,收集公众对某一科技问题的看法与需求。

(1) AEIOU 思维工具

该工具的主要优点为它提供了一种全面且系统的方式观察和分析问题。同时也为学生提供了一个多角度分析问题的框架。A(Activities)代表活动,关注人们在特定环境中的行为;E(Environments)代表环境,分析事物所处的背景和场景;I(Interactions)代表互动,研究人与人、人与物之间的关系;O(Objects)代表物体,观察具体事物的特征和功能;U(Users)代表用户,了解使用者的需求和体验。通过 AEIOU 思维工具,学生可以从多个角度对问题进行剖析,表 7-6 是进行"校园智能储物柜"项目时,运用 AEIOU 思维工具分析的内容。

表 7-6 运用 AEIOU 思维工具分析"设计一款校园智能储物柜"的相关内容

类别	内容
A(Activities,活动)	学生储物活动:学生在课间、体育课后、社团活动前后等时间段,使用储物柜存放书包、运动器材、乐器等物品。 管理人员活动:管理人员定期对储物柜进行检查、清洁和维护。
E(Environments,环境)	校园环境:储物柜通常放置在教学楼走廊、体育馆入口、社团活动室附近等区域。 周边设施环境:储物柜周边可能有电源插座、网络接口等设施,用于支持智能储物柜的电子设备运行。

(续表)

类别	内容
I(Interactions,互动)	学生与储物柜互动:学生通过输入密码、刷卡或使用手机App等方式开启储物柜,与柜体的锁具、显示屏等部件进行交互。 管理人员与储物柜互动:管理人员通过后台管理系统对储物柜进行监控和管理,如查看柜子使用情况、分配柜子、发布通知等。
O(Objects,物体)	储物柜本身:储物柜本身及附带的配件。 存放物品:学生存放的书包、运动器材、乐器等物品。 辅助设备:智能储物柜的电子锁、显示屏、传感器等辅助设备等物体。
U(Users,用户)	学生、管理员。

(2) 同理心地图

该工具旨在帮助学生站在他人的角度思考问题,培养同理心。同理心地图分为"看""听""想""说"四个部分,学生通过填写地图,深入了解目标群体的想法、感受和行为,进而挖掘出隐藏在背后的问题。例如,要设计一款帮助教师搬运篮球的装置,可以使用同理心地图,分象限罗列不同人物所说、所想、所做、所感等。需要注意,设计象限是为了指导研究,并确保没有遗漏人物角色的任何关键信息。学生通过同理心地图了解真实情境下的人物需求,整理表达的问题痛点,逐步为解决方案的诞生提供阶梯。如图 7-2 所示。

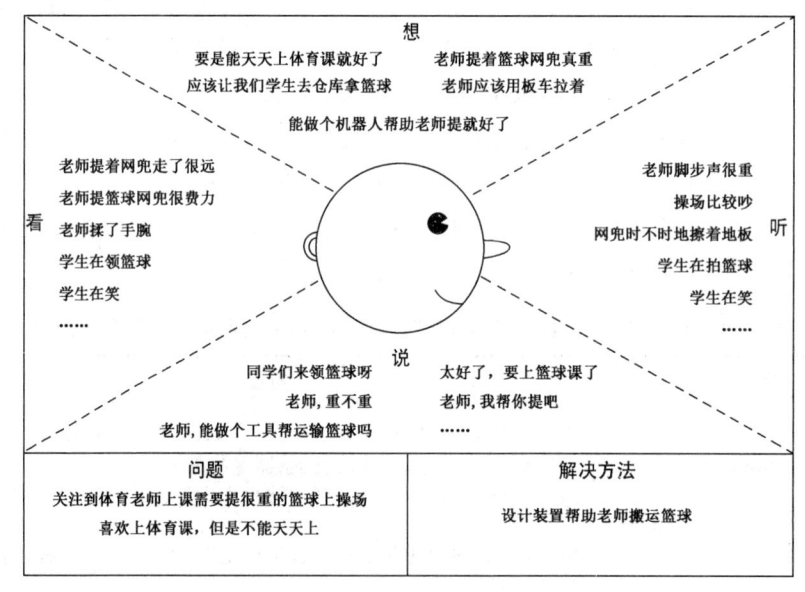

图 7-2 同理心地图应用

2. 问题定义工具

发现问题后,需要对问题进行清晰而准确的定义,以便更好地开展后续的探究活动。POV(Point of View)和权衡表是两种常用的问题定义工具。POV 即观点陈述,它要求学生从特定用户、需求和情境的角度定义问题,采用"我们该(如何)……,为(谁)……,做点(什么)……,好解决(什么问题)……"的句式,使问题明确具体。

权衡表则在面对多个问题或问题的多个方面时发挥作用,帮助学生进行优先级排序。如在"婴儿产品改进设计"项目中,学生将问题或问题要素列在表格中,根据产品机会、用户价值、团队支持等标准进行打分和比较,从而确定核心、最亟待解决的问题。如表7-7所示。

表7-7 权衡表

	问题1	问题2	问题3	问题4	备注
产品机会	3	4	3	3	问题是否可以用产品(方案)的形式来解决,是否可以形成一个具体的产品或方案。按照1—5分打分,确定最核心、最亟待解决的问题。
用户价值	4	4	4	5	问题的解决是否对用户(或对象)很重要且很紧迫。
团队支持	1	3	3	2	团队对问题的解决是否可以提供必要的知识、能力支撑,具有可行性。
合计	8	11	10	10	

例如,在"婴儿产品改进设计"项目中,学生通过POV定义出以下问题:

(1) 要为婴儿制作固定睡姿的产品,以解决翻身后呼吸不顺的问题;

(2) 要为家长设计一个能改善婴儿洗澡姿势的产品,以解决家长在帮助婴儿洗澡时姿势疲劳的问题;

(3) 要为家长设计一款多功能的便携保温产品,以解决外出时物品携带不便和保温的问题;

(4) 要为婴儿设计一个可长期使用的产品,以减少材料浪费的问题。

通过POV工具,学生能够清晰地界定问题的范围和重点,避免问题过于宽泛或模糊。

3. 驱动性问题设计

在定义问题的基础上,设计驱动性问题需要教师引导学生将问题转化为具有探究价值和挑战性的任务。驱动性问题设计参考方式见表7-8。学科本质问题与学生建立联系是一种有效的方法,从学科的核心概念和原理出发,寻找与学生生活经验或兴趣爱好相契合的切入点,设计驱动性问题。事实性问题转化为概念性问题是提升问题深度的重要途径,将具体、表面的事实性问题上升到抽象、本质的概念性问题,引导学生进行深度思考。从学生处获得问题雏形则充分发挥学生的主体性,鼓励学生在小组讨论、头脑风暴等活动中自由提出问题,教师再对这些问题进行梳理、整合和优化,形成驱动性问题。冲突论争性问题能够激发学生的探究欲望和批判性思维,设计具有争议性和挑战性的问题,如"人工智能是否会取代人类的大部分工作""基因编辑技术是否应该被广泛应用"等,能够引发学生在跨学科知识的基础上展开深入讨论和研究,设计出具有创新性和实践价值的解决方案。

表7-8 驱动性问题设计参考方式

1	将学科本质问题与学生建立联系
2	将事实性问题转化为概念性问题
3	从学生角度出发获得问题雏形
4	运用"冲突、论争"性问题

(二)项目活动设计工具

项目活动是STEM课程内容设计的重要组成部分,通过精心设计的项目活动,学生能够在实践中应用知识、提升技能、培养团队合作精神和创新思维。为了组织有效的项目活动,教师可以借助多种工具,从建立团队到设计方案,再到项目管理和成果展示,为学生提供全方位的支持和指导。

1. 建立团队工具

在项目活动开始前,建立一个高效、协作的团队至关重要。团队协议表是建立团队的有效工具,它为学生提供了一个明确团队运作规则和流程的框架。团队协议框架设计可参考表7-9。在制订团队协议表时,教师可以引导学生共同讨论并确定团队目标、成员分工、沟通方式、决策机制、冲突解决策略等内容。通过团队协议表,可以明确每个成员的职责和权利,确保团队成员之间能够相互协作、相互支持,共同推动项目活动的顺利开展。

表7-9 团队协议表框架

	包含元素	具体内容	备注
1	团队名称	团队名称：＿＿＿＿＿	团队沟通确定,项目需要哪些成员
2	团队成员角色	＿＿＿成员担任＿＿＿（角色）	1. 团队沟通确定,项目需要哪些角色 2. 如何选择领导者 3. 每个角色任务是什么
3	团队成员规范	1. 我们认可,当有些人不工作时,或出现履行职责的情况,首次将由队长提醒,第二次将由团队沟通是否对成员进行调整 2. 我们帮助团队成员进行信息检索,完成任务,对有困难的队员开展结对帮助 3. 我们会在发生紧急情况时,优先保护团队的人身财产安全,其次在法律允许的范围内进行团队作品的完善	1. 团队沟通确定,当有些人不工作时会发生什么 2. 如果没人履行职责将会遭受什么样的惩罚 3. 团队成员如何分享信息与材料 4. 如果有人不准时提交任务会怎么样 5. 发生紧急情况时,该如何应对各类问题

(续表)

	包含元素	具体内容	备注
4	团队作品制作规范	1. 我们认可并利用每个团队成员的特殊才能 2. 我们以团队的方式发展思想并创造产品 3. 单独完成的任务将在团队中汇报以寻求反馈 4. 我们帮助团队成员解决作品意见不同问题，并管理冲突 5. 我们会在团队成员有需要时提供帮助	1. 团队沟通确定，如何创造产品 2. 如何开展任务，并及时反馈任务进度 3. 团队成员对于作品意见不同怎么办 4. 团队成员需要帮助时，应怎么办
5	团员签名和日期	团员签名：＿＿＿＿＿＿＿＿＿ 时　　间：＿＿＿＿＿＿＿＿＿	团队沟通确定后，逐一签名，每人一份。

2. 项目手册与任务清单

项目手册是学生在项目活动中的重要参考资料，它为学生提供了项目活动的详细指南。设计依据表可参考表 7-10 项目手册应包括项目背景、目标、流程、时间节点、所需材料、评价标准等内容，以帮助学生对项目有一个全面的了解。任务清单则将项目分解为一系列具体、可操作的任务，帮助学生明确每个阶段的工作重点和完成标准。如表 7-11 所示。

表 7-10　项目设计依据表

这个项目主题或者主要意图。
通过本项目，学生应该学习和掌握哪些符合课程标准的内容（每个学科 2—3 条）。
通过本项目，学生能够学习哪些技能，该如何评价这些技能。
通过本项目，学生能够实践哪些思维方式，如何让这些思维方式可见。
设计驱动性问题：要求学生解决现实世界中存在的某个问题，或解决某个有意义的问题。以驱动性问题形式描述这一个调整问题。
学生需求： 确定学生将在项目中学到的核心概念。 列出学生将在项目中学到的关键标准或结果。 将预期结果与所需的国际课程标准进行比较，找出遗漏的关键内容。 如何评价个人优势和团队优势？ 学生如何在项目中以及项目结束时反思自己的表现？

(续表)

项目成果与习得技能：		
成果或能力	评价工具	是否有突破的余地
主要成果1：		
主要成果2：		
技能1：		
技能2：		

项目进度：

第1次	第2次	第3次	第4次	第5次
项目过程：	项目过程：	项目过程：	项目过程：	项目过程：
项目内容：	项目内容：	项目内容：	项目内容：	项目内容：

表7-11 任务清单

目标： 了解当垃圾到达填埋区时会发生什么。	任务 1. 以小组的形式进行一场垃圾填埋区的虚拟考察旅行。 2. 在观看视频后，写下任务你感兴趣或者有疑问的事。 3. 完成垃圾填埋区的虚拟考察旅行后，完成记录单。
材料： 记录单与铅笔	
活动形式： 个人　　同伴　　小组	
当完成任务后， 和同伴分享你的记录单	

216

3. 方案设计工具

方案设计是项目活动的核心环节，有效的方案设计工具能够帮助学生系统地思考问题，提出创新性的解决方案。教师可以引导学生运用思维导图、流程图、草图等工具，将他们的想法和创意可视化。如图7-3为智能家居功能思维导图。思维导图可以帮助学生梳理项目的各个方面，如问题、目标、方法、资源等，找出它们之间的联系和逻辑关系。图7-4则为入侵报警功能流程图。流程图则能够清晰地展示方案的实施步骤和流程，帮助学生优化方案设计。草图则为学生提供了一个快速表达创意和设计想法的框架，通过绘制简单的草图，学生能够直观地展示他们的设计方案。

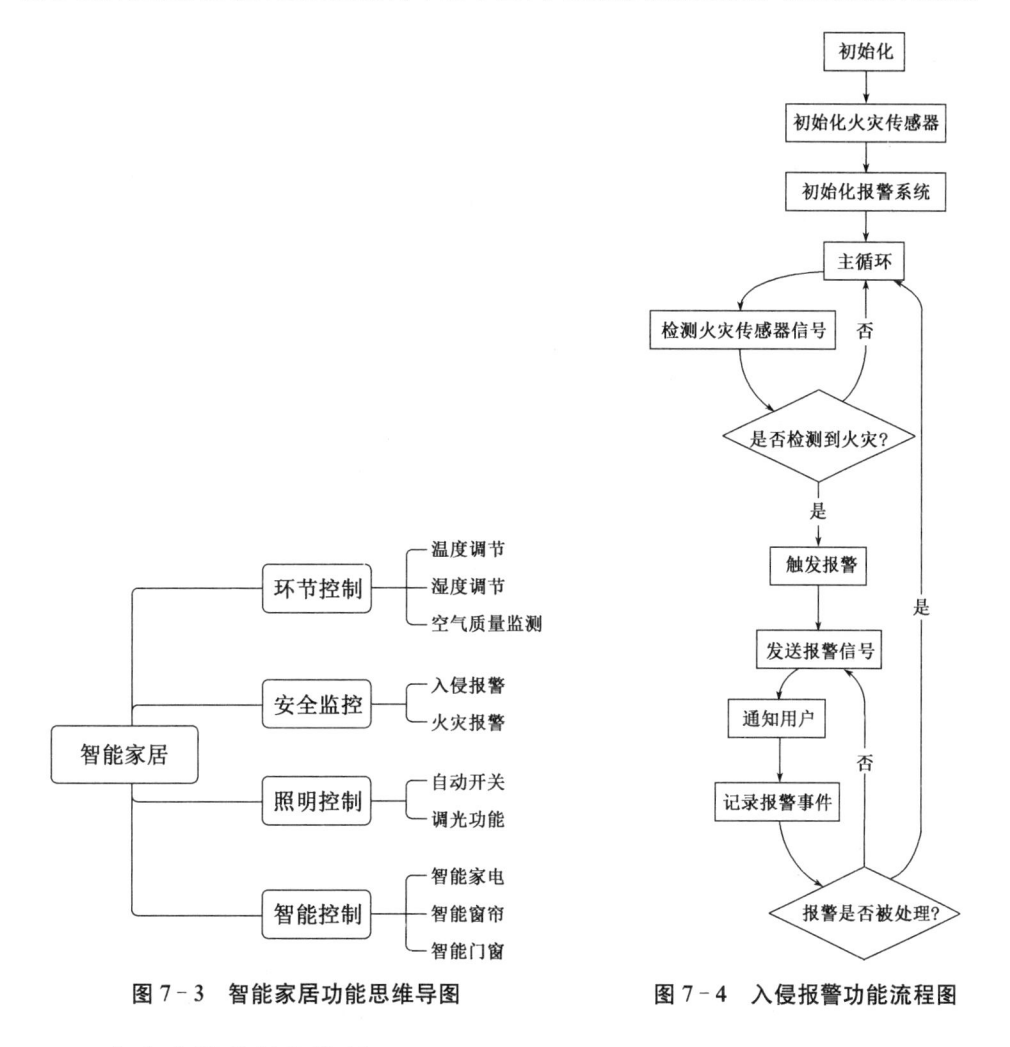

图7-3　智能家居功能思维导图　　　　图7-4　入侵报警功能流程图

4. 方案或模型制作流程

在方案设计完成后，学生需要将方案转化为具体的模型或作品。方案或模型制作流程为学生提供了一个系统的制作指导，帮助他们一步一步地实现设计方案。模型制作的一般流程见图7-5。教师可以引导学生制订详细的制作计划，包括材料准备、工具选择、制作步骤、质量控制等内容。在制作过程中，教师还可以提供一些常见的制作技巧和注意事项,帮助学生提高制作效率和质量。

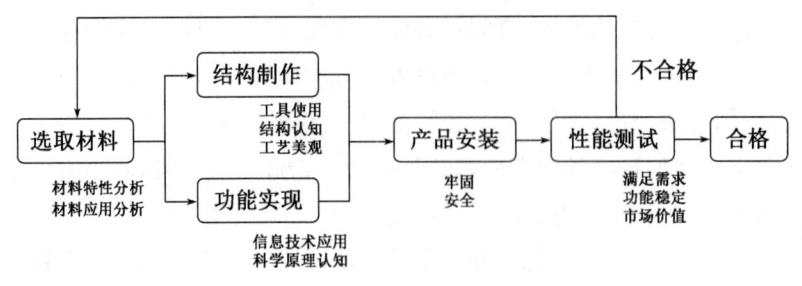

图 7-5 模型制作的一般流程

5. 项目管理工具

项目管理是确保项目活动顺利进行的重要保障,有效的项目管理工具能够帮助学生合理安排时间、分配资源、监控进度和解决问题。项目学习指导记录表可参看表7-12。教师可以引导学生运用甘特图、任务分配表、进度报告等工具,对项目进行全面管理。

表 7-12 项目学习指导记录表(进度表)

项目名称:														
队名	姓名	发现问题	问题定义		方案构思			模型(方案)制作1	测试优化1	模型(方案)制作2	测试优化2	展示交流		预约老师(技术、时间)
		AEIOU	移情	POV	权衡表	头脑风暴	初步效果图	统筹设计	最终方案				设计本	PPT	演讲	

(三) 成果展示活动设计工具

成果展示是 STEM 课程内容设计的重要环节,它不仅能够让学生展示自己的学习成果,还能够激发学生的学习兴趣和自信心,培养学生的沟通能力和团队合作精神。为了设计出多样化的成果展示活动,教师可以运用多种工具,从确定展示形式到组织展示活动,为学生提供全方位的支持和指导。

1. 学生成果展示活动形式

多样化的展示形式能够满足不同学生的需求,激发他们的创造力和表现欲。教师可以引导学生选择适合的展示形式,如班级展示会、项目成果墙、模拟招商引资、学生项目展览、学校科技节、"义卖"活动等。

（1）班级展示会

在班级内组织成果展示会，学生以小组为单位，通过海报、演示文稿、实物模型等方式展示项目成果，向全班同学介绍项目背景、过程、成果与收获，其他同学可现场提问、交流，教师进行点评与总结，营造浓厚学习氛围，增强学生成就感与自信心。

（2）模拟招商引资

针对具有市场潜力的项目成果，组织模拟招商引资活动，学生扮演项目团队，向"投资商"（教师、家长、校外专家等）介绍项目，通过模拟活动，让学生了解科技创新与市场结合的重要性，锻炼学生商业思维与表达能力，同时为项目成果转化提供思路与机会。

（3）学生项目展览

在学校操场、礼堂、体育馆等场地举办大型学生项目展览，邀请家长、兄弟学校师生、社区居民等参观，学生现场展示项目成果，进行互动体验。

（4）学校科技节

将学生 STEM 项目成果纳入学校科技节活动，与科技竞赛、科普讲座、科技表演等环节有机结合，打造全方位科技盛会。

（5）"义卖"活动

对于具有实用价值且成本较低的项目成果，如手工制作的环保工艺品、创意文具等，组织"义卖"活动，学生自主定价、制作宣传海报、进行现场销售，所得收益可用于班级活动经费或捐赠公益事业。

四、STEM 课程开发中的 AIGC 工具

（一）AIGC 工具概述

人工智能内容生成（Artificial Intelligence Generated Content，AIGC）是指基于人工智能技术自动生成文本、图像、音频或视频等内容的生产方法。在教育科技不断迭代的背景下，跨学科主题学习正成为教育界关注的焦点。特别是 AIGC 为教育教学带来了多维度的显著转变，推动形成了充满创新活力的人机协同教学模式。

（二）应用 AIGC 工具辅助 STEM 教育项目设计

在跨学科学习活动中，AIGC 不仅是知识传递的工具，更成为教师活动设计与教学实施的重要伙伴。活动设计的初期，AIGC 工具协助资源开发者制订初步方案，并在教学过程中提供实时数据分析和调整建议。以篮球教练的 STEM 主题活动为例，AIGC 帮助实现了数学与体育的互动学习，加强了学生的实践能力和学习效果。在课堂上，AI 大模型引导学生提出问题，优化学情分析，助教智能体则为学生定制个性化学习资源，提升建模效率，进一步优化了整个学习过程。

北京师范大学智慧教育研究院鼓励高教、职教学生、中小学教师和企业相关人员，从教育质量、教育效率和教育公平等议题出发，应用 AIGC 工具辅助 STEM 教育项目设计，充分发挥 AIGC 在人机协同进行创造性问题解决方面的潜力。而在实际

应用过程中,了解并选择合适的 AIGC 工具十分关键。文本生成的 AIGC 工具主要有文心一言、通义千问、AMiner,图像和 PPT 生成的 AIGC 工具主要有 AiPPT、剪映 dreamina、笔墨 AI,可以按照自己的需求选择。

在 STEM 教育项目设计中,AIGC 工具的出现为教学带来了显著变化,既有突出优势,也存在一定局限。在应用 AIGC 工具时,也应遵循以下原则,才能保证教学质量。

1. 熟知跨学科教育理论

在运用 AIGC 工具辅助 STEM 课程设计前,教师深入钻研跨学科教育理论至关重要,具体理论可参考本书第 3 至第 6 章内容。跨学科教育理论作为 STEM 课程设计的基石,能帮助教师理解不同学科知识的融合方式。只有掌握了这一点,教师才能借助 AIGC 工具产出高质量教学内容。

以桥梁建造项目为例,该项目涉及物理、数学和工程学多学科知识。依据跨学科教育理论,教师能精准确定各学科知识在项目中的融入点,进而引导 AIGC 工具生成契合教学目标的内容,比如物理力学原理讲解材料、数学计算桥梁结构数据示例,以及工程学中的桥梁设计规范等。如此,AIGC 工具与跨学科教育理论相辅相成,助力打造更优质的 STEM 教学。

2. 以驱动型问题为核心

在运用 AIGC 工具生成教学内容的过程中,以驱动型问题为核心是极为关键的原则。驱动型问题犹如引擎,能够强有力地激发学生的好奇心与探索欲望,打破传统教学中被动接受知识的模式,激励学生主动参与到学习进程里。以环保主题的 STEM 课程设计为例,当抛出"如何有效减少海洋塑料污染?"这一驱动型问题时,其导向作用便充分彰显。教师以此为指引,借助 AIGC 工具强大的信息整合与生成能力,获取海洋塑料污染现状报告,这份报告能直观呈现污染范围、程度等关键信息;生成塑料降解科学实验步骤,帮助学生从化学原理层面理解污染治理;产出海洋环保创新方案,为学生在工程学与创意设计方面提供思路。在解决问题的过程中,学生能够将化学学科里的材料降解知识、生物学科里的海洋生态知识、工程学里的环保设施设计知识以及数学学科里的数据分析知识有机融合,形成一个完整的知识体系,真正做到知识的灵活运用与迁移,全方位提升自身的综合能力,为未来的学习和生活奠定坚实基础。

3. 结合学情修改生成内容

使用 AIGC 工具生成 STEM 教育项目设计内容后,教师不能直接照搬,AIGC 工具具有一定的特性,其虽具有高效性、多样性,以及启发创意的优势,但同样存在内容存疑、缺乏情感化个性关怀以及版权风险的问题,每个班级的学情和学生特点都存在差异,所以教师必须依据实际情况进行修改。

对于基础较为薄弱的学生群体,AIGC 工具生成的复杂理论可能超出他们的理解范围,教师需要简化这部分内容,着重补充基础知识讲解,帮助学生逐步建立知识体系。而对于学习能力较强的学生,常规内容难以满足他们的求知欲,教师可以在

AIGC生成内容的基础上,增设拓展性问题和挑战性任务,鼓励他们深入探究。

此外,学生的兴趣爱好各不相同,教师可以充分考虑这一点。若学生普遍对科技感兴趣,教师就将科技元素巧妙融入教学内容,如在物理课程中引入前沿的量子计算原理、在数学课程里结合人工智能算法中的数学模型,让喜欢科技的学生更积极地参与学习,提升学习效果。只有根据学生的实际情况灵活运用AIGC生成的内容,才能使其真正服务于教学,助力学生在STEM教育中不断成长。

第三节　STEM课程资源的应用

学习目标

1. 列举STEM课程资源的应用。
2. 理解并掌握家、校、社STEM课例的特点。

问题思考

1. STEM课程资源可以应用于哪些场所?
2. 如何发挥家庭、校内和社企STEM课程的价值?

知识聚焦

一、家庭STEM课例赏析

"自动饮水机"课程对于中小学生来说是适合和家庭成员共同参与的家庭STEM课程,贴合学生日常生活场景,旨在通过实践项目培养学生跨学科知识运用能力、科学探究能力和创新思维。它适合家庭亲子互动、课后学习延伸和假期学习等场景,让家庭成员参与到孩子的学习中,帮助发现孩子的兴趣和优势。激发孩子对科技的兴趣,增强家庭的科技氛围,同时为学生提供一个理论与实践相结合的平台,从而对提升他们的综合素养和解决实际问题的能力,具有重要的教育意义和价值。

(一)项目背景

家庭是学生日常生活的重要组成部分,饮水安全与便利性直接影响着家庭成员的健康和生活质量。例如,充足的热水供应适合泡茶、冲泡奶粉,而便捷的冷水供应则方便直接饮用或制作冷饮,感应式的接水方式更加方便。因此,本项目以家庭自动饮水机为载体,将饮水机的设计与制作知识与学生的家庭生活紧密结合,具有重要的现实意义。

在探索和实践过程中,学生不仅能够提升对饮水机设计与制作的兴趣和理解,还能够培养他们的科学探究能力。例如,在制作饮水机模型时,学生需要运用科学原理和技术工具,解决实际制作中遇到的问题;在进行饮水机使用测试时,学生需要学会如何准确记录数据,并分析数据的变化趋势。这些实践活动不仅丰富了学生的家庭生活,还为他们提供了一个将理论与实践相结合的平台,有助于培养学生的综合素养和解决实际问题的能力。这些实践活动不仅丰富了学生的家庭生活,还为他们提供了一个将理论与实践相结合的平台,有助于培养学生的综合素养和解决实际问题的能力。使学生在家庭生活场景中感受科技的魅力与力量,激发学生对科技创新的兴趣和热情。

(二) 项目目标

1. 跨学科学习内容

本项目聚焦于一个核心驱动性问题:"让饮水机更智能、更方便,以适应现代人对于健康饮水和资源高效利用的需求?"课程内容将围绕这一驱动性问题展开,通过一系列的实践活动,让学生在探索和实践中学习饮水机的设计、制作和原理知识。整个项目分为多个阶段,包括饮水机的演变历程,理解其基本构造与功能、饮水机的工作原理、大气压强和液体压强、常见的感应器、如何利用磁控开关设计自动感应饮水机等。在项目中学生将制作利用大气压强作为开关的简易饮水机和具有磁控感应的智能饮水机,并可以设计出更加智能、便捷的概念性饮水机方案。此外,项目还鼓励学生进一步探索饮水机背后的科学原理,如水的过滤原理、温度对水质的影响等,从而将理论知识应用于实际生活中,解决实际问题。STEM跨学科教学目标如表7-13所示。

表7-13 STEM跨学科教学内容

科学(S)	认识饮水机定义、基本功能、历史发展及对生活影响;认识饮水机的基本结构和工作原理;了解大气压强和液体压强;了解饮水机中能实现的自动控制方式;学习常见传感器的工作原理,如红外线传感器、磁力传感器等,以及感应器和执行器如何配合实现自动控制功能;了解如何利用磁控开关设计自动感应饮水机等。
技术(T)	使用绘图工具绘制饮水机相关图示(类型功能思维导图、结构表、电路图等);掌握制作简易饮水机和自动感应饮水机的方法;了解常见传感器触发原理及传感器与执行器如何配合实现自动控制功能学习如何将传感器应用于饮水机,实现自动感应功能。
工程(E)	了解饮水机类型及功能相关工程知识;认识简单电路;设计并制作简易饮水机和自动感应饮水机;进行传感器和执行器的连接,组装、调试并优化自动感应饮水机。
数学(M)	通过安排思维导图锻炼逻辑思维能力;熟悉流程图;应用数学知识分析自动控制系统,如电路连接、空间布局等。

2. 教学目标

家庭STEM项目——自动饮水机,不仅能解决生活中饮水的便利性和健康性问题,还能从知识、能力和情感三个方面培养学生。

第一,了解饮水机的定义、类型、基本功能以及工作原理,学习压强、水流控制、传感器、电路连接等科学原理,了解传感器在自动控制系统中的工作机制;了解流程图,学习运用数学知识分析自动控制系统;绘制自动饮水机设计图,激发学生创新能力,制作自动感应饮水机,培养学生工程思维。

第二,学会倾听他人意见,尊重不同观点,培养团队合作精神和沟通能力;掌握清晰地表达自己的设计思路、制作过程和产品特色的能力。

第三,认识到饮水机在日常生活中的重要性,以及水资源的珍贵性;体验从创意到实现的全过程;提升节约用水和环保意识,增强社会责任感。

(三) 项目课时

"自动饮水机"项目一共分为6个阶段,每阶段2个课时,共计12课时:第1阶段为认识饮水机,第2阶段为制作简易饮水机,第3阶段为饮水机优化方案,第4阶段为制作自动感应饮水机,第5阶段为作品优化,第6阶段为成果展示与评价。适用年级为小学第二学段。通过关联科学、数学、语文、艺术学科,引导学生思考如何让饮水机更智能、更方便,以适应现代人对于健康饮水和资源高效利用的需求。

(四) 项目实施过程

在这个家庭STEM项目中,我们会按照每课时的主题和目标,一步步带领大家深入了解饮水机的奥秘。我们会用多种有趣的方式,让大家在动手实践中制作出自己的创新饮水机模型。接下来,将分七个环节简述项目实施过程。

1. 入项活动

(1) 活动内容

介绍自动饮水机项目的意义和目标,提出驱动性问题,引导学生思考如何让饮水机更智能、更方便。通过思考生活中饮水机哪些设计不太合理,或者使用不方便,激发学生的好奇心和探索欲。

(2) 教师活动

创设情境,提出驱动性问题:"如何让饮水机更智能、更方便,以适应现代人对于健康饮水和资源高效利用的需求?"。引导学生思考生活中饮水机哪些设计不太合理,或者使用不方便,或者想给现在的饮水机增加哪些智能的功能,组织学生分享讨论结果,总结学生提出的问题和想法。组织学生填写KWL表格(KWL表格是一种有效的教学工具,其全称为Know-Want-Learn,即已经知道的-想要知道的-学到的。这种表格形式有助于学生在学习新内容之前、期间和之后进行思考和整理知识)和项目里程碑,并抽选小组分享。

(3) 学生活动

观看各种各样饮水机图片,了解饮水机对我们日常生活的重要性。随后分组讨论项目的意义和目标,提出自己的想法和问题。同时,记录讨论结果,准备在全班分享。根据核心任务填写 KWL 表格和项目里程碑。

2. 活动 1：认识饮水机

(1) 活动内容

认识饮水机的定义,知道饮水机对日常生活的影响,认识饮水机的发明缘由和历史发展,能通过讨论说出现在常见的饮水机的局限性。

(2) 教师活动

讲解常用食物含水量表,如讲解《中国居民膳食指南(2022)》中推荐的每日健康饮水量。提供教学视频和资料,帮助学生了解饮水机的功能和类型。引导学生讨论现有饮水机使用中有哪些不便之处,总结讨论结果。指导学生设计和绘制海报,对学生的表现进行点评,总结本节课的学习内容,并引导学生进行反思和思考。

(3) 学生活动

通过常用食物含水量表,计算自己一天的喝水量。探索饮水机的功能、类型以及对我们生活的影响。分组讨论：现在的饮水机存在哪些使用不方便的地方？你想给未来的饮水机增加什么功能？设计一款智能化的饮水机,并制作一个宣传海报,分享展示自己设计的饮水机和海报。

3. 活动 2：制作简易饮水机

(1) 活动内容

认识简单饮水机的基本结构,了解简单饮水机的工作原理,了解和认识大气压强和液体压强,设计并制作简易饮水机。

(2) 教师活动

讲解饮水机的基本结构和出水控制的原理。提供示例图片和视频,帮助学生理解大气压强的概念。指导学生设计和制作简易饮水机,提供技术支持和建议。帮助学生解决制作过程中遇到的问题,确保每个小组都能成功制作出简易饮水机。

(3) 学生活动

学习饮水机的基本结构。了解饮水机水流控制的原理。观看大气压强的实验,思考讨论饮水机怎么运用这种原理。分组设计简易饮水机,绘制设计图,标注各个组成部分。使用提供的材料制作简易饮水机。

4. 活动 3：饮水机优化方案

(1) 活动内容

认识饮水机中自动控制的概念和意义,了解常见的感应器触发原理,探讨感应器和执行器如何配合实现自动控制功能,测试磁控开关控制灯。

(2) 教师活动

讲解传感器的基本概念,以及生活中哪些物品用到了传感器。提供示例图片和视频,帮助学生理解传感器的工作原理。指导学生连接磁控开关灯的电路,并测试磁控开关控制灯。引导学生基于电路图,画出磁控开关灯用到的电子模块,并按电路图连接起来。

(3) 学生活动

学习传感器的基本概念,了解我们生活中都有哪些传感器。了解传感器实现智能功能的逻辑是什么。认识磁控开关,了解它的原理,连接简单电路并测试磁控开关控制灯。分组绘制关于磁控开关的电路图。

5. 活动 4: 制作自动感应饮水机

(1) 活动内容

了解如何利用磁控开关设计自动感应饮水机,知道感应器和执行器如何配合实现自动控制功能,在制作自动感应饮水机时,合理运用材料和工具,确保模型能够正常运行。

(2) 教师活动

带领学生复习磁控开关的原理,引导学生思考如何在饮水机中应用。提供示例图片和视频,帮助学生理解需要水泵抽水的饮水机结构。引导学生思考磁控开关和水泵的安装位置和电路连接方法。指导学生设计和制作自动感应饮水机,提供技术支持和建议。帮助学生解决制作过程中遇到的问题,确保每个小组都能成功制作出自动感应饮水机。

(3) 学生活动

回顾磁控开关原理,思考讨论其在饮水机中的应用方式。认识需要水泵抽水的饮水机结构,讨论磁控开关和水泵在饮水机中的安装位置及电路连接方法。分组设计自动感应饮水机结构并绘制电路图,标注电子元件安装位置和线路连接方式。根据设计图制作自动感应饮水机。

6. 活动 5: 优化饮水机

(1) 活动内容

认识 SCAMPER 法,利用 SCAMPER 法对自动感应饮水机进行优化升级。

(2) 教师活动

讲解 SCAMPER 法并举例子说明。指导帮助学生利用 SCAMPER 法对作品进行优化升级。

(3) 学生活动

学习 SCAMPER 法。利用 SCAMPER 法对自己制作的自动感应饮水机进行优化升级。

7. 活动 6: 成果展示与评价

(1) 活动内容

展示自制简易饮水机和自动感应饮水机,介绍制作过程和测试优化结果。

(2) 教师活动

组织学生进行展示和评价,提供反馈和改进建议。评价学生的展示内容,包括饮水机的制作质量、制作过程的记录和展示效果。总结项目的学习成果和经验教训,鼓励学生提出改进建议。引导学生进行总结反思,帮助学生总结所学知识和技能,提升综合素养。

(3) 学生活动

准备展示材料,包括自制简易饮水机、自动感应饮水机、制作过程的记录、产品海报等。分组展示自制简易饮水机和自动感应饮水机,介绍制作过程和测试优化结果。回答同学和教师的提问,接受评价和建议。记录评价结果,准备总结反思。

(五) 学生作品展示与点评

1. 学生作品展示

在项目实施过程中,学生设计并制作了多种自动饮水机模型,包括简易的饮水机、自动感应出水饮水机等,如图 7-6 所示。每个小组都根据自己的设计图,精心制作了饮水机模型,并在展示环节中向其他小组介绍了设计的原理、结构和使用方法。

图 7-6 学生作品展示

2. 学生作品点评

教师对学生的作品进行点评。学生制作的饮水机模型虽然简单,但基本能够满足家庭饮水的需求。在制作过程中,学生展现了出色的动手能力和创新思维,能够利用身边的材料制作出实用的饮水机。例如,有的小组用塑料瓶和吸管制作了简易的按压式饮水机,既环保又实用;有的小组用磁控开关和水泵制作了自动感应出水饮水机,创意十足。在使用说明书的设计上,学生也表现出了良好的逻辑思维能力,能够清晰地记录和分析饮水机的使用方法。

学生作品点评结束后,学生使用老师提供的自评、小组评价、作品评价等量表进行多维度评价,如表 7-14。评价内容包括对知识技能的评价以及对核心素养的评价,不仅要关注学生对知识技能的掌握,更要注重他们在学习活动中的各种表现,如在小组合作中的参与和解决问题的态度等,以此来激发学生的学习积极性和主动性。

表 7-14 学习过程自我评价表

姓名:　　　　　　　团队名称:　　　　　　　班级:

评价指标	非常好	良好	有待提高	得分
能够准确描述和理解饮水机的结构和基本原理	5—4	3—2	1—0	
能够准确描述和理解传感器的概念和使用情景	5—4	3—2	1—0	
能够主动发现问题,积极思考,并寻找有效的解决方法	5—4	3—2	1—0	
能够识别问题中蕴含的多学科知识	5—4	3—2	1—0	
能够提出不止一种模型设计方案	5—4	3—2	1—0	
能够考虑到模型产品的艺术效果	5—4	3—2	1—0	
能够认真完成作品制作	5—4	3—2	1—0	
能够准确测量并记录结果	5—4	3—2	1—0	
能够进行科学解释和推断,结论准确	5—4	3—2	1—0	
能够采用有效方式展示学习成果	5—4	3—2	1—0	
能够与组员配合有序、合作高效	5—4	3—2	1—0	
能够与他人有效沟通	5—4	3—2	1—0	
能够在合作中有效地管理自己的情绪	5—4	3—2	1—0	
能够包容、接纳他人的不同意见、消极情绪等	5—4	3—2	1—0	
总　　分				

(六) 项目评析

家庭成员的参与为项目注入了更多活力,提升了项目完成度。可以从以下几方面深入剖析该项目的亮点所在,以及它对学生学习和成长的积极影响。

1. 情境性与生活关联性强

项目以家庭中常见的饮水机为主题,紧密围绕学生的日常生活情境展开。从学生熟悉的饮水需求出发,引导学生关注饮水机的功能和使用体验,使学生深刻感受到科技与生活的紧密联系,激发学生的学习兴趣和探究欲望。使学生能够主动发现问题、提出解决方案,并在制作过程中不断尝试和改进。这种基于生活实际的项目设计,能够让学生认识到所学知识的实用性,提高学生运用知识解决实际问题的能力,培养学生的生活智慧和实践能力。

2. 跨学科融合深度和广度兼具

在项目实施过程中,全面整合了科学、技术、工程、艺术和数学等多学科知识。科学领域涉及饮水机的原理(如大气压强、液体压强、传感器原理等)、发明历史和健康饮水知识;技术方面涵盖绘图工具使用、制作工艺(如裁剪、粘贴、电路连接等)和传感器应用技术;工程领域包括饮水机的结构设计、模型制作和系统优化;艺术元素体现在饮水机的外观设计、图示绘制和展示环节的创意表达;数学知识则应用于思维导图构建、电路分析和空间布局等方面。各学科知识相互渗透、相互支撑,形成一个有机的整体,帮助学生建立系统的知识体系,培养他们的综合思维能力和跨学科应用能力。

3. 实践与理论结合紧密

项目注重学生的实践操作,通过一系列的制作活动(如简易饮水机、磁控开关灯、自动感应饮水机等),让学生在动手实践中亲身体验和理解理论知识。从设计方案的制订到材料的选择和加工,再到成品的调试和优化,学生全程参与,将抽象的知识转化为具体的实物,有效提高了学生的实践能力和动手操作技能。同时,在实践过程中,教师引导学生不断反思和总结,加深对理论知识的理解和掌握,实现实践与理论的良性互动,促进学生知识的内化和迁移。使学生能够将理论知识与实际操作相结合,提高了学生的学习兴趣和参与度,培养了学生的动手操作能力和创新思维。

家庭STEM项目——"自动饮水机"真正达到了让学生在实践中学习、在学习中创新的目标,很好地锻炼了他们的跨学科能力和解决实际问题的能力。在以后的教学中,应注重引导学生将知识应用于实践,培养他们的跨学科思维和动手能力。同时,要关注学生在实践中的反思与总结,帮助他们更好地内化知识,提升综合素养。

二、校内STEM课例赏析

校园生活是学生成长的重要组成部分,将STEM课程与校园生活紧密结合,不仅能够激发学生的学习兴趣,还能让他们在熟悉的环境中探索世界的奥秘。本案例以"校园气象站"项目为例,详细介绍了该项目的实施过程以及学生在其中的收获。本项目提供一个生动的课程设计与开发案例,能让我们更好地理解和掌握 STEM 课程的设计与教学应用。

(一) 项目背景

在学生日常的校园生活中,天气状况直接影响着他们的学习和活动安排。例如,晴朗的天气适合进行户外体育活动,而恶劣的天气可能需要调整教学计划。因此,本项目以校园气象站为载体,将气象学知识与学生的校园生活紧密联系起来,具有重要的现实意义。

学生在探索实践过程中,不仅能够提升对气象学的兴趣和理解,还能够培养他们的科学探究能力。例如,在制作气象仪器时,学生需要运用科学原理和技术工具,解决实际制作中遇到的问题;在进行气象观测时,学生需要学会如何准确记录数据,并分析数据的变化趋势。这些实践活动不仅丰富了学生的校园生活,还为他们提供了一个将理论与实践相结合的平台,有助于培养学生的综合素养和解决实际问题的能力。

教师在教学过程中创设情境,提出驱动性问题,激发学生的好奇心和探索欲,并通过多种教学方式,如讲解、示范、指导等,帮助学生解决实际制作和观测中遇到的问题。同时,鼓励学生小组合作,增强团队合作意识和沟通能力,最终通过成果展示与评价,让学生在实践中检验所学,提升自我。

(二) 项目目标

1. 跨学科学习内容

本项目将教材中的理论知识与学生的实际生活相结合,通过一系列的实践活动,让学生在探索和实践中学习气象学知识。整个项目分为多个阶段,包括气象学基础知识的学习、气象仪器的制作、气象站的选址与布局设计、观测计划的制订与实施等。在项目中,学生将模拟建立校园气象站,实时监测校园的天气情况,为学校的户外活动提供科学依据。例如,学生可以预测即将到来的降雨,提前做好防雨准备;或者根据风向和风速,调整户外活动的地点和方式。此外,项目还鼓励学生进一步探索气象现象背后的科学原理,如湿度对身体的舒适度、风向对空气质量的影响等,从而将理论知识应用于实际生活中,解决实际问题。STEM 跨学科教学目标如表 7-15 所示。

表 7-15 STEM 跨学科教学内容

科学(S)	深入学习气象学基础知识,包括常见的气象现象、气象仪器的工作原理,以及气象数据对生活的影响。
技术(T)	掌握使用绘图工具、彩色笔等技术工具绘制思维导图和设计气象站的技能,以及制作简易气象仪器的方法。

(续表)

工程(E)	运用工程思维,设计并制作湿度计、风向仪、雨量计、温度计等简易气象仪器,解决实际问题。
数学(M)	通过设计思维导图和观测量表,锻炼逻辑思维能力,学习数据收集、整理和分析的方法。

2. 教学目标

在校内 STEM 课例中,教学目标应全面而具体,促进学生在知识、能力、情感等多维度的成长。我们期望通过合理的教学目标设置,引导学生在知识的海洋中探索,激发他们的好奇心与创造力,同时锻炼他们的动手实践能力和团队协作精神,为他们未来的学习和生活打下坚实的基础。以下是本项目"校园气象站"的教学目标。

第一,学习气象站的定义、类型、基本功能及其工作原理,包括压强、温度计、湿度计、风速计和雨量计等科学原理;了解各种气象观测仪器的使用方法,学习如何通过这些仪器收集和解读气象数据;绘制校园气象站的设计图,激发学生的创新和规划能力;制作雨量器、风向标等气象仪器,提高学生的工程思维和动手能力。

第二,敢于质疑常规的气象观测方法,提出新颖的观测方案和创意;面对气象观测中的实际问题,如数据不准确或仪器故障,会运用发散性思维寻找解决问题方案;增强学生运用所学知识解决制作气象观测仪器过程中遇到的技术问题,提升学生自主思考和解决问题的能力。

第三,提升科学探究精神;运用所学知识和技术手段优化气象观测方案,提高观测效率和准确性,提高发现问题和解决问题的能力;提升团队协作能力;提升节约资源、保护环境的意识和社会责任感。

(三) 项目课时

"校园气象站"项目一共分为 6 个阶段,每阶段 2 个课时,共计 12 课时:第 1 阶段为气象科普,第 2 阶段为制作简易湿度计,第 3 阶段为制作雨量计和风向仪,第 4 阶段为制作温度计并标定刻度,第 5 阶段为安装和设计观测记录表,第 6 阶段为成果展示与评价。适用年级为小学第二学段。通过关联语文、艺术、综合实践学科,引导学生思考如何建立一个校园气象站,为学校活动提供准确的天气报告和建议。

(四) 项目实施过程

该项目每课时都有明确的主题和教学目标,通过多种教学方式,引导学生逐步深入了解气象现象的奥秘,从而制作出个性化的气象站。接下来,我们将分七个小环节简述项目实施过程。

1. 入项活动

(1) 活动内容

介绍校园气象站项目的意义和目标,提出驱动性问题,引导学生思考如何建立一个校园气象站。通过观看气象站视频和天气预报制作过程视频,激发学生的好奇心和探索欲。

(2) 教师活动

创设情境,提出驱动性问题:"如何建立一个校园气象站,为学校活动提供天气预报和建议"。引导学生思考气象站的组成部分和功能,激发学生的学习兴趣。组织学生分享讨论结果,总结学生提出的问题和想法。组织学生填写 KWL 表格和项目里程碑,并抽选小组分享。

(3) 学生活动

观看气象站视频和天气预报制作过程视频,了解气象站的基本功能和天气预报的制作流程。分组讨论项目的意义和目标,提出自己的想法和问题。记录讨论结果,准备在全班分享。基于核心任务填写 KWL 表格和项目里程碑。

2. 活动 1:气象科普

(1) 活动内容

了解常见的气象现象,认识基础的气象相关知识,认识气象观测需要用到的仪器。

(2) 教师活动

讲解气象学基础知识,包括气象现象的分类和特点。提供教学视频和资料,帮助学生理解气象现象。引导学生讨论气象现象对生活的影响,总结讨论结果。

(3) 学生活动

通过阅读教材和观看教学视频,了解常见的气象现象,如晴天、阴天、雨天、雪天等。分组讨论气象现象对日常生活的影响,如晴天适合户外活动,雨天需要带伞等。制作气象现象的分类图表,展示不同气象现象的特点。

3. 活动 2:设计并制作简易湿度计

(1) 活动内容

学习湿度对人们生活的影响,湿度计的工作原理,设计并制作简易毛发湿度计。

(2) 教师活动

讲解湿度的基本概念和湿度计的工作原理,特别是毛发湿度计的原理。提供示例图片和视频,帮助学生理解湿度计的结构和工作原理。教师指导学生设计和制作湿度计,提供技术支持和建议。同时帮助学生解决制作过程中遇到的问题,确保每个小组都能成功制作出湿度计。

(3) 学生活动

学习湿度的基本概念。观看湿度计示例图片或视频,了解湿度计的种类和工作原理。分组设计简易毛发湿度计,绘制设计图,标注各个组成部分和运作机制。使用提供的材料制作简易毛发湿度计。进行测试和调试,记录不同湿度环境下的读数。

4. 活动 3: 制作雨量计和风向仪

（1）活动内容

学习雨量计和风向仪的工作原理，设计并制作简易雨量计和风向仪。

（2）教师活动

讲解降雨量和风向的基本概念，以及雨量计和风向仪的工作原理。提供示例图片和视频，帮助学生理解雨量计和风向仪的结构和工作原理。指导学生设计和制作雨量计和风向仪，提供技术支持和建议。帮助学生解决制作过程中遇到的问题，确保每个小组都能成功制作出雨量计和风向仪。

（3）学生活动

学习降雨量和风向的基本概念，了解它们对环境和生活的影响。观看雨量计和风向仪的示例图片或视频，了解其结构和工作原理。分组设计简易雨量计和风向仪，绘制设计图，标注各个组成部分和运作机制。使用提供的材料制作简易雨量计和风向仪。进行测试和调试，记录不同降雨量和风向下的读数。

5. 活动 4: 制作温度计并标定刻度

（1）活动内容

学习温度计的工作原理，制作简易温度计并进行刻度标定。

（2）教师活动

讲解温度的基本概念和温度计的工作原理，特别是液体温度计的原理。提供示例图片和视频，帮助学生理解温度计的结构和工作原理。指导学生设计和制作温度计，提供技术支持和建议。讲解刻度标定的方法和原理，帮助学生进行刻度标定。帮助学生解决制作过程中遇到的问题，确保每个小组都能成功制作出温度计。

（3）学生活动

学习温度的基本概念，了解温度计的工作原理，特别是液体温度计的原理。观看温度计示例图片或视频，了解温度计的结构和工作原理。分组设计简易温度计，绘制设计图，标注各个组成部分和运作机制。使用提供的材料制作简易温度计。进行刻度标定，记录不同温度下的读数。

6. 活动 5: 气象站摆放和设计观测量表

（1）活动内容

学习气象站的选址和仪器摆放原则，设计观测量表。

（2）教师活动

讲解气象站选址的基本原则，提供选址建议。指导学生进行气象站布局设计，提供布局建议。提供观测量表的示例，讲解设计要点。帮助学生优化观测量表的设计，确保其科学性和实用性。

（3）学生活动

学习气象站选址的基本原则，了解不同地点对气象观测的影响。分组讨论并选择合适的校园气象站选址，考虑开放性、通风性和无障碍物等因素。设计气象站的布局,确定各气象仪器的摆放位置,确保仪器之间的合理间距。制作观测量表,包括日期、地点、时间、天气、气温、风向、雨量等要素。讨论观测量表的设计,确保其科学性和实用性。

7. 活动 6:成果展示与评价

(1)活动内容

展示自制气象仪器和观测量表,介绍制作过程和观测计划。

(2)教师活动

组织学生进行展示和评价,提供反馈和改进建议。评价学生的展示内容,包括气象仪器的制作质量、观测量表的设计、制作过程的记录和展示效果。总结项目的学习成果和经验教训,鼓励学生提出改进建议。引导学生进行总结反思,帮助学生总结所学知识和技能,提升综合素养。

(3)学生活动

准备展示材料,包括自制气象仪器、观测量表、制作过程的记录、产品海报等。分组展示自制气象仪器和观测量表,介绍制作过程和观测计划。回答同学和教师的提问,接受评价和建议。记录评价结果,准备进行总结反思。

(五)学生作品展示与点评

1. 学生作品展示

在项目实施过程中,我们需要及时引导学生进行项目成果展示。本次项目学生的项目成果包括简易温度计、湿度计、风向仪和雨量计等。每个小组都根据自己的设计图,精心制作了气象仪器,并在展示环节中向其他小组介绍了制作的原理、结构和使用方法。此外,学生还绘制了详细的观测量表,记录了观测日期、时间、天气、气温、风向、雨量等信息,为校园气象站的运营提供了数据支持。

2. 学生作品点评

虽然学生制作的气象仪器相对简单,但基本能够满足气象观测的需求。在制作过程中,学生展现了出色的动手能力和创新思维,能够利用身边的材料制作出实用的气象仪器。例如,有的小组用塑料瓶和吸管制作了简易雨量计,既环保又实用;有的小组用毛发和硬纸板制作了湿度计,创意十足。在观测量表的设计上,学生也表现出了良好的逻辑思维能力,能够清晰地记录和分析气象数据。

学生作品点评结束后,教师需要及时引导学生进行反思和评价。学生使用教师提供的自评、小组互评、作品评价等量表进行了多维度评价。学习过程自我评价可参见表 7-16。评价内容不仅包括对知识技能的评价,也包括对核心素养的评价。不仅要关注学生知识技能的掌握,更要注重他们在学习活动中的表现,如在小组合作中的参与情况和解决问题的态度等,以此激发学生的学习积极性和主动性。

表 7-16 学习过程自我评价表

姓名：　　　　　　团队名称：　　　　　　班级：

评价指标	非常好	良好	有待提高	得分
能够准确描述和理解气象概念	5—4	3—2	1—0	
能够准确描述和理解气象仪器的工作原理	5—4	3—2	1—0	
能够主动发现问题，积极思考，并寻找有效的解决方法	5—4	3—2	1—0	
能够识别问题中蕴含的多学科知识	5—4	3—2	1—0	
能够提出不止一种模型设计方案	5—4	3—2	1—0	
能够考虑到模型产品的艺术效果	5—4	3—2	1—0	
能够认真完成作品制作	5—4	3—2	1—0	
能够准确测量并记录结果	5—4	3—2	1—0	
能够进行科学解释和推断，结论准确	5—4	3—2	1—0	
能够采用有效方式展示学习成果	5—4	3—2	1—0	
能够与组员配合有序、合作高效	5—4	3—2	1—0	
能够与他人有效沟通	5—4	3—2	1—0	
能够在合作中有效地管理自己的情绪	5—4	3—2	1—0	
能够包容、接纳他人的不同意见、消极情绪等	5—4	3—2	1—0	
总分				

（六）项目评析

在深入探讨了"校园气象站"项目的实施过程和学生作品展示之后，有必要对该项目进行全面而深入的评析，以更好地理解其教育价值和实践意义。以下是对该项目三个核心方面的评析。

1. 重视跨学科整合

本项目通过整合科学、数学、艺术和语文等多学科知识，为学生提供了一个全面应用和整合不同学科知识的平台。例如，在制作气象仪器时，学生不仅需要理解科学原理，还要运用技术工具进行设计和制作，同时考虑仪器的美观性和实用性。这种跨学科的融合不仅帮助学生巩固和深化所学的知识，还培养了他们的动手实践能力、团队合作精神和创新思维。通过实践活动，学生能够将抽象的理论知识转化为具体的实践技能，从而更好地理解和应用所学知识。

2. 强调实践导向

项目强调学生的动手实践，通过制作气象仪器和进行气象观测，将理论知识转化为实际操作技能。这种实践导向的教学方法不仅提高了学生的学习兴趣，还培养了他们的动手能力和解决问题的能力。在制作气象仪器的过程中，学生遇到了各种技术难题，如材料选择、结构设计、刻度标定等。通过小组讨论和教师指导，学生学会了如何分析问题、提出解决方案并加以实施。这种实践过程不仅增强了学生的动手能力，还提升了他们解决问题的能力，使学生在面对复杂问题时，能够从容应对并找到有效的解决方案。

3. 联系生活应用

项目与学生的校园生活紧密联系，使学生能够将所学知识应用于实际生活中。通过建立校园气象站，学生为学校的户外活动提供了科学依据，增强了对自然现象的观察力和理解力。例如，学生可以预测即将到来的降雨，提前做好防雨准备；或者根据风向和风速，调整户外活动的地点和方式。此外，项目还鼓励学生进一步探索气象现象背后的科学原理，如湿度对身体舒适度的影响、风向对空气质量的影响等，从而将理论知识应用于实际生活中，解决实际问题。这种生活应用不仅帮助学生认识到科学知识在日常生活中的重要性，还激发了他们对科学学习的兴趣和热情，体现了STEM教育的实用性和价值。

通过上述评析，我们可以清楚地看到，"校园气象站"项目在跨学科融合、实践导向以及生活应用这三个核心方面都取得了显著的成效。它不仅为学生提供了一个将理论知识与实践技能相结合的平台，还极大激发了学生的学习兴趣和探索精神。这个项目充分展示了STEM教育在校内培养学生综合素养和解决实际问题能力的独特优势，为校内教育实践提供了宝贵的借鉴和启示。

三、社企STEM课例赏析

社企STEM课程——"火星生存"适合中小学生的科技创新教育场景，尤其是与社会企业合作的项目式学习。课程以太空探索的商业化背景为依托，将学生学习与企业需求紧密结合，激发学生对科技创新的热情，培养跨学科能力，同时增强可持续发展意识。它为学生提供理论与实践结合的平台，契合国家科技创新教育政策导向，具有重要的教育价值。

（一）项目背景

随着太空探索技术的商业化和社会化，越来越多的企业参与到太空产业中，如SpaceX、蓝色起源等公司致力于太空旅行和火星移民计划，这些企业的活动不仅推动了太空技术的发展，也为社会创造了巨大的经济价值和就业机会。本项目"火星生存"STEM课程，正是基于这样的社会企业背景，将学生的学习与社会企业的需求和目标紧密联系起来。

从社会意义角度来看，本项目有助于提升公众对太空探索的关注度和科学素养，激发社会对科技创新的热情。学生在项目中所展现的创造力和探索精神，将激励更多的人关注太空探索，支持相关科研活动，为人类的太空梦想贡献力量。同时，项目中对火星环境改造的探讨，也提醒人们关注地球生态环境的保护，增强可持续发展的意识,具有重要的现实意义。

(二) 项目目标

"火星生存"项目是基于人类对火星探索的前沿背景设计的。它不仅能让学生提前了解太空生存的知识,还能通过设计温室、改造火星环境等任务,锻炼科学、技术、工程和数学能力。

1. 跨学科学习内容

通过参与本项目,学生能够提前了解太空生存的有关知识,为将来可能从事相关工作奠定基础。例如,学生在设计火星植物温室时,需要考虑如何在有限的空间内高效利用资源,这与太空探索企业面临的资源优化问题不谋而合。此外,学生在项目中逐步提升的创新思维、团队合作能力和问题解决能力,正是社会企业所急需的能力素养。STEM跨学科教学目标如表7-17所示。

表7-17 STEM跨学科教学内容

科学(S)	学习植物生长所需的条件,如水分、阳光、空气、矿物质和温度等;了解火星的地理环境特点,包括地貌、土壤、大气、水资源和温度等;探索植物的光合作用和呼吸作用过程,以及它们对火星生态系统的影响;认识温室的概念及其中应用的智能技术,理解温室对火星生态系统的改善作用。
技术(T)	掌握使用简单材料验证植物呼吸作用的方法;探索火星环境改造技术,了解现有技术及可能的未来发展方向;学习使用常见的材料制作自动浇水装置的方法;利用绘图工具和创造力,设计火星改造计划的图纸或图示。
工程(E)	设计一个能够观察植物生长条件的模型;制作火星地理模型,展示火星改造计划的效果和可行性;制作自动浇水装置,实现温室内植物的自动补水;利用提供材料,制作温室模型,模拟火星上的植物种植环境。
数学(M)	学生将进行观察和测量,并能对观察的现象进行分析和解释;在设计火星改造方案时,进行数学模型的建立和计算,评估可行性;控制自动浇水装置的速率,保持植物生长需要的用水量;计算温室尺寸,合理利用材料的数量。

2. 教学目标

第一,了解植物生长所需的条件,学习植物的光合作用和呼吸作用;学习火星的地理环境、大气成分、温度和水资源等科学知识;了解温室的概念、类型、基本结构和功能,了解自动浇水装置的工作原理和设计要点;学习如何利用温室技术在火星上创造适宜的生态环境;设计并制作出符合要求的植物生长模型、火星地理模型、自动浇水装置和温室模型,激发学生的创新思维和工程思维。

第二,提出创新性的方案,如设计适合火星环境的温室或改造火星生态的策略;不同角度思考火星生存的挑战,例如,如何利用有限资源实现植物生长、如何改善火星环境等;体验从创意到实现的全过程,增强对创新过程的理解和掌握。

第三,在实践中发现问题并运用所学知识和技术手段解决问题,提高发现问题和解决问题的能力;学会倾听他人意见,提升团队协作精神;清晰地表达自己的设计思路、制作过程和产品特色,提升语言表达和逻辑思维能力;认识到火星探索和居住对人类未来的重要性,以及保护地球环境和资源的珍贵性,提升节约资源和环保意识,增强社会责任感。

(三) 项目课时

"火星生存"项目一共分为6个阶段,每阶段2个课时,共计12课时;第1阶段为"植物需要什么",第2阶段为"火星的环境",第3阶段为"温室及火星生态的改造",第4阶段为"制作火星植物温室",第5阶段为"火星温室的升级优化",第6阶段为"成果展示与评价"。适用年级为小学第二学段。通过结合语文、艺术、综合实践等学科,引导学生思考如何探究改造火星环境,以适合种植植物,为人提供食物来源。

(四) 项目实施过程

在"火星生存"项目中,教师负责引导学生按照目标,逐步深入了解植物生长的条件,从而制作出个性化的火星植物温室。以下将分七个环节简述项目实施过程。

1. 入项活动

(1) 活动内容

通过观看电影片段,引入火星生存主题,提出驱动性问题:"探究如何改造火星环境,以使其适合种植植物,为人提供食物来源。"以激发学生的好奇心和探索欲。

(2) 教师活动

播放电影片段,如影片《火星救援》中宇航员在火星上种植土豆的片段。引导学生思考并提出问题,激发学生的学习兴趣。记录学生提出的问题,为后续活动提供参考。组织学生填写KWL表格和项目里程碑,并抽选小组分享。

(3) 学生活动

观看电影片段,了解宇航员在火星上的生存挑战。分组讨论,提出自己对火星生存的理解和想法。记录讨论结果,准备在全班分享。基于核心任务填写KWL表格和项目里程碑。

2. 活动1:植物需要什么

(1) 活动内容

了解常见的气探究植物生长的基本条件,包括水分、阳光、空气、无机盐和适宜的温度。

(2) 教师活动

引导学生回忆地球植物生长条件,提供实验材料和指导。提供自封袋、盆栽、纸巾、小麦种子、营养土、营养液、透明塑料杯等实验材料。指导学生进行实验,帮助学生理解植物生长的基本需求。组织学生分享实验结果,总结植物生长的条件。

（3）学生活动

回忆并总结植物生长需要的五大条件，认识植物的光合作用和呼吸作用，以及它们之间的关系。进行实验探究，验证植物的呼吸作用。记录实验结果，准备在全班分享。

3. 活动 2: 火星的环境

（1）活动内容

了解火星的地理环境特点，包括地貌、土壤、大气、水的存在和温度。对比其与地球环境的不同，总结出需要改造哪些火星环境因素，以适应植物生长。

（2）教师活动

播放视频，如 NASA 的火星探测视频，展示火星的地貌、土壤、大气、水资源和温度。学习火星环境特点，引导学生对比分析。提供火星环境数据，帮助学生理解火星环境对植物生长的限制。组织学生分享讨论结果，总结火星环境的改造方向和计划。

（3）学生活动

观看视频，记录火星与地球环境的差异。分组讨论，分析火星环境对植物生长的影响。准备在全班分享讨论结果，提出火星环境改造的方向和计划。

4. 活动 3: 温室及火星生态的改造

（1）活动内容

设计温室及火星生态改造方案，包括自动浇灌装置和火星地理模型。

（2）教师活动

播放视频，介绍温室的功能有哪些。基于智能浇灌功能，引导理解智能浇灌的原理和实现方式。指导学生制作自动浇灌装置，帮助学生解决制作过程中遇到的问题。组织学生展示设计图和模型，评价学生作品并提供反馈。

（3）学生活动

通过视频认识温室的概念及其中应用的智能技术。讨论温室对火星生态系统的改善作用。设计自动浇灌装置，使用常见的材料制作自动浇灌装置。在全班展示设计图和模型。

5. 活动 4: 制作火星植物温室

（1）活动内容

制作火星植物温室模型，安装自动浇水装置，测试模型功能。

（2）教师活动

提供制作材料，如透明塑料瓶、输液管、胶带、塑料棍、粗棉线、保温膜、海绵块等。指导学生制作和测试模型，帮助学生解决制作过程中遇到的问题。组织学生展示模型和测试结果，评价学生作品，提供反馈。

（3）学生活动

认识温室的基本结构和温室的材料特性。制作温室模型。安装自动浇灌装置。测试模型功能，记录测试结果。在全班展示模型和测试结果。

6. 活动 5：火星温室的升级优化

（1）活动内容

使用 SCAMPER 法对火星植物温室模型进行优化升级。

（2）教师活动

讲解 SCAMPER 法，提供具体案例和应用方法。指导学生进行优化设计，提供反馈和建议。组织学生展示优化后的模型，评价学生作品，提供反馈。

（3）学生活动

学习 SCAMPER 法，理解其应用方法。使用 SCAMPER 法对模型进行优化升级，提出改进方案。在全班展示优化后的模型。

7. 活动 6：成果展示与评价

（1）活动内容

制作产品海报，展示和评价学生作品，包括设计图和模型。

（2）教师活动

组织展示活动，提供展示平台和评价标准。评价学生作品，提供反馈，总结项目学习的收获和不足。组织学生分享评价结果，鼓励学生反思和改进。

（3）学生活动

展示设计图和模型，分享制作过程和创意。进行自我评价和小组评价，记录评价结果。准备在全班分享评价结果。

（五）学生作品展示与点评

1. 学生作品展示

在项目学习过程中，学生制作了植物生长模型、火星地理模型、自动浇水装置和火星温室模型。

2. 学生作品点评

学生制作的植物生长模型各具特色。有的小组用透明塑料杯制作了一个简易的温室，在杯内放入营养土和小麦种子，通过观察种子的发芽和生长情况，验证了植物生长需要的条件；有的小组则用自封袋和湿纸巾包裹种子，观察种子在不同环境下的呼吸作用，如将部分自封袋抽空空气，对比有无空气时种子的发芽情况。

小组制作的火星地理模型同样精彩。模型中，火星的地貌特征如陨石坑、山脉、峡谷、火山和平原等地貌被巧妙地呈现出来。

学生制作的自动浇灌模型在展示过程中吸引了众多目光。有的模型利用透明塑料瓶和输液管，模拟医院输液的过程，通过调节输液管的开关，实现对植物的精准浇水；有的模型则利用粗棉线的毛细现象，将水分从储水容器中输送到植物根部，无须外部动力，实现了自动浇灌的简单而巧妙的设计。

学生制作的温室模型在展示时成了焦点。模型中，使用塑料箱作为地面，塑料棍搭建的框架坚固稳定，保温膜覆盖的顶部透光性良好，门窗设计合理，方便人员进出和通风换气。在模型内部，学生巧妙地设置了自动浇水装置、光照设备和温度传感器等智能设备，为植物提供了良好的生长环境。

学生作品点评结束后，学生使用老师提供的自评、小组评价、作品评价等量表进行了多维度评价。学习过程自我评价可参见表7-18。评价内容不仅包括对知识技能的评价，还包括对学生核心素养的评价。评价时不仅要关注学生知识技能的掌握，更要注重他们在学习活动中的各种表现，如在小组合作中的参与度和解决问题的态度等，以此来激发学生的学习积极性和主动性。

表7-18 学习过程自我评价表

姓名： 团队名称： 班级：

评价指标	非常好	良好	有待提高	得分
能够准确描述和理解植物的生长条件、火星与地球的地理环境区别	5—4	3—2	1—0	
能够准确描述和理解温室的定义和功能	5—4	3—2	1—0	
能够主动发现问题，积极思考，并寻找有效的解决方法	5—4	3—2	1—0	
能够识别问题中蕴含的多学科知识	5—4	3—2	1—0	
能够提出不止一种模型设计方案	5—4	3—2	1—0	
能够考虑到模型产品的艺术效果	5—4	3—2	1—0	
能够认真完成作品制作	5—4	3—2	1—0	
能够准确测量并记录结果	5—4	3—2	1—0	
能够进行科学解释和推断，结论准确	5—4	3—2	1—0	
能够采用有效方式展示学习成果	5—4	3—2	1—0	
能够与组员配合有序、合作高效	5—4	3—2	1—0	
能够与他人有效沟通	5—4	3—2	1—0	
能够在合作中有效地管理自己的情绪	5—4	3—2	1—0	
能够包容、接纳他人的不同意见、消极情绪等	5—4	3—2	1—0	
总分				

（六）项目评析

1. 跨学科融合，培养综合素养

"火星生存"项目课程跨学科的学习方式打破了传统学科之间的界限，使学生能够在真实的情境中运用多学科知识解决实际问题。例如，在"植物生长的条件"活动中，学生不仅通过科学实验探究植物的呼吸作用，还运用技术手段制作植物生长模型，借助艺术方式绘制图画展示知识，利用数学知识进行观察和测量，最终通过工程制作验证植物生长条件。这种综合学习方式不仅帮助学生深入理解了植物生长的条件，还培养了他们的综合素养和跨学科思维能力。学生在项目中学会了如何将不同学科的知识和技能综合运用，为解决复杂问题提供了有力支持。

2. 实践导向，提升动手能力和问题解决能力

该系列课程注重实践导向，强调学生在动手操作中学习和成长。每个项目都设计了一系列实践活动，如实验探究、绘图设计、工程制作等，让学生在实践中体验知识的生成过程，掌握技能的运用方法。例如，在"温室与火星生态的改造"活动中，学生通过设计和制作自动浇灌装置，深入理解了自动浇灌的原理和实现方式。在实践过程中，学生不仅能够将理论知识转化为实际操作，还能够发现和解决实际问题，培养了他们的实践能力和问题解决能力。此外，实践导向的教学还激发了学生的学习兴趣和积极性，使学生在参与项目的过程中，感受到学习的乐趣和成就感。这种实践导向的教学方法不仅提高了学生的动手能力，还培养了他们的创新思维和团队协作精神。

3. 社会与企业联系，拓展学习视野，增强社会参与感

"火星生存"项目课程紧密联系社会与企业需求，为学生提供了了解和参与未来科技发展的机会，学生能够将课堂所学知识与实际应用相结合，拓展学习视野，增强社会参与感。例如，在"火星的环境与气候改造"活动中，学生可以参观科技馆，了解火星的地理环境和最新的太空探索技术。在"温室及火星生态的改造"活动中，学生可以参观农业生态园，了解温室技术的实际应用，学习如何在有限的空间内高效利用资源。这些参观活动不仅帮助学生理解理论知识的实际应用，还激发了他们对科技创新的兴趣，培养了他们的社会责任感。通过参与本项目，学生不仅能够提升自身能力，还能为社会培养潜在的创新型人才，推动太空探索事业的发展。从社会意义角度来看，本项目有助于提高公众对太空探索的关注度和科学素养，激发社会对科技创新的热情，为人类的太空梦想贡献力量。同时，项目中对火星环境改造的探讨，也提醒人们关注地球生态环境的保护，增强可持续发展的意识，具有重要的现实意义。

综上所述，"火星生存"项目课程以其跨学科融合的创新教学模式、实践导向的学习路径以及与社会企业紧密相连的前瞻性视野，为学生打造了一个极具挑战与成长潜力的学习平台。它不仅有效提升了学生的综合素养和实践能力，更激发了他们对科学探索的热情和对社会责任的担当，为培养未来社会所需的创新型人才奠定了坚实基础。

探究与实践

1. 请分析AIGC工具在STEM资源开发中的应用场景，并思考生成内容在社会中的伦理和责任。

2. 以光影为主题，尝试开发STEM教育资源包。

后　记

本教材既是2024年河南省师范教育质量提升行动计划示范性项目——师范生成长工作坊项目（基于STEAM教育理念的跨学科项目学习研修工作坊）成果，也是2024年河南省高等教育教学改革项目——基于STEAM教育理念的卓越小学教师培养模式改革实践研究团队合作的成果。本教材按36学时设计，其使用建议大致如下：

一、教材使用

（一）课程学习。STEM课程具有较多的项目式案例教学，动手实操占用时间较长，学生可以根据教学安排和教师要求进行有序学习。建议课前自主学习课程内容，通过教师线上推送资料开展；课中，合作学习讨论解决问题的方法，制订方案；课后，合作实践完成项目任务，以便在课堂汇报展示学习成果。

（二）课程实践。根据课程中不同项目式案例教学的要求，在课程学习过程中，学生要在教师的指导下，通过动手实践，掌握STEM教学设计、实施及评价的每一个步骤，如提出问题、实地探索、绘图设计、实践操作、展示交流、反思评价等，学生在学习中需要将跨学科理论知识与实践有机结合，通过理论学习了解STEM教学设计的基本要求，通过实践掌握如何设计实施STEM教学，以丰富实践体验。

（三）教学实践。教学实践既是检验学生教学设计、实施能力的唯一方式，也是学生学习必须进行的一项教学活动。教师教育的各项标准均对教学实践提出了要求，学生要进行不少于18周的教育实践。在教育实习与研习过程中，学生要严格按照STEM教学设计要求规范进行教学，课堂教学结束后，认真反思，修改教学设计，通过"开展教学设计—实施课堂教学—课后反思—修改教学设计"这一完整的教学活动实践，获得全方位的教学实践体验。

另外，我们还制作了本教材的课件、教案资源，项目配套的耗材教具，教师和学生如有教学需要可联系赵老师（15996085@qq.com）了解详情。

二、教材编写分工

教材编写团队聚集了 STEM 教育、信息技术、科学教育等领域经验丰富、成绩突出的教授、博士、工程师等人员。编写分工如下：第一章由郑州财经学院周雅格编写；第二章由郑州财经学院郭楠、周雅格编写；第三章由郑州财经学院孟瑞瑞、周雅格编写；第四章由郑州财经学院李皖豫、周雅格编写；第五章由郑州财经学院胡泽华、丁浩格编写；第六章由郑州财经学院李文慧、丁浩格编写；第七章由郑州财经学院赵恒斌、周雅格编写。教学案例由郑州贝百教育科技有限公司赵子嫣提供。全书由郑州财经学院陈冬花、华北水利水电大学马威共同设计整体框架并确认了详细的编写大纲。其中，马威负责制作全书的知识图谱，以确保逻辑性与连贯性。中国教育科学研究院的曹培杰对全书的编写提供了宝贵的指导建议，确保全书内容的高质量完成。

三、声明和致谢

在本教材编写过程中，编写者参阅了大量已有研究成果，在此谨向作者表示诚挚的感谢。在引文出处方面，编写者力求全面详尽地注释，但难免有疏漏，恳请作者理解并给予反馈，以便编写者进行改正。南京大学出版社高校教材中心主任蔡文彬、师范教材编辑部编辑曹森在教材规划、编写等方面给予了大力支持和悉心指导，他们对教材篇章结构及教材内容提出了非常有见地的修改意见，使教材增色许多，在此深表感谢。另外，本教材作为河南省第二批普通高等教育"十四五"规划教材的重点关键领域系列核心教材——新师范教师教育领域教材，得到了河南省教育厅和郑州财经学院的大力支持，在此表示感谢。

陈冬花

2025 年 2 月